A
COMPLETE GUIDE TO
VOLUME PRICE
ANALYSIS

# 量价分析

量价分析创始人**威科夫**的
| 盘口解读方法 |

[英] 安娜·库林 Anna Coulling 著  肖凤娟 译

中国青年出版社
CHINA YOUTH PRESS

## 图书在版编目(CIP)数据

量价分析：量价分析创始人威科夫的盘口解读方法 /（英）安娜·库林著；肖凤娟译.
—北京：中国青年出版社，2016.9
书名原文：A Complete Guide to Volume Price Analysis
ISBN 978-7-5153-4437-9

Ⅰ.①量… Ⅱ.①安…②肖… Ⅲ.①股票交易 - 基本知识 Ⅳ.①F830.91

中国版本图书馆CIP数据核字（2016）第194508号

A Complete Guide to Volume Price Analysis by Anna Coulling
© 2013 Anna Coulling
Simplified Chinese translation copyright © 2016 China Youth Press
All rights reserved.

## 量价分析：
## 量价分析创始人威科夫的盘口解读方法

作　　者：［英］安娜·库林
译　　者：肖凤娟
责任编辑：肖　佳
美术编辑：张燕楠
出　　版：中国青年出版社
发　　行：北京中青文文化传媒有限公司
电　　话：010-65511272 / 65516873
公司网址：www.cyb.com.cn
购书网址：zqwts.tmall.com
印　　刷：大厂回族自治县益利印刷有限公司
版　　次：2016年9月第1版
印　　次：2024年10月第28次印刷
开　　本：787mm×1092mm　1/16
字　　数：217千字
印　　张：18
京权图字：01-2016-0741
书　　号：ISBN 978-7-5153-4437-9
定　　价：59.00元

## 版权声明

未经出版人事先书面许可，对本出版物的任何部分不得以任何方式或途径复制或传播，包括但不限于复印、录制、录音，或通过任何数据库、在线信息、数字化产品或可检索的系统。

中青版图书，版权所有，盗版必究

## 本书为谁而写

如果您在成功之路上艰苦地奋斗着，同时发现您在交易时很有压力并且经常感情用事，那这本书就是为您量身定做的。当您读完这本书的时候，您就会终生掌握驱除这些情绪的方法。您会变成一个自信且理性的交易者，因为您所有的决策都是建立在简单的逻辑和常识的基础上。您将能够快速轻松且自信地预测出市场的未来走向。之后您就会从拥有自信到拥有成功，从拥有成功到拥有财富。您将变得在交易时不受情感左右，同时您无论是作为一个投机者还是投资者在任何市场中都将取得成功。没错，这其中也包括外汇市场！本书由一位有着超过16年交易经验同时每天都在使用这个方法进行交易的人所写，所以您要学习到的知识完全是一个"过来人"的实践经验。

在交易中只有两个最重要的指标。一个是价格，另一个是成交量。如果分开来看，它们每个都作用有限而且不能揭示出什么信息，但是如果综合起来运用，就像火药一样，它们就会成为爆炸性的组合。一旦您亲身感受到了量价分析的力量，您就会非常震惊并且诧异自己为什么之前一直没有用过这个方法。

学会之后您就会发现自己突然就可以在市场运动之前读懂市场。当您第一次成功做到的时候，您会非常震惊、惊讶甚至目瞪口呆。之后真相就会永

● WHO THIS BOOK IS FOR / 本书为谁而写

远和您站在一起。使用价格和成交量这两个指标，您就拥有了预测市场下一步运动的知识和力量。

简而言之，量价分析揭示出了市场的基因，而且把这种令人惊叹的力量放到了您的手中。您将会成为一个自信且有把握的交易者。情绪化交易和压力都将烟消云散。您将享受您的交易生涯，这仅仅因为一个简单的原因：您通过基本逻辑和量价分析的力量知道了市场未来运动的方向。

## ■ 本书覆盖的内容

《量价分析》介绍了所有您独立交易时需要知道的量价分析知识。每一章的内容都会给之后的章节打下基础，首先从价格和成交量的首要原则讲起，最后把它们综合起来使用，其中穿插着简单明了的实例。当您渐渐深入地阅读这本书时，您就会突然发现量价分析能够带给您对于所有金融市场和时间框架的洞察力。

# 目 录

## 序言

对量价分析的介绍以及我是怎样开始学习的。我是一个很幸运的从量价分析开始投资生涯的交易者。这种分析方法是我成功的基石，所以我希望它也能成为你们成功的基石。这就是我写这本书的原因，即为了帮助您通过交易实现您的个人抱负。量价分析是揭示市场秘密的唯一途径，这样做的同时，您就在追随着那些"聪明的资本"的流向。

## 第一章：交易之中无新事

假设您认为量价分析是一种新兴的概念，那您就要再重新考虑一下了。量价分析是历史上那些杰出的交易者使用的方法，比如查尔斯·道（Charles Dow）、杰西·利弗莫尔（Jesse Livermore）以及理查德·威科夫（Richard Wyckoff）。这些交易者通过这种方法积累了大量的财富，他们当时所用到的只有盘口纸带、铅笔和白纸而已。这一章我将介绍他们是如何取得成功的，以及这些概念方法在过去100年间发生的极其微小的变化。

● CONTENTS / 目 录

## 第二章：为何成交量如此重要　　　　　　　　　　035

> 这是一个很有道理的问题。在这一章我将解释为什么成交量是唯一重要的指标，为什么成交量和价格结合起来使用时能够真正地揭示出市场未来的运动方向。除此之外，成交量还揭示了另一个同样重要的事情，即价格运动是真实的还是虚假的。

## 第三章：合理的价格　　　　　　　　　　047

> 价格是量价分析这个爆炸性组合的第二个组成部分。价格本身只能反映买入与卖出，它所不能揭示的是价格未来运动的程度，更更重要的是不能揭示出价格的运动是否是虚假的。

## 第四章：量价分析的首要原则　　　　　　　　　　065

> 这一章里我要介绍一些量价分析的基本构成要素。简单来说，我们在分析中仅仅寻找一件事情的发生：或者是量价运动一致的确认，或者是量价背离的异常。量价背离是我们遇到的第一个趋势可能变化的信号。

## 第五章：量价分析的全局视角　　　　　　　　　　097

> 本章介绍了量价分析的吸筹和派筹的概念。吸筹和派筹会出现在任何时间框架和任何市场，并且以"烟火秀"的形态结束，也就是抛售高峰或买入高峰。

抛售高峰或买入高峰意味着派筹或吸筹的结束以及一个新趋势的开始。我们需要做的仅仅是跟随这些庄家，在他们买或卖时我们也进行同方向的买卖操作。在本章您将学会如何独立分析庄家的行为。

## 第六章：结合 K 线图的量价分析　　　　　　　　　　137

本章从之前介绍的概念讲起，之后利用最强大的三种 K 线图来看量价分析所起的作用。除此之外，我将介绍放量止跌和放量止涨的概念，以便我们把量价分析构建成一个完整的市场分析方法。

## 第七章：支撑位和阻力位　　　　　　　　　　167

支撑位和阻力位是技术分析的基石之一。而和成交量结合起来使用时，这种方法就变得更加强大有效。很少交易者知道如何判断市场是否进入了横盘整理阶段，或如何确认突破的真实性。在本章您将学会辨别这两种情形！

## 第八章：动态趋势及趋势线　　　　　　　　　　191

忘掉传统的趋势和趋势线吧。当您按照传统方式画出趋势线想要进场时，那些聪明的资本恰恰在清仓离场！在本章您将要学会如何画出动态趋势线，和量价分析结合起来时可以让您在趋势形成开始就进场，而不是在趋势的末尾。如果您之前被传统的趋势理论深深地困扰，那本章内容就是为您量身定做的，它将彻底改变您的交易方式。

## 第九章：价量分布分析（VAP） 207

> 量价分析或VPA指同一种方法，而价量分布（VAP）是另一个完全不同的概念，它在图中形象直观地展示了在不同价格水平上成交量聚集的情况。这种方法非常强大，而令人诧异的是大多数交易者完全不用这个方法。毕竟，一个从这类区域的突破就只意味着一件事情——一个新的趋势！如果得到量价分析的确认的话则意味着——赚钱！

## 第十章：量价分析实例 221

> 本章详细检验了几个在不同市场中的实例。我们可以看到量价分析不仅适用于现货市场中的股票交易、外汇市场中的货币交易、期货市场中的指数交易，同时还适用于利用跳动点图分析的商品市场。事实上，量价分析适用于所有的市场，而且无论是跳动点图还是基于时间的图表也都一样适用，在本章的实例中我都会详细地注释讲解。如果您还对量价分析的有效性存疑的话，那么我希望本章可以说服您！

## 第十一章：综合运用 253

> 现在是时候把所有的知识综合起来使用了。除此之外，我还介绍了一些非常强大的横盘整理的价格形态，这些形态在我的交易生涯中一直非常有效，而且和成交量结合起来分析的话就会给我们提供简单明了的交易机会——如果您有足够耐心的话！

## 第十二章：量价分析的最新发展　　　　　　　　　273

> 在最后的这一章中，我介绍了量价分析的最新发展以及未来可能的发展趋势。查尔斯·道（Charles Dow）和其他杰出的交易者一定会非常喜欢这些对于原理论的扩展。

## 致谢 & 免费交易者资源　　　　　　　　　285

# 读者来信
## TESTIMONIALS

嗨，安娜，

  我终于下定决心……我希望学习外汇交易。在网上数月搜索之后，您是我遇到唯一的真实的人！您可以帮一帮我吗？

  祝好！

阿里

嗨，安娜，

  非常喜欢您的网站，清楚易懂而且明智。我现在是您坚定的拥护者了。

  祝好！

高登

您好，安娜，

  我非常喜欢您的各个网站，多希望能够早点遇到您啊。我非常喜欢您的文笔和内容。请问您多久会写一篇简讯呢？

  问好！

詹姆斯

● TESTIMONIALS / 读者来信

嗨，安娜，

您就像是杂草中能让人眼前一亮的一朵鲜花！

感谢您的回复！我想在走上这条正确的道路之前我可能按我原来错误的方法交易好久了……再次感谢！

安娜

嗨，安娜，

您的网站太赞了。我多么希望能够早点遇到您！感谢您分享了这么多有用的信息。这些信息真的是无价之宝，不仅文笔优美而且内容详实，我也非常喜欢您的书。

安

嗨，安娜，

您的文章一直以来都思想深刻，非常感谢您的分享。我觉得锤头线是一个反转的信号，即当价格持续上涨一段时间之后，走势会反转，是这样吗？

祝好！

亚力克斯

嗨，安娜，

我已经关注您的网站和脸书的主页很长时间了，我认为您的文章对我都非常有帮助。谢谢您！

我发现黄金已经突破了1425美元的三重顶的阻力位——于是我就买入了GLD LEAPS和黄金2011年6月到期的期货，但是我刚才看到了您关于在强势时买入的观点，您认为我是不是有些操之过急，买入得太早了呢？

祝好！

亚力克斯

# 序言
FOREWORD

> 现在是对于那些渴望学习、学得很快而且勤奋用功的人来说最好的时代……从历史中学习经验教训从而在未来取得成功。
>
> ——罗伯特·清崎（1947— ）

对我来说这是一本非常个人化的书，很多年前我就一直计划要写一本这样的书。直到最近我终于有时间来完成它了。

我希望当您读完这本书中所介绍的交易分析方法后，它能对您产生深刻的影响，就像它过去对我的影响一样。多年以前，当我刚开始对金融交易产生兴趣时，我有如梦幻般地偶然看到了这种交易分析方法。我非常庆幸我接触到了这种方法，尽管您之后会看到它当时花费了我许多钱。学习这种分析方法是我交易生涯甚至人生中的关键事件。我希望我所写的这本书也会对您的人生产生同样的影响。

这个交易方法到底是什么并且为什么它如此非同寻常呢？这种方法有超过100年的历史，过去所有杰出的交易者都利用它来进行交易。尽管这个遗产如此宝贵，但是现如今许多交易者都忽视（或不知道）这种极其有效的分析

● FOREWORD / 序 言

方法。至于原因我也不知道。这种方法是我交易和投资的基石，而且现在仍然是这样。它相当强大，而且在许多方面，它真的很有道理而且有效。我写这本书的目的就是说服您在您自己的交易中欣然接受这一方法。

我所需要您做的就是开放您的思维，接受我提到的量价分析这一方法的简单逻辑以及强大的力量。

量价分析是我自创的术语。您在别的地方不会看到这一描述方法。我之所以用这个名字是因为它仅仅用了四个字就十分精确地表述出了这种分析方法。作为一个交易者，我们在每次交易时都想在一定程度上确认的就只有一个问题。这个问题就是"价格下一步要向哪运动"。

量价分析会告诉您这个问题的答案。

这种方法可以应用于所有的市场，所有的时间框架，同时也适用于所有的交易工具。用成交量来确认和预测价格运动一直以来是我交易策略的核心，我希望在您读完这本书之后也会永久地改变您的交易方法。正如我之前所说的那样，您只需敞开思想去接受量价分析的简单逻辑，当您读完了这本书，您将可以解读图表、预测价格。

当您第一次成功实践这种方法时，这会成为您人生中的重要转折点，因为您会突然发现这种最强大方法就掌握在您的手上。

作为一个交易者，您会变得冷静自信，因为您的交易决策都是建立在逻辑以及您自己对于价格和成交量关系分析的基础之上。不过，正如我之前所说，这个方法并不新奇，也并不难以理解。

您将要学习的这种分析方法深深地根植于历史上那些伟大的交易者之中。对他们来说，没有计算机和网络。所有的分析都必须手工完成，徒手画出图表以及从盘口纸带上阅读价格。我们如今则非常幸运。所有这一切都已经由计算机用电子图表帮我们完成了。我们所需要做的就只是来解读量价关系而已，为了能够做到解释图表，您需要一个老师。

而我希望能够成为那个老师，在这本书中讲述我的课程。

不过，我是如何偶然遇到成交量以及与它相互依存的价格这两种分析指标的呢？好吧，这其实是一个相当奇特的故事，不过我想再次说明的是，尽管花费非常高，但是事后来看我是非常幸运的，因为我是从成交量分析开始我的交易之旅的。许多交易者花费多年时间尝试别的分析方法，每当一种方法无法达到好的效果时，他们都会又一次被浇上一盆冷水，而最终还是开始使用量价分析的方法。

而只有在事后我才明白我当时是多么的幸运，并心怀感激。现在我希望把量价分析的知识传授给你们。所以，如果您在读这本书时还只是一个初学者，那么您同样也是非常幸运的。您将少走许多痛苦、花费高昂且毫无成效的弯路；如果您是一个富有经验的老手，同样欢迎您来阅读这本书，希望这本书能够满足您的期望，同时让您有足够的热情来读完这本有关交易的书！

在接下来我要讲述我自己的故事，我保留了故事中所有人物的真实姓名，其中许多人现在还在从事金融交易。

## ■ 这一切是如何开始的

在20世纪90年代末，我一直十分费解为什么我的年金和投资不能像当时的股市一样是一个大牛市，不断上涨。在当时没有互联网的灰暗日子里，报纸是唯一的信息来源，在1998年的1月份，我在《星期日泰晤士报》上看到一篇报道，一位交易者通过金融交易赚取了大量财富，而且他还在招募学员学

● FOREWORD / 序 言

习他的方法。这位交易者的名字叫阿尔伯特·拉伯斯（Albert Labos）。

两周之后，在一个周日的清晨，我和其他同样满怀期待的数百人挤在总统号（HMS President）的一个拥挤的房间里。总统号是一艘1918年完工的著名的反潜掩饰军舰，停靠在泰晤士河的黑修道士桥旁边。我拿着支票簿来到这里，准备无论他要价多少我都一定注册报名。

这个活动在一开始就笼罩着神秘的气氛。最开始，阿尔伯特催促屋子里的一些"间谍特务"离开。他说他知道他们是谁以及为什么他们在这里，在之后他跟我们说道，那些人是一些大银行派来偷学他的交易技术的"特务间谍"。这些交易技术是可以用来对付垄断联盟的，这些做市商对这些技术非常感兴趣。

接着他又向我们介绍了汤姆·威廉姆斯（Tom Williams）。据说这个汤姆视野独到，不过我记不太清他是不是拿着一根白手杖。我们还被告知汤姆是一位前"辛迪加交易员"。时至今日我都不能确定"辛迪加交易员"是什么以及到底是做什么的。不过在当时这个工作名称实在是让人印象深刻。活动期间展示了许多不同的图表，同时自始至终阿尔伯特都在强调他想要寻找一个交易者精英群体。然而，因为空间有限，只有极少的一部分人能被选上接受培训。

和其他人一样，我也想要加入，于是非常高兴地为两周的课程培训支付了5000英镑，而且还非常庆幸自己抓住了这个"一生中唯一的机会"。

您可能觉得上面的故事听起来有些离奇，其实确实如此，不过当时我非常有信心，因为阿尔伯特有着一家著名报纸的支持，而且我迫不及待地想要学习这种方法。

在这两周的课程中，我们被要求写一些论文，同时被推荐阅读埃德温·勒菲弗（Edwin Lefevre）撰写的《股票作手回忆录》，这是一本有关杰西·利弗莫尔（Jesse Livermore）投资生涯的传记。所有的交易者和投资者都应将此书列为必读之书。

两周的课自始至终强调的就是所有的金融市场都被以这样或那样的方式幕后操纵着。而辨别价格运动是真实的还是虚假的唯一方法就是通过分析成交量。因为成交量是不可能被隐藏的，它就展示在那里供所有人观察。

我当时对这套成交量理论是如此的深信不疑以至于我把我的丈夫大卫（David）也带来听阿尔伯特的课程。

事后来看，这笔花销简直是太夸张了，因为所有的课程本应该可以在几天之内就讲完的。不过，大卫和我掌握了价格和成交量分析的基本逻辑，从那之后我们就把这些逻辑整合到了我们自己的交易与投资方法中。在这期间，我们几乎在所有的市场都进行了成功的投资交易，在过去的五年间我们在70个网站上分享了我们的知识和经验。

这本书给了我一个机会，允许我把这些知识详细地传递给下一代交易者和投资者，我希望您会成为其中的一员。

第一章

交易之中无新事

● CHAPTER ONE / 第一章

> 日光之下，并无新事。
> ——传道书1∶9

我将从一本我读过许多遍的书开始讲起，在一个清晨，无知的我们满怀期待地握着这本由阿尔伯特推荐的教科书般作品。

我所说的这本书名叫《股票作手回忆录》，由埃德温·勒菲弗（Edwin Lefevre）撰写并于1923年出版。这本书是过去一名里程碑式的股票交易者——杰西·利弗莫尔（Jesse Livermore）的传记。直至今日，书中的内容仍与我们息息相关。其中的一句话令我记忆深刻，它是这么说的：

"华尔街里无新事，因为投机的历史如同山一样久远。无论现在股票市场中正在发生什么，这些事都在过去发生过，在未来也将发生。"

这句话一语道破了成交量和量价分析的本质。如果你期待从本书中发现什么新奇的交易方法，那么接下来的阅读可能会使你失望。事实上，量价分析的基础早已深植于金融市场之中，但我却惊奇地发现仅有一小部分交易者接受这一司空见惯的逻辑。

这一技术已经存在100多年了。人们以这一技术为基石创造了巨大的个人财富，建立起标志性的投资机构。

也许现在你正在问自己以下三个问题：

1. 成交量在今天仍然适用吗？

2. 成交量是否适用于我所交易的市场呢？

3. 能否将成交量用于所有交易或者投资策略呢？

对于第一个问题，我将用一段从《股票与商品》杂志中摘录的话来回答。这段话出自于该杂志的一名作者——大卫·佩恩（David Penn）于2002年发表的一篇关于威科夫的文章中，其内容是这样的：

"威科夫的许多基本交易原则现今已然成为技术分析的标准，例如他提出的集散概念以及价量至上原则，即价格与成交量是决定股价波动的最重要因素。"

对于第二个问题，我只能以我个人的视角来回答。我的交易生涯最早始于期货市场指数交易，从那以后我转入股票市场投资、大宗商品市场投机以及货币市场的期货与现货交易。在所有这些市场中，我一直将量价分析作为我的首要分析方法，即使是在现货外汇市场也是如此。没错，即使是在外汇市场中，也存在成交量问题！量价分析可以运用于任何一个市场，这个方法是普适的。一旦你学会了这个方法，你就可以在任何时间范围和任何交易工具上运用它。

最后，我将引用被誉为"量价分析之父"的理查德·威科夫（Richard Wyckoff）的一段话来回答第三个问题。他在《盘口解读》中写道：

"在根据市场自身表现来判断市场时，不管你是努力预测未来半小时的波动，还是预测未来两三周的趋势，究竟你是属于哪种情况并不重要。短期波动或者长期趋势都由价格、成交量、活跃度、支撑位以及阻力位所反映。从

# CHAPTER ONE / 第一章

海里一滴水的成分可以推断海的成分,反之亦然。"

道理就是这样简单。无论你是投机股票、债券、外汇和股权,还是选择趋势交易、波段交易、头寸交易,抑或选择长期投资,你将在这里学到一门技术,这门技术今天和过去近100年前一样有效。我们唯一要做的就是把价格和成交量放在一张图表之中。

我们应当向20世纪中那些杰出的交易者们致敬,正是他们发明了这种强大的分析方法,并且奠定了今天我们所说的技术分析的基础。那些标志性的名字中包括查尔斯·道(Charles Dow),他是道琼斯公司、道氏理论和《华尔街日报》的创立者,被誉为"技术分析之祖"。

道氏理论的一条基本原则是成交量可以确定价格变化的趋势。他指出,如果一只股票的价格波动伴随着很低的成交量,那么其中可能有许多不同的原因。然而,当一只股票的价格变动伴随着很高的或者逐渐增大的成交量,那么这种变动就是一种有效的变动。如果价格继续向着同一方向变动,并且拥有相应的成交量支撑,那么这将是一段趋势即将开启的信号。

从这个基本的原则出发,查尔斯·道将这一原则扩展为一个包含三个主要阶段的趋势理论。他将形成牛市趋势的第一个阶段称为"吸筹阶段",这是所有更强的趋势的起点。他将第二阶段称为"公众参与阶段",是趋势跟踪的阶段,这通常是三个阶段中最长的一个阶段。他称第三个阶段为"派筹阶段"。这一阶段典型的特征就是市场中的投资者蜂拥而入,生怕自己错过绝佳的赚钱机会。

就在公众满心欢喜买入的同时,一批被查尔斯·道称作"聪明的投资者"的人们却做着完全相反的事情——他们在卖出。这些投资者通过把他们所持有的股票出售给急切的公众而变现利润。所有这些买卖行为都可以通过成交量折射出来。

查尔斯·道本人从来没有将自己交易与投资的方法正式公布，而是将他的想法发表在处于萌芽阶段的《华尔街日报》中。一直到他于1902年去世以后，他的成果才被整理并发表。这项工作最初由他的好友兼同事萨姆·尼尔森（Sam Nelson）进行，后来由威廉·汉密尔顿（William Hamilton）完成。1903年，这本名叫《股票投机原理》的书籍被出版，该书第一次使用了"道氏理论"这一名词，系统展现了查尔斯·道这一伟大人物的思想。

成交量是查尔斯·道研究市场的核心方法之一，成交量确认相关的价格行为，并由此发展成趋势的概念，这是查尔斯·道的主要原则。另一个重要的概念——股票指数，为投资者对于市场行为的认知提供了新的途径。这也是他编制许多诸如道琼斯运输业指数等股票指数的原因——通过观察一个行业的整体状况进而了解宏观经济的运行情况。

归根结底，如果经济表现强劲，那么这一表现将在整个市场中不同行业公司的业绩上得到体现。如果你喜欢，你也可以将股票指数视为跨市场分析的先行指标！

如果说查尔斯·道是技术分析的创始人，那么和他同时代的理查德·威科夫就是量价分析的创始人。作为量价分析的创始人，理查德·威科夫为我们今天所使用的方法奠定了基础。

威科夫与道处在同一时代，他在1888年还是15岁的时候就开始作为股票推销员在华尔街工作，也正是在这个时期，查尔斯·道编辑发布了他的第一期《华尔街日报》。在威科夫25岁的时候，他已经赚到了足够的钱，开办了一间属于自己的经纪公司。与其他经纪商不同的是，他的首要目标并不是为自己挣钱（虽然他做到了），而是投身于投资者教育，向小型投资者提供准确的信息。这是贯穿他一生的信条。与查尔斯·道不同的是，威科夫是一名多产作者和出版商。

他的具有深远影响的著作《擒庄秘籍：威科夫股票技术分析方法导论》首次于20世纪30年代早期出版。作为一本函授课程教科书，这本著作至今被华尔街所有投资银行奉为圭臬。从本质上讲，这门课程是一部操作指南，虽然现今已很难找到原本，但是你仍然能够从一些古董书商那里得到复印版本。

纵观威科夫的一生，他一直热衷于确保那些自主投资者能够对市场的真实运行状况有更深刻的了解。1907年，威科夫创办了一份获得巨大成功的月刊杂志——《股票行情》，随后并入《华尔街杂志》，变得更加流行，其中一个原因便是因为在该杂志中，威科夫展现出了自己对于市场以及市场行为的非凡观点。首先，他坚定地相信一个人若想成功，必须依靠自身所做的技术分析，而非依靠那些所谓专家和财经媒体的观点。其次，他相信技术分析是一门艺术，而非科学。

威科夫向他的读者以及参与函授课程或研讨班的人们传递的是一个非常简单的信息。通过对市场多年的研究以及在华尔街多年的工作经历，他认为价格完全是由经济学中最基本的供求关系决定的。通过观察价格和成交量的关系，我们完全可以预测未来市场的方向。

威科夫多次采访查尔斯·道、杰西·利弗莫尔等大师，并将采访内容发表于《华尔街杂志》。这些大师们拥有一个共同点，那就是他们都将行情纸带作为他们投资决策的依据。这些行情纸带通过价格、成交量、时间以及最核心的趋势信息向我们揭示了最基本的供求规律。

在威科夫的著作中，他详细阐述了三个基本定律。

## ■ 1. 供求定律

这是他的第一条定律，也是作为基础的定律，这条定律来源于他作为经纪商时所了解到的详尽的关于市场如何对价格行为做出反应的内部知识。当需求大于供给时，为了满足这样的需求价格将会上升；相反地，当供给大于需求时价格将会下跌，结果，超额的供给会被吸收。

想象一下冬季大促销！当价格下降，消费者们便一拥而上，消化了超额的供给。

## ■ 2. 因果定律

第二条定律揭示了一个道理，即凡事要有结果，首先应当有原因，并且因果之间呈正比例关系。换言之，小规模的成交量变化将引起小范围的价格波动。这条规律用在多条价格柱状图的时候，往往可以预示未来的趋势。如果拥有重大的起因，那么往往也拥有重大的结果。如果起因较为轻微，那么也将产生轻微的结果。

一个简单的比喻就是大海中的波浪。当一个巨浪拍打在船身上时，船体将会剧烈摇晃，而一个小波浪则不会造成多大的影响。

## ■ 3. 投入产出定律

这是威科夫的第三定律，相当于牛顿的物理学第三定律。任何一个行为都有力度相等方向相反的作用力。换言之，图表上价格的变动将反映下方成

● CHAPTER ONE / 第一章

交量的变动。两者之间应当保持着一种和谐统一的状态，通过投入（即成交量）即可预计相应的产出（即相应的价格行为）。这便是威科夫向人们所传授的，采用"法医的方法"，分析每一条价格柱状图，来看这条定律是否持续成立。如果成立，那么市场即是按照其应有的规则所运行的，我们也就可以继续使用这种方法分析后续的柱状图。如果不成立，这就是一种异常现象，我们应当深究其背后的原因，就像对犯罪现场进行调查一样，追溯其根源。

《股票行情》完美地描述了威科夫的分析方法。通过长达二十年的市场研究以及和其他伟大交易者，例如杰西·利弗莫尔以及 J·P·摩根（J·P·Morgan）的经验交流，威科夫也成为盘口解读方法的主要倡导者，而盘口分析也成为他方法论和分析技巧的基础。1910年，他写作了《盘口解读》，直至今日，该书仍然被作为解读盘口的权威之作。但是这本书并未以他的真名发表，而是以罗洛·泰普（Rollo Tape）为笔名发表！

利弗莫尔也是盘口解读方法的主要倡导者，同时也是华尔街历史上的又一传奇。他的交易生涯始于15岁，作为一个行情板记录员，他的任务是喊出行情纸带上最新的报价。然后这些报价将显示在他所工作的佩因韦伯（Paine and Webber）证券经纪公司的行情板上。纵然这是一个无聊的工作，但是年轻的杰西很快就意识到持续变动的价格，与买卖指令相结合后仿佛呈现出了一个新的世界。纸带仿佛在向他透露市场最深处的秘密。

他开始注意到，当股价行为和相应的买卖行为相结合时，往往预示着未来将有显著的价格趋势。通过用知识武装自己，利弗莫尔离开了证券经纪公司，通过直接从行情纸带中获得信息，开始了他的全职交易生涯。两年之内，他就将1000美元变为了20000美元，这在当时是一个相当大的数目。当他21岁时，这个数字变成了200000美元，这也为他赢得了"拼命三郎"（The Boy

Plunger）的绰号。

后来，他从证券交易转入大宗商品交易，其交易量也日趋增加，虽然过山车般的行情使他损失了数百万美元，但是他在两次价格崩盘中的卖空交易也使他声名鹊起。第一次是在1907年，他赚了300万美元。然而，这些利润和他在1929年华尔街崩盘中的收益相比实在是相形见绌，保守估计他从崩盘中赚了1亿美元。当其他人在水深火热之中失去一切的时候，杰西·利弗莫尔一举成名，但这也使他在当时被各路媒体中伤，成了公众的替罪羊。

利弗莫尔的妻子以为他们又将再次一无所有，出于担心法院执行官可能随时登门，她将所有的家具和珠宝从他们拥有32个房间的家中搬走。而那晚，利弗莫尔从他的办公室回到他的家中，平静地对她宣布实际上这是他交易生涯中获利最多的一天。

对于这些标志性的交易者而言，行情机纸带就是他们了解金融市场的窗口。威科夫这样评价行情纸带：

"一种通过观察当下的纸带预测未来行情的方法。"

后来，他在《盘口解读》中进一步指出：

"盘口解读是一种快速反应的常识。它的目的是决定股票是处于吸筹阶段还是派筹阶段，或者说是上涨阶段还是下跌阶段，以及是否被投资大众所忽视。盘口解读者通过从过去一连串交易，从千变万化的市场中总结经验，抓住新的趋势，运用大脑中的权衡机制，冷静且精准地执行交易。他们衡量某一瞬间的某只股票或整个市场的供给与需求，比较它们相互之间以及和整个市场间的供求力量以及关系。

"一个盘口解读者就像百货商场的经理，进入办公室后将几百份来自不同部门的销售报告倒在桌子上。他找出交易的大体趋势——整个商场中的需求

● CHAPTER ONE / 第一章

是强劲的还是疲软的，同时，高度关注那些异常的强烈或疲软需求。当他发现无法保持某一部门货架上拥有充足货物的时候，他将通知他的采购经理，增加买入订单的数量；当某些货物在货架上不动，他知道市场对于这些货物的需求不高，因此他将降低售价以吸引潜在的购买者。"

作为交易者，这就是我们需要了解的全部知识！

18世纪60年代出现了使用摩尔斯电码（Morse code）的电报交流系统，人们借鉴这个系统，发明了股票价格和交易指令的报告系统。

于是，每个交易日的数字信息被打印在细长的纸带上。下面这个图例就是那些杰出的交易者们用来获取财富的原始行情纸带的例子。

也许难以置信，但它所展示的信息实际上就是你成为一个成功交易者所需的一切，你只需了解成交量、价格、趋势，与时间相互之间的关系即可。

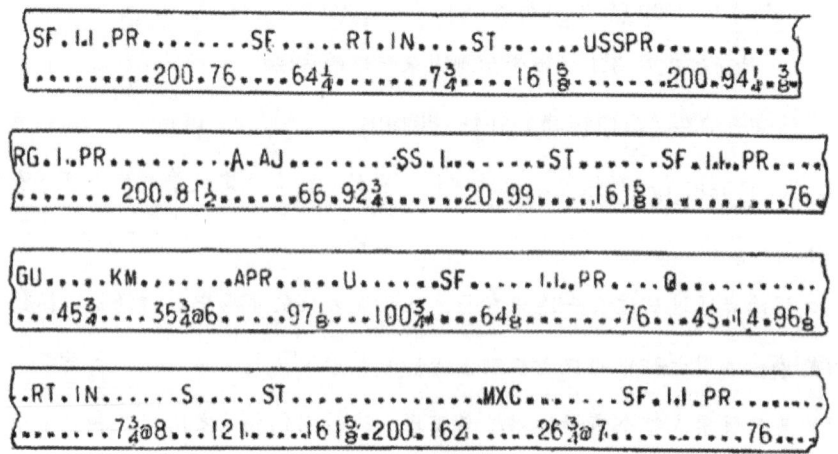

图1.10　行情纸带图例

图1.10是赛雷诺·R. 普拉特（Sereno S. Pratt）的著作《华尔街运作机制》中的一张公有版权的图片，经由哈希信托（HathiTrust, www://www.hathitrust.org）提供。

这正是查尔斯·道、杰西·利弗莫尔、理查德·威科夫、J·P·摩根，以及其他标志性交易者当年在他们办公室中的每日所见。这条行情纸带，滴滴答答地向人们诉说着市场价格对于买卖交易和供求关系的反应。

所有的信息都经由人工传递至交易所内，然后分发至证券经纪商办公室中的行情纸带机中。随着时间的流逝，人们也发明了一套简易代码。这套简易代码在保持精简和准确的同时，能够完成对于大多数交易所需细节信息的传递。

图1.11也许是史上最著名，同时也是最声名狼藉的行情纸带——来自1929年10月29日，即华尔街崩盘的那个清晨。

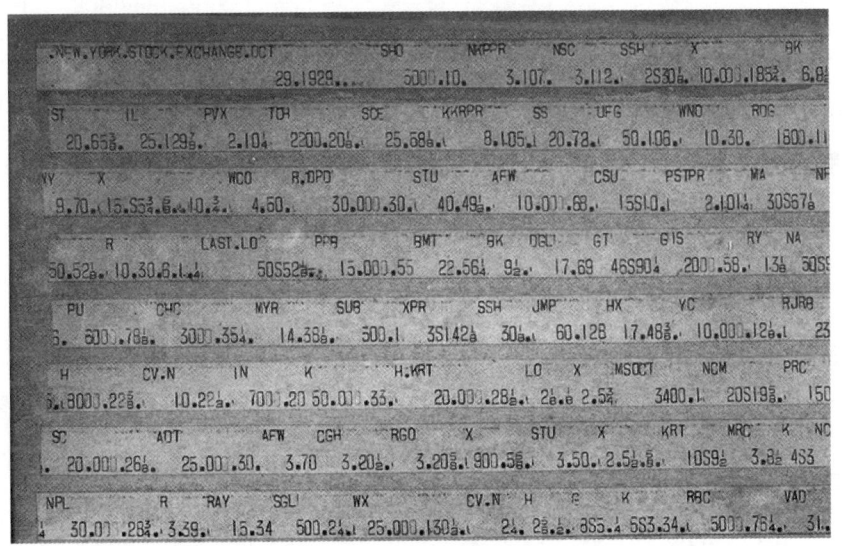

图1.11　华尔街崩盘时的行情纸带

图1.11中的图片由美国金融博物馆热心提供，至今，你仍能在那里见到它的原版。

最上面一行是交易中证券的名称和代码，例如固特异轮胎（GT），美国钢铁（X），无线电公司（R）以及西屋电气（WX）。股票名称旁边的PR标记用于区分哪些股票是优先股而非普通股。

下方第二行是所有的价格以及成交量，它们都以简易的形式呈现，这是为了提高效率。字母"S"经常被用于证券报价中，主要作用是将证券交易数量与其价格隔开，与在行情纸带上"."的意义相同。"SS"代表零散的成交量，往往小于100股。最后，零也经常被省略，同样是为了提高处理速度。所以，如果我们以上述的美国钢铁为例，可以看到第一行以185.75美元的价格成交了10000股，但是到了最后，该股报价为2.550美元。在这一天的开始，你可以每一手185美元的价格购入200股，但是和其他许多股票一样，这一价格将下落至175美元，甚至165美元。

这就是行情纸带，那些标志性交易者们精通了解的工具。一旦精通行情纸带，我们便可透过最基本的价格与成交量，窥探市场深处的秘密。对于长期趋势的分析，他们会将这些信息记录在一张图表上。

从那以后是否有什么改变呢？实际上，并没有什么太大的变化。

如今，拥有电子化系统的我们更加幸运。价格和成交量信息每时每刻都能通过各种方式传递给我们，但是，行情纸带的作用依然显著，下方就是一个现代版本的行情纸带。它所展现的内容与原先的别无二样，唯一的差别就是其电子化的展现方式。

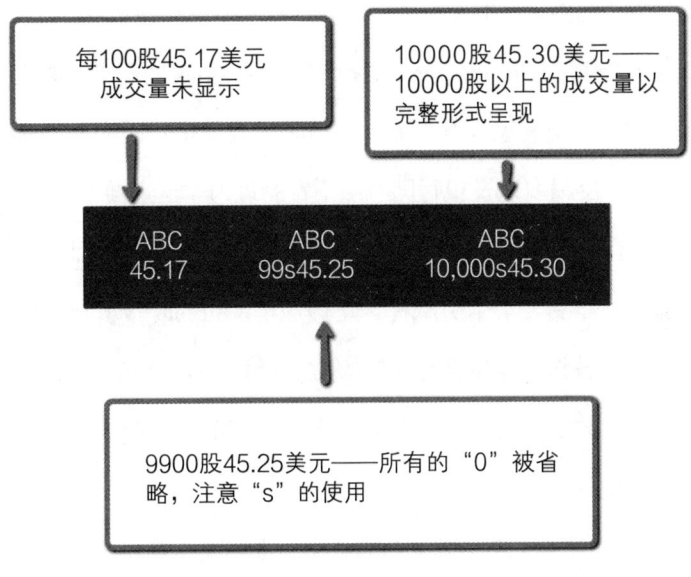

图1.12 电子行情纸带

似曾相识吗？你能从图1.12中得到什么信息呢？

可以看到，在拥有巨大成交量支撑的情况下，股价从45.17美元升至45.30美元。但仅凭这些，我们无法了解许多关键信息，例如价格变动的具体时间周期以及该成交量相对于过去是低还是高。

虽然过去与现在的情况看似相似，但是其中却有一个重大的差异，那就是信息传递的及时性。对于过去那些标志性的交易者而言，在数分钟至数小时不等的延迟下，他们仍能从行情纸带中获取相应信息并取得成功。而如今，我们拥有的信息是实时的，和他们相比，电子化的报价机、电子化图表以及屏幕上显示的LEVEL 1和LEVEL 2数据使得我们的交易更加简易。

在本章的最后部分，请允许我再向你介绍另一位也许你不那么熟悉的"伟人"。他的传奇与道琼斯、利弗莫尔以及威科夫有所不同，他曾曝光被他称之为"专家"或"局内人"的一群人,也就是我们所说的做市商。

理查德·奈伊(Richard Ney)生于1916年,早年闯荡于好莱坞,后转行成为知名投资家、交易家以及作家,它曾曝光股票市场的内部机制,以及监管当局、政府、交易所以及银行间心照不宣的行为。这方面他与威科夫相似,他们都作为教育者试图帮助中小投资者了解市场内部的运行机制。

他的第一部作品《华尔街丛林》是1970年《纽约时报》评选出的畅销书之一,随后他一鼓作气再发两作:《华尔街帮派》和《造市者造市》。他的作品都拥有一个共同的主题,请允许我引用这本书前言中参议员李·梅特卡夫(Lee Metcalf)的一段话:

"在本书关于证券交易委员会的部分中,奈伊先生展现出他对于证券交易所神秘操作行为的了解。这些操作大多为了内部人士的益处,他们拥有特别的信息与影响力,使得他们能在各种交易中获利,而不管所交易股票的真实价值如何。投资者被排除在外,股票的实际价值无关紧要。这个游戏就叫做操纵。"

值得注意的是,这本书的前言可是由当年的参议员所写的,难怪人们把理查德·奈伊称之为人生赢家。

直至今日,他的作品内容也依旧与当下息息相关。为什么呢?因为理查德·奈伊当年在他的作品中曝光的一切现今在每个市场中仍有发生,依我之见,这绝不是阴谋论。我只是陈述交易中的一个事实,我们参与的投资市场或多或少都被操纵,包括做市商遮遮掩掩的行为以及央行对于外汇市场的干预,有些干预是公开的。

但是,成交量是无法隐藏的,这也正是本书所想阐述的。成交量揭示交易行为。成交量反映价格变化背后的真实情况。成交量检验价格变动的真实性。

我将最后一次引用《华尔街帮派》，我希望可以通过这段引用表达我的观点，同时更好地进入下一章。在书中"专业人士的卖空之道"这一章中理查德·奈伊写道：

"要理解专业人士们的做法，投资者应当学会从一个试图以零售价格卖出手中股票存货的商人的角度进行思考。在他们清空货架上的存货的同时，出于盈利目的，他们将以批发价格买入更多的商品。抓住了这一点，我们就可以理解以下这八条法则：

1. 作为商人，专业人士期望以零售价格售出以批发价格购入的股票。

2. 专业人士在这一行中干得越久，他们就会积累越多的资本进行批发买入、零售卖出的生意。

3. 随着传播媒介的扩张，越来越多的人们会进入市场，这会进一步改变供求因素，从而导致股票价格的波动性增强。

4. 为了买入和卖出更多的股票，交易所成员会通过媒体寻找新的途径以提升他们的卖出技巧。

5. 为了利用更多的金融资源，专业人士必须使股票价格下降的幅度进一步扩大，从而洗出投资者，获得足够多的筹码。

6. 股价的上涨应当拥有足够的吸引力来吸引公众的注意，以便出售持续增多的存货股票。

7. 最活跃的股票，需要更长时间的派筹。

8. 经济的发展将受制于越来越严重的金融危机，金融危机将造成包括通货膨胀、失业率高升、高利率以及原材料匮乏等问题。"

这就是理查德·奈伊的作品，他曾在20世纪60、70、80年代连续正确预测市场的顶部和底部。他是证券交易委员会的灾难，也是中小投资者的捍卫者。

所以说，成交量可以展现数字身后的真相。无论是在被操纵的股票、外汇市场中交易，还是在期货市场中与主要操盘者博弈，成交量都将使得市场操纵与交易指令的细节一览无遗。

做市商无处可藏，在外汇市场中制定汇价的几家主要银行同样无处可藏。在纯粹的期货市场中，成交量可以验证价格变动的真实性，使我们了解市场供需情况与市场情绪，以及通过大规模的交易指令洞悉主要参与者的入场与离场。

下一章节将更详尽地讨论成交量的细节，我将从多年以前我发表在《证券与大宗商品》杂志上的一篇文章讲起，文章内容与理查德·奈伊的八条法则相呼应。虽然这篇文章创作于我知晓理查德以及其著作之前，但是其中的比喻相类似。希望通过我的描述，能让大家体会到成交量的重要性，如果大家没有体会到，那么我希望接下来的这则"寓言"可以说服你们！我希望这样。

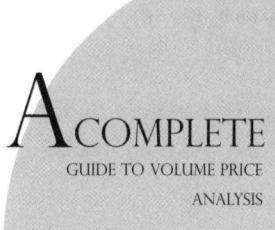

第二章

为何成交量如此重要

● CHAPTER TWO / 第二章

> 关键之处在于获取比其他人更多的信息，然后正确地分析并使用它们。
>
> ——沃伦·巴菲特（Warren Buffett, 1930— ）

以下是多年前我为《证券与大宗商品》杂志所写的那篇文章。我把它称之为"乔叔叔的寓言"。与原先发表的版本相比，我做了一些细小的改动，但是其精髓并未改变。

在经历了一个糟糕至极的交易日后，乔叔叔为了安慰我，向我讲述了关于市场真实运作方式的残酷事实。他给我讲述了下面这个故事。

乔叔叔经营着一个独特的公司，这使得他能以一个内部人士的视角观察股票价格波动的情况。

他的公司，小器具公司，由于政府的特许授权，成为全州唯一一家经销小器具的公司。多年以来，他持续经营买入卖出小器具的生意。这种小器具有它独有的内在价值，因为它们从不损坏，任意时刻市场所需要的数量也大体相同。

作为一个拥有多年商场经验且精明的生意人，乔叔叔很快发觉单纯地和顾客进行买卖交易很单调。每一笔交易所产生的现金流都很小，与此同时每天的交易规模也很小。

除此之外，他还得支付包括人工和仓储费用在内的经营费用。他意识到他应该做点什么以改变现状。

经过了一段时间的思考，他在想如果他向邻居提及过段时间后小器具将供不应求会发生什么。他知道他的邻居是一个喜爱传播流言蜚语的人，因此告诉他几乎等同于在报纸上登出广告。通过视察仓库，他清楚自己有足够的库存以满足即将增加的需求，如果计划成功实施的话。

几天之后，他在街上遇见了他的邻居，闲聊中他表示出他对小器具未来供给将减少的担忧，并且恳求邻居保守这个秘密。他的邻居向他保证不会透露任何风声，他将守口如瓶。

几天过去了，小器具的销量并没有太大的波动。

然而，大约一个星期以后，伴随着日益增加的顾客，人们开始大量买入小器具。看起来他的计划奏效了，每个人都很高兴。由于担心供不应求会使小器具的价格攀升，因此买到小器具的顾客也都十分高兴。乔叔叔也十分高兴，因为他能售出更多的小器具，每天也能赚取更多的钱。

接着他开始思考。

由于所有人都来购买小器具，如果他提高价格则会发生什么呢？无论如何，他是唯一的供应商，而此时的需求也十分强劲。

接下来的一天，他宣布调高售价，但是他仍坚信小器具将很快供不应求，而他的顾客继续以更大的数量购买小器具。

几周以来，他不断地调高售价，但需求不断。有几个机敏的客户开始向乔叔叔回售小器具，但是乔叔叔并不在意，因为仍有许多有意购买小器具的

## CHAPTER TWO / 第二章

顾客。

对于乔叔叔而言，这一直都是一件好事，直到有一天，他突然意识到他仓库中的存货即将售罄。与此同时，他发现每日的销售量随着时间的推移而减少。他决定继续调高价格，让人们觉得情况并未发生改变。

但是，出现了一个新的问题。他原本的计划过于成功。他究竟如何才能说服顾客将小器具重新出售给他，使他能够继续经营他的生意呢？

在经历了几天的思索之后，他仍未想出什么好的解决办法。有一天，他在城里再次遇到了他的邻居。邻居把他拉到一旁询问他听到的传言是不是真实的，通过进一步询问，乔叔叔听到一则传言，该地区将设立一家更大的小器具经销商。

作为一个聪明人，乔叔叔立即意识到上苍将解决方法送到了他的手边。他表现得垂头丧气，承认了传言的真实性，同时表示他的生意将遭受严重打击。更重要的是，小器具的价格将显著下降。

两人分别之后，乔叔叔暗自庆幸，他的邻居能听到对自己如此有利的传言。

几天之内，人们便在乔叔叔的仓库外大排长队，恳求乔叔叔回购那些小器具。由于一下子有这么多人出售，他顺势大幅下调价格，使得人们更加紧张，希望在小器具一文不值前将其脱手！

随着价格一步步下跌，越来越多的人顶不住压力卖掉了小器具。乔叔叔因此买入了大量的小器具。数周以后恐慌过去了，几乎没有人有足够的勇气顶住压力坚定持有小器具。

现在乔叔叔可以按照以往的规模出售小器具，同时，他拥有整整一个仓库的库存。他并不介意接下来几周的清淡交易，因为在过去的几周他赚了大量的钱。现在他可以慢慢经营他的生意了。他的利润已经覆盖了所有间接费用，同时他还有能力为员工支付奖金。很快，人们便忘却了谣言，生活归于平静。

这种平静一直持续，直到乔叔叔开始思考，如果我们再这么做一次会怎么样呢？

当然，乔叔叔的故事是虚构的。这篇文章创作于我知晓理查德·奈伊的作品之前，然而，针对所谓的"内部人士"、"专业人士"，和大多数人称为做市商的群体，我们俩使用的比喻却惊人地相似。

依我之见（同样也是理查德·奈伊的），这是金融市场的一个巨大讽刺。一方面，外部人士进行内幕交易将面临坐牢的刑罚和巨额罚款，另一方面，内部人士却被鼓励并且有经营许可去这么做。对交易所和政府而言，如果没有做市商，他们作为市场的批发商，为交易执行提供保障，那么市场将停止发挥功能。当我们在股票市场中进行买卖时，我们的交易指令总是可以成交。这是做市商的作用。他们没有选择。保证所有买卖交易指令被执行是他们的职责，同时，他们还应相应地管理指令账户和股票存货。

如奈伊所言，做市商就是批发商，仅此而已。他们是专业的交易者。他们在政府的监管与许可下为人们想交易的股票"制造市场"。他们往往是大型的国际银行组织，在全球范围内拥有成百上千的雇员。

其中一部分也许家喻户晓，而其他机构你也许从未耳闻，但是他们都拥有一个共同的特点——即都赚取大量的金钱。赋予做市商如此独特优势的，是他们看懂买卖双方市场的能力。换句话说，就是看懂供给和需求。你如果说是存货头寸也行。

与乔叔叔相似，他们都拥有一个巨大的优势，即可以根据存货的状况制定相应的价格。但是，我不希望你在脑海中形成整个股票市场完全被操纵的想法。事实并非如此。没有哪个做市商能独自做到这一点。

但是，你仍需了解他们是如何抓住机会，通过交易手法操纵价格。他们会抓住任意一段新闻，无论其是否与股票相关，以此来影响价格。你可曾想过，为何市场的变动有时与全球事件并无关联？为什么市场对于好消息反而下跌，对于坏消息反而上涨呢？

以上的阐述也许过于简单，但是大体原理是正确的。所有主要交易所如纽约证券交易所、美国证券交易所以及纳斯达克系统中都拥有相关专家作为做市商。这些做市商包括像巴克莱银行和Getco LLC这样的公司，他们掌控股票交易和"大盘"（这也许让我们想到了杰西·利弗莫尔）。《彭博商业周刊》在2012年曾评论道："如今，交易所正在尝试让做市商以更激进的报价吸引更大的成交量。"另外，在这篇文章中还提到美国的证券交易所非常热衷于增加作为做市商的公司的数量。但是除此之外，自理查德·奈伊的时代以来并未发生什么太大的改变。

那么这些公司是否协同作战呢？当然是！这是毋庸置疑的。那么这种协同性是否公开表现出了呢？不。他们所关注的，是整个市场的供给和需求大致处于平衡的状态，尤其是他们自己经营的股票。当他们都认为市场处于超额供给的状态时，如果出现一条新闻为卖出行为提供机会，那么每个做市商在市场行为方面会表现出协同性，因为他们的"仓库"处于大致相同的状态。一旦你以这种方式来看市场，你就会发现这些都是常识。

在伦敦证券交易所，很多证券拥有官方的做市商（但并非那些大企业以及交易频繁的企业的股票，对于这些企业的股票，使用的是自动化的电子交易系统SETS）。

然而，你也许会提出疑问，为何我花了如此多的时间介绍这些做市商，而你在市场中却从未见过他们。答案很简单。作为"政府许可的内部人士"，他们从市场的中心观察着买卖双方。在任意时刻,他们都清楚地知晓市场中供给和需求的水平。当然,这些信息你永远接触不到,但是,如果你拥有他们的地位,也许同样可以从中获利。

我们只拥有一个工具进行反击,那就是成交量。我们可以评论这种情况的出现是对的还是错的,但当我们进行证券投资时,做市商就是存在的事实。我们应当接受这个事实,然后继续前行。

成交量并非完全无懈可击。数十年以来,做市商们学会了一种技巧,即在交易发生数小时后才报告大宗交易的数据。但是,这仍是我们窥探"市场的内部"的最好工具。

成交量分析可以用于任何一个市场,无论该市场中是否存在操纵行为,它都起作用。在最纯粹的买卖形式的期货市场中,通过成交量能看出市场何时处于疲软,成交量可以展现每日购买欲望的增减变化,在跳动点图(编者注,跳动点图中的每一个柱体是基于一定数量的交易笔数。比如144-跳动点图,即每144笔交易,将形成一个柱体。跳动点图可以用来判断市场的活跃度),以及周期从分钟到小时的时间图,每一次细微的回撤与反转都能得到体现。成交量是推动市场的燃油动力,成交量可以揭示主要操作者的进入与退出。如果没有成交量,市场就无法运作,当成交量的变动与价格变动不相匹配时,我们就得保持警惕,因为一定是出了什么问题!

举个例子,如果现在是牛市,期货价格上涨且伴随着强劲、不断增加的成交量,那就说明价格的变动得到了成交量方面的印证。主要的操盘手正在买入。同样地,当价格下跌伴随着成交量的扩张,那么成交量再一次验证了价格变动,实际上这非常易于理解。这些法则可以被运用于各种市场,不管是债券、利率、指数期货、商品还是货币市场。当你读完本书,你将发现量价分析适用于任何市场,无论其是否被操纵。在被操纵的股票市场中,量价分析将为你提供一项终极武器,使你避免被做市商欺骗。

在期货市场中,量价分析同样给予你验证价格变动真实性的能力,它可以揭露市场中买家与卖家的真实情绪,并在趋势反转时发出信号,从而可以采取行动。在此,我们跟随的是了解市场内幕的主要操盘手。

在外汇现货市场中我们有一个不同的问题,那就是不存在真实的成交量报告。即使有,也是以交易规模,或者被交换的"货币总量"的形式表现。然而幸运的是,我们可以找到关于成交量的答案,它就是跳动点成交量。

但是,跳动点成交量并不是完美的,在交易中没有什么是完美的。首先,不同外汇交易平台的跳动点成交量是不同的,由于跳动点数据是经由在线的经纪商提供的。其次,这些数据的质量取决于多个原因,其中一个重要因素取决于这些经纪商是否使用一种昂贵的全额反馈系统将数据直接传输至银行间流动性池子中。但是事实上,大多数合规的经纪商都能提供高质量的反馈。

然而,跳动点数据能作为成交量的替代吗?

简单而言是的,近年来的许多研究结果表明,跳动点数据可以几乎替代成交量,其反映了市场中真实交易的90%。毕竟,成交量是真实发生的,从这层意义上讲它可以反映出价格的变动,而跳动点数据仅仅是价格的变动。那么,如果价格快速变动,是否就意味着市场中正在发生着大量的交易呢?依我之见答案是肯定的。要证明这一点,我们只需在一条重大消息公布之前后,观察跳动点图的变动即可。

以月度非农就业数据的发布为例,这可是每一个外汇交易者都清楚且喜爱的数据!想象一下我们正注视着233-跳动点图。在非农数据发布之前,每一条柱状图的形成都需要几分钟的时间。在消息发布时以及发布后的极短时间内，每一条柱状图的形成仅需要几秒钟的时间，如一把机关枪正在扫射屏幕一般！原本需要一小时才能被填满的图表，现在仅需数分钟即可。

这就是交易的活跃度，单纯而简单，我们可以通过这个了解成交量。现货外汇市场中存在许多的市场操纵行为，综合而言它也许是所有金融市场中最经常被操纵的一个。"汇率战争"可以被作为佐证之一，但是对于外汇交易者而言，我们只有跳动点成交量作为参考，因此我们也只能使用它进行分析。虽然它并非完美，但是我可以向你保证一点。那就是相比于不使用它，使用它将帮助你取得更大的成功，而一旦你开始在图表中使用，你就能明白其中的奥妙。

你是否还不相信？那么我再做一个比喻，虽然可能不那么贴切，但我希望可以派上用场。

想象你身处一场拍卖会，为了方便讨论，假设这是一场家具拍卖会。在一个寒冷、潮湿且充满悲情气氛的隆冬之日中，拍卖的地点被设置在一个偏僻的小镇上。空空如也的拍卖厅中，只有几个买者。拍卖商开始展示下一件拍卖品，这是一件古董家具，人们开始从起拍价竞拍。在一段短暂的沉默之后，出现了第一个要价，拍卖商并未尝试进一步抬高价格，匆匆以该价格落锤，以起拍价格成交。

现在想象这次拍卖发生在另外一个场景中同一件商品将被出售。而这次，拍卖的地点设在一个大都市，在一个仲夏日，房间中挤满了参加拍卖的人群。拍卖商展示出下一件古董家具，开始以起拍价竞拍。竞拍者的出价迅速上升，在场内竞拍者以各种手势竞拍的同时，电话竞拍者也加入争夺。最终出价速度慢了下来，拍卖品被售出。

在第一个例子中，价格只变动了一次，这表明人们缺乏参与的兴致，更

## CHAPTER TWO / 第二章

专业地讲就是缺少竞拍者,换句话讲也就是缺少成交量。在第二个例子中,价格屡次变动,而价格变化的速度也体现出参与竞拍的投资者的兴致,换句话讲就是成交量。

交易行为和价格之间的联系是十分紧密的。因此,依我之见,使用跳动点数据替代成交量数据在外汇市场中也是可行的。成交量与价格行为紧密结合,我希望上述的这一比喻,虽然简单,但也能说服你。

这一比喻同时也揭示出成交量的其他三个重要方面。

首先是这样。成交量的大小是相对的。假设我们第一次来到上述的拍卖场中。参与人数是平均水平、高于平均还是低于平均,我们无法判断,因为我们缺少标杆。如果我们是常客,我们就可以将出席者同正常水平进行对比,以此判断可能的成交价格。

这就是成交量作为一个分析指标为何如此有效的原因。作为人类,我们有能力快速分辨相对规模和相对高度,正是这种相对性构成了成交量发挥功效的基石。与先前的盘口解读者不同,我们使用的图表可以以更快捷的方式比较成交量的相对大小,无论是在快速变动的跳动点图,还是单日的时间图,或者周期更长的其他图表之上。相对性上的关系才是重中之重。

其次,离开价格谈成交量是毫无意义的。想象一场拍卖之中没有竞价。将价格变动从图表中移除后,我们就只剩下成交量。单一的成交量只能反映出交易者的兴致,而这种兴致失去了与价格波动间的联系。只有将成交量与价格相结合时,两者间才能发生化学反应般的作用使得量价分析成为爆炸性的分析工具。

第三,也是最后,时间也是关键因素之一。想象一下在拍卖场中,如果持续出价的时间长达数小时(如果允许的话!),而非几分钟。这将会发生什么呢？参与者的兴致将大大降低，不会出现那些狂热的参与者以及"拍卖战争"。

再用水做一个类比。想象我们拥有一个连接了喷头的软管。将水流比作价格变动，而喷头就是对于"成交量"的限制。如果喷头保持打开的状态，即使没有太大的压力，水也将从水管中流出。然而，一旦我们将喷头的一部分关闭，由于压力的提升水将冲得更远。流出的水的体积并未发生变化，但是孔径却变小了。现在我们引入时间的因素，同样，在一定时间内流出的水的体积是一样的，但是水压却增大了。

市场也是如此。

然而，恕我冒昧，我想借用理查德·威科夫的一句名言提醒一下各位：

"交易与投资同其他职业无异——你所掌握的技巧将随着时间的推移而增长，任何认为自己拥有不需要付出汗水即可获得成功的捷径的想法都是错误的。"

虽然这个道理可以被用于几乎所有的事业，但是在量价分析中尤为真切。

当你开始交易后你可能会发现，关于成交量的免费指标不止一种，而且你还可以通过付费购买许多专有系统。无论是免费的还是付费的指标，它们都有一个共同点。那就是在我眼中，它们既没有能力也没有智力分析成交量与价格的关系，原因很简单，交易是一门艺术，不是科学。

在和阿尔伯特相处两周以后，我花费了六个月学习相关图表，分析价格与成交量间的关系。我坐在我的交易系统前，这个交易系统额外添加了两个显示屏，一个用于跟踪现货市场，另一个用于跟踪对应的期货市场，根据我所学到的知识并结合每一根价格柱状图以及成交量以尝试分析未来的市场行为。你可能不想读到这点，但有些人确实听到这需耗费大量体力而感到恐怖。

然而，与威科夫一样，我也不认为存在通往成功的捷径。技术分析，从多角度而言是一门艺术，而分析量价关系也是如此。你需要花时间掌握这项技能，也需要花时间加以熟练。然而，如同过去的盘口解读者一样，你一旦掌握便拥有了一项强大的技能。

这种技能是主观的，你需要根据情况酌情做出决策。这永远不是一项可以自动化实施的过程。如果是的话，那本书将是毫无意义的。

最后，（我希望你仍在读这本书而没有因为以上的陈述而放弃），还有一个关于成交量的方面我们未讨论，那就是我们应当从哪个角度分析买入和卖出。是从主力的角度还是从散户的角度呢？现在，我将回答这个问题。

对于投资者和投机者而言，研究成交量的原因是为了洞察内部人士，或者说专业人士的举动。简单而言无论他们正在做什么，我们都尝试跟随！这是因为我们假设，他们对于市场的未来走向拥有更精准的判断。这并非一个不合理的假设。

所以，在熊市中当市场以大角度向下运行而价格如瀑布般暴跌，伴随着巨大的成交量时，这就是一个买入高峰。因为散户因恐慌而大量抛售，与此同时主力正在低价买入。买入高峰对于我们而言是一个机会。

同样的，在牛市的顶点，我们发现成交量急剧放大，那么这就是一个抛售高峰。主力向散户派发手中的股票而散户却预期价格将一步登天！

在本书余下的部分，买卖行为都是指主力而言，因为我们希望通过跟随主力获取利润。

接下来，我们将进入下一章，我们将介绍量价分析中的另一部分，即价格的部分。

第三章

合理的价格

● CHAPTER THREE / 第三章

> 熊市不言底，牛市不言顶。
> ——佚名

现在，我们将目光转向量价分析的另一部分即价格部分，请允许我再一次引用在本书开头中曾提到过的杰西·利弗莫尔的那句名言：

"华尔街里无新事，因为投机的历史如同山一样久远。无论现在股票市场中正在发生什么，这些事都在过去发生过，在未来也将发生。"

总结一下这句话，就是说交易之中没有什么新鲜的事物。正如我在第一章提到的，量价分析已经拥有100多年的历史了。在这段时间中，量价分析的整体并没有发生什么太大的改变，唯一的变化就是在20世纪90年代引入的K线图改变了交易者研究和分析价格图表的方式。

在交易中潮流瞬息万变。多年前被认定为"前卫"的分析方法，几年以后就不再有效，而被一种全新的方法所替代。曾经有一种比较流行的分析方法叫"价格行为交易（Price Action Trading）"，也被简写为PAT。这种分析方法的含义就如它的名字所显示的那样。这种分析方法仅使用价格数据，很少甚至几乎不使用技术指标，这令我感到惊讶。以下是我感到惊讶的原因。

想象一下我们告诉杰西·利弗莫尔、查尔斯·道、理查德·威科夫和理查德·奈伊，我们设计了一种新的市场分析方法。行情纸带上只会显示价格，而不会显示成交量了。我想杰西和其他人听到之后一定会目瞪口呆。但是别担心。本书中我也将先介绍价格行为交易，然后再使用成交量进行验证。

但是首先，请允许我暂时离题。我住在伦敦，是伦敦国际金融期货期权交易所的一个常客，过去我常常开车经过此地，在一天中的任意时刻，都能看见穿着各种鲜艳颜色马甲的交易员从交易所中跑出来，买好三明治和咖啡后又匆忙跑回交易所，他们无一例外都是些年轻气盛的小伙子。而现在在沃尔布鲁克和坎农街的交界处，矗立着一尊场内交易员的雕像，它的手中拿着一部移动电话。那个时代是汽车飞奔与激进交易的时代，我就是在那儿开启交易生涯，在交易大厅里交易FTSE 100期货。

曾经在交易所内，肾上腺素支配着交易员，他们大喊着挥舞着难以理解的手势，在这狂热且弥漫着汗水气味的环境中执行买入和卖出的指令。曾经交易大厅内弥漫着恐惧的气氛，而现如今只有在画廊中才能看到当年的景象。

然而，先进的电子交易系统改变了这一切，伦敦国际金融期货期权交易所也深受影响。所有的交易员都离开了他们的交易席位，转战电子化平台。但讽刺的是，许多交易员，那些在过去几年中和我聊过的，大多数都没能完成从场内交易到电子化交易的转型，原因只有一个。

一个场内交易员，除了可以感受到贪婪与恐惧以外，还能通过场内交易席位的买卖状况判断市场的情绪。换言之，对于一个场内交易员而言，就是成交量或者交易指令流。这些都是场内交易员的每日所见所闻，他们能感受到金钱的流动，感受到市场的情绪，以及随之而来的赚钱的机会。换句话说，他们可以"看见"成交量，他们可以看见大买家身着燕尾服进入市场。这等

● CHAPTER THREE / 第三章

同于屏幕上的成交量。

然而,看不到,无法判断,无法感受席位间指令的流动,他们中的大多数无法成功转型至电子化交易平台。其中的一些人成功了,但是大多数人都无法成功转型,从曾经那个可以从环境中直接感受某些有形的东西以验证价格变动的市场。无论把这些东西称之为行动、指令流、情绪,还是"市场的气味",都是这些东西使他们对于价格行为有了活生生的概念,而这也是他们在电子化时代如此挣扎的原因。

现如今场内交易仍然存在,我相信如果你有机会可以一睹其真容,我也希望你能去。一旦你亲眼看到,就能明白为何成交量对于价格变动的印证是如此的重要,以及为何价格行为交易(PAT)的倡导者为何会如此推崇这种方法。

虽然不可否认的是价格行为浓缩了全球的新闻动态,以及交易员和投资者的观点和决策,同时通过详尽的分析也可以得出未来市场的运行方向,但是如果没有成交量,上述的价格分析将无法得到印证。成交量使得我们可以在预测价格变动的同时验证这种预测的有效性。这也是过去的场内交易员所做的——为了验证价格变动的真实性,他们观察场内的交易指令流,并根据其作出相应的反应。对我们来说也是这样。只不过我们使用的是显示在屏幕中以电子化形式显示的成交量,代替了交易指令流。

然而,请让我再举一个例子。

回到先前的那个拍卖的例子,但是这次我们假设不存在实体的拍卖场了。取而代之的是线上拍卖场,也许现在你可以想象过去的场内交易员所面对的问题了。没有了实体的拍卖场地,我们无法观察现实中的竞拍者,无法知晓有多少人参与了拍卖,也无法得知电话竞拍的信息以及竞拍的速度。在实体的拍卖场中我们还可以感受到价格的变动在何时停止。我们可以看到在价格接近竞拍者的上限时他们所表现出的紧张以及他们在下一次竞拍时表现出的犹豫,虽然这只是一些细枝末节,但是仍然足以使你意识到他们已经接近可接受的上限。这些都是电子化平台交易时场内交易者所失去的东西。

在线上拍卖中,我们只能登录后静待拍卖的开始。当合意的展品出现我们便开始竞拍。我们不清楚有多少其他的竞拍者正在竞拍,也不知道我们是否处于同一竞价水平。我们只能看见价格在变动。而拍卖商,就我们所知,此时可能正在"虚假竞拍"以抬升价格,而这比人们想象的更为常见。他们之所以这么做是为了鼓动人们的参与兴致——这对他们的生意有好处,他们也竭尽全力尝试这么做。

再回到我们的线上拍卖。我们持续竞标最终获得了展品。

但是,我们是否是以合适的价格得到它的呢?注意,这里我们只是讨论价格而非价值,两者之间有很大的不同。我想你应该开始明白了。在线上拍卖时你看到的只是价格。

因此,在所谓的线上拍卖也就是线上交易中,你是否愿意仅凭价格就做出交易的决定呢?曾经的那些标志性的交易者会给出答案,而答案是绝对不会。

我再次承认这也许不是一个完美的例子,但是有助于你理解我的意思。

对我而言,一幅没有成交量的价格图表只是故事的一部分。价格确实高度浓缩了某一时刻的市场情绪,但是在这样一个被频繁操纵的市场之中,我们为何要选择忽视一个免费提供且极具价值的分析工具?

价格作为一个领先指标,它本身,只能显示过去的事实,通过分析我们预测未来可能发生的情况。也许我们的分析是正确的,但成交量可以帮助我

● CHAPTER THREE / 第三章

们做得更完整。

在被操纵的市场中，成交量可以解释价格变动背后的真相。而在未被操纵的市场中，成交量真实反映市场情绪以及交易指令流。

因此，让我们更深入地研究价格，主要在于其四个主要的部分，即开盘价、最高价、最低价以及收盘价。在过去的几年中，由于电子化交易系统的引入，在四个因素中受到了最深刻的影响的，就是开盘价和收盘价。

回溯到奈伊的生活年代或者更早的时期，当时的交易只有在开市时才能进行。当交易所开门时也就开市了，当交易所关门时也就收市了。当时的交易在交易所内进行，而大家都知道何时开市何时收市。这也就使得开盘价和收盘价显得尤为重要，尤其是在每天开市和收市时。交易者和投资者们迫切地期待着开盘价格，而当收市的钟声逼近，日内交易者开始轧平头寸使得市场处于一种近乎狂热的状态。如今我们将其称为"常规交易时间（Regular Trading Hour，RTH）"，也就是交易所实体开启的时间。尽管现今仍是如此，如纽约证券交易所的交易时间为上午9:30至下午4:00，伦敦证券交易所从上午8:00开到下午4:30，但是电子化交易系统的引入革命性地改变了交易世界。

真正意义上改变了游戏规则的是全球电子交易系统（Globex），该系统最早由芝加哥商品交易所于1992年引入，从那以后几乎所有的期货合约现今都是24小时交易。虽然部分现货市场，例如股票市场，交易时间仍然受制于交易所的规定，但发生变化的是，电子化股指期货的引入深刻地改变了这些市场，它们可以昼夜不停地进行交易。这意味着，实际上，现货市场中的开盘价与收盘价早已不如当年那么重要。

随着全球电子交易系统的引入，电子化交易变成了指数期货的标准交易方式，而这些指数期货则是现货市场指数的衍生品。1997年，标准普尔500指数期货最先被引入，随后纳斯达克100指数期货于1999年被引入，而道琼斯30指数期货则于2002年被引入。现今远东和亚洲地区可以在夜间进行这些指数期货的交易，现货指数的开盘价也不使人惊讶，因为夜间交易提前使人们了解市场的情绪。相比之下，在电子化交易没有出现之前，投资者往往得通过开盘时的"跳空"，向上或者向下，感受市场的强烈情绪。然而现如今，由于夜盘期货市场的预示作用，主要指数的开盘点位已不再使人感到惊讶。

单只股票由于多种原因容易受大盘指数以及市场情绪的影响，这道理与水涨船高相似。单只股票的开盘价与收盘价仍然重要，但是由于夜盘的存在使得投资者提前了解到市场情绪，这就使得开盘点位的重要性大不如前。

对于收盘价也是如此。交易所实体关闭，股票流通的现货市场关闭，但是电子化的指数期货仍然在远东及其他地区进行交易。

电子化系统同样被用于大宗商品交易中，在全球电子交易平台上的交易几乎24小时不间断进行，外汇期货、外汇现货市场也是如此。

电子化交易的特质被反映在价格图表上。二十多年前，跳空现象非常平凡，后一根柱状图的开盘价可能大幅高于或者低于前一根柱状图。这往往是价格即将突破的信号，尤其是在具有相应成交量支持的情况下。而现今这种现象十分罕见，一般仅限于股票市场，并且这种跳空缺口往往会在第二天交易所开市时得到回补。当今大多数金融市场都采用了电子化系统，比如外汇现货市场。正如我们先前所言，这种跳空后回补的情况也发生在商品和其他期货市场中。

一般而言，一条柱状图的开盘价等于上一根柱状图的收盘价的事实，这并不能说明什么。这是电子化交易系统对于价格图表所造成的一种影响，这种影响在未来仍将持续。由于电子化交易的存在，其改变了不同市场中价格

● CHAPTER THREE / 第三章

行为的相关因素。

如果市场保持24小时持续运作，每一条柱状图的开盘价将会等同于上一条柱状图的收盘价，直至周末休市之前。从价格行为交易的角度分析，这几乎无法给予我们任何关于"市场情绪的信号"，这也就使得成交量在当下这个电子化交易的时代尤为重要——依我之见这种重要性体现在方方面面！

但是，让我们从量价分析的角度更细致地研究构成一根K线图的四个构成因素以及它们的重要性，即开盘价、最高价、最低价以及收盘价。我想说的是在余下的本书，以及日常交易中我唯一使用的价格图就是K线图。这是阿尔伯特多年前传授给我的，也是我这些年来所学习和使用的。

我曾尝试使用柱状图替代K线图。然而，我最终还是用回了K线图并且在可预见的将来我也不打算再尝试其他的分析系统。我知道有的交易者使用柱状图、折线图、HeikinAshi烛图，以及其他图表。然而，我是从K线图开始学习量价分析的，并且我也坚信只有使用K线图才能展现出量价分析的真实能力。我希望，最终我能用这本书说服你。

因此，首先我将剖析一根标准的K线图并介绍我们从中可以获得怎样的信息。任意一根K线图，都包含七个主要元素。分别是开盘价、最高价、最低价和收盘价，除此之外还有上影线和下影线以及实体，如图3.10所示。一方面，在相应的时间框架内，每一个元素在分析价格行为时都起着相应的作用；另一方面，当我们使用成交量加以验证时，影线和实体最能揭示市场情绪。

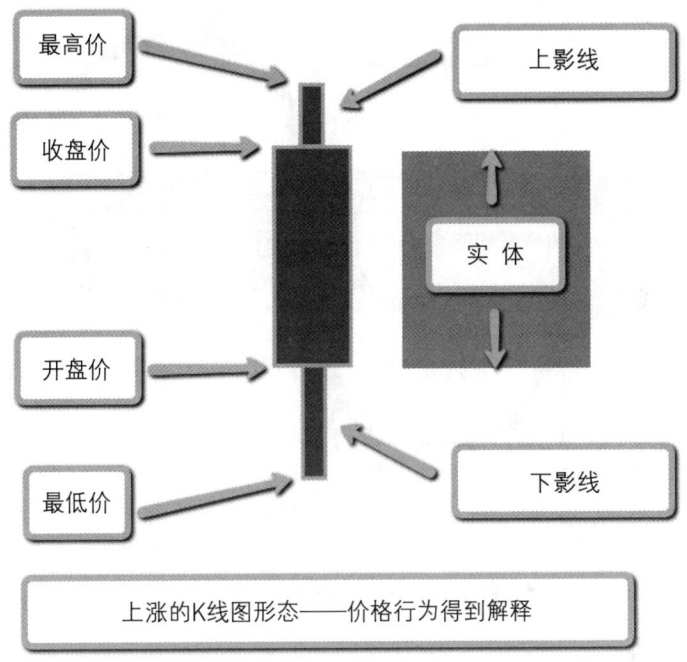

图3.10　典型K线图形态

也许让K线图中的价格行为可视化的最简单方法，不论是短期还是长期的（从跳动点图到月K线图），就是将价格行为表现为一个正弦波，市场上下震荡，买方与卖方争夺控制权。

图3.11就是价格行为可视化的呈现，在这个例子中买方占主导。也许同一根K线图拥有不同的形成过程，但是我们关注的是形成后的K线图的形态，这才是重要的。

● CHAPTER THREE / 第三章

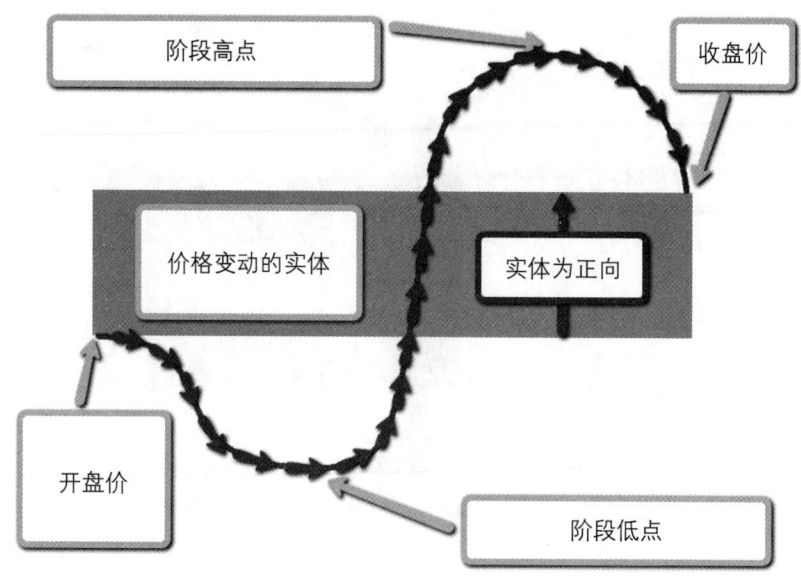

图3.11　正弦波表现的价格行为

让我们从最能揭示市场情绪的实体部分开始分析。

开盘价和收盘价间的高实体预示着强烈的市场情绪，无论是牛市情绪还是熊市情绪，取决于收盘价是高于还是低于开盘价。

开盘价和收盘价间的低实体预示着较弱的市场情绪。没有哪一方的情绪特别强烈。实体上部和下部的影线代表变化，在一个阶段内情绪的变化。如果市场情绪从始至终都十分强烈，那么我们将得到一根没有影线的K线图。这种情况和线上拍卖或现实中拍卖的例子相类似，从某一个价格水平开始竞拍，在出价最高时被售出。在这种情况下将形成一根没有上影线以及下影线的K线图，在交易中，这表明向该K线图方向运行的市场情绪强烈且将持续。

这也是影线的力量，当影线和实体结合后，它们将能展现出市场的真实情绪，这也是了解价格行为交易的基础。

但是，为何要在这时停下而不使用成交量对价格行为进行验证呢？对于这一问题我实有不解，并且希望阅读了本书并且依然使用价格行为法交易的投资者们能够解释一下。只需发给我一封邮件我将乐意学习。

因此，如你所见，影线的长度和含义，在量价分析中无比重要，我们可以通过进一步结合其他的例子，帮助你理解这一点。

举两个例子，首先让我们看图3.12。这个K线图有一根下影线，市场开盘后向下运行，但是收盘时价格反弹到开盘时的水平。在图3.13的第二个例子中有一根上影线，开盘后市场价格上涨但是收盘时回落到开盘时的水平。

让我们分析一下此时市场情绪和价格行为的状况。可以确定上述两个例子是对一种价格变动的描述，由于收盘价回到了开盘时的水平。无需猜测。在这个价格运行过程中，可能包含上升与下降、回撤和反转，但是在某个时点，价格可能触及最低价后反弹，或者触及最高价后回落到最初的水平。

● CHAPTER THREE / 第三章

### ■ 下影线的例子

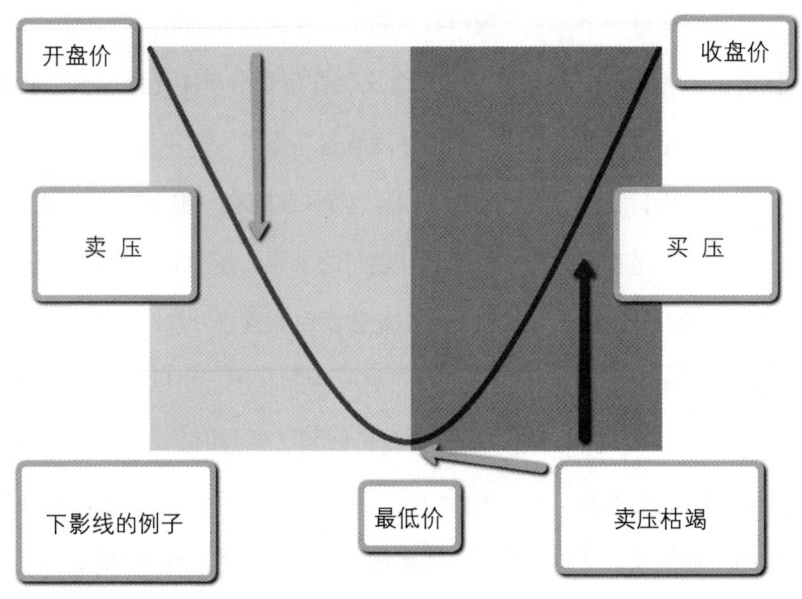

图3.12　下影线的例子

首先讲下影线的例子，开盘后卖方很快占据了市场的主导从而价格下降，其力量超过了买方。也许下跌过程中，在交易中某个很短时间内，以及交易的关键阶段，这种势头短暂暂停，买方尝试恢复力量。然而，在这一阶段，即K线图形成的第一阶段中卖方处于控制地位。

在该阶段的某一价位，因为价格跌至对于买方具有吸引力的区间，买方重新进入市场，开始同卖方角力并逐渐开始争夺控制权。逐渐地接近底部的位置，卖方终于放弃抵抗，买方逐渐取得了控制权。现在轮到卖方承受市场的压力，随着越来越多的买方涌入市场，卖方被淹没的同时价格一步步抬升，最终收于开盘价。

那么，这样的价格行为揭示了什么呢？答案中包含重要的两点。

第一点，在该阶段中，无论时间周期有多长，市场情绪发生了完全的反转。为什么？因为在K线图形成的第一阶段中卖压占据了主导，但是在第二阶段卖压完全被买方所吸收。

第二点，该图形收盘时市场处于看涨情绪中——一定是这样的，因为我们发现收盘价等同于开盘价，所以在收盘时价格一定是上涨的，由于买压的支持。

那么这是否可以作为趋势反转的信号呢？简单地回答，不是这样的，你将发现，只有结合成交量时，我们才能获得完整的视角。此时，我们只考察价格行为，这只是获得完整视角的一部分，但是我想说的是，K线图的影线极其重要，是量价分析中重要的一部分，如同实体一样重要。在上述例子中没有实体，这与有高实体的K线图拥有同样重要的意义。

我希望通过上述例子可以帮助你了解K线图"内部"的价格行为。这是一个非常简单的例子，因为价格的波动被分为对称的两个部分而每一部分占据了50%。然而，价格的波动也可被分为25%对75%或者是15%对85%，但是无论如何——K线图表明在这一过程卖方最终被买方所淹没。

这就是关于成交量分析的另一个方面，将在本书后面介绍。我已经多次提到量价分析（Volume Price Analysis）或者VPA，这是整根K线图中成交量与价格之间的关系，但是在K线图形成的过程中发生了什么？买入与卖出是在什么价位？这就是价量分布分析（Volume at Price），简称VAP。

VPA主要关注每根K线图形成后成交量与价格的"线性关系"，VAP关注每根K线图形成过程中成交量的特征。换言之，就是相应的价格行为中成交量是怎样的。

● CHAPTER THREE / 第三章

我们可以说VPA描述的是K线图所反映的成交量与价格之间关系的一副大图，而VAP则关注成交量的具体细节，深入K线图的"内部"。这对于我们局外人来说增加了一个视角——同一个事物的两个方面，两个不同的角度，并且相互验证。这能更好地定位成交量与价格间的关系。

现在让我们来看另一个例子，即上影线的例子。

## ■ 上影线的例子

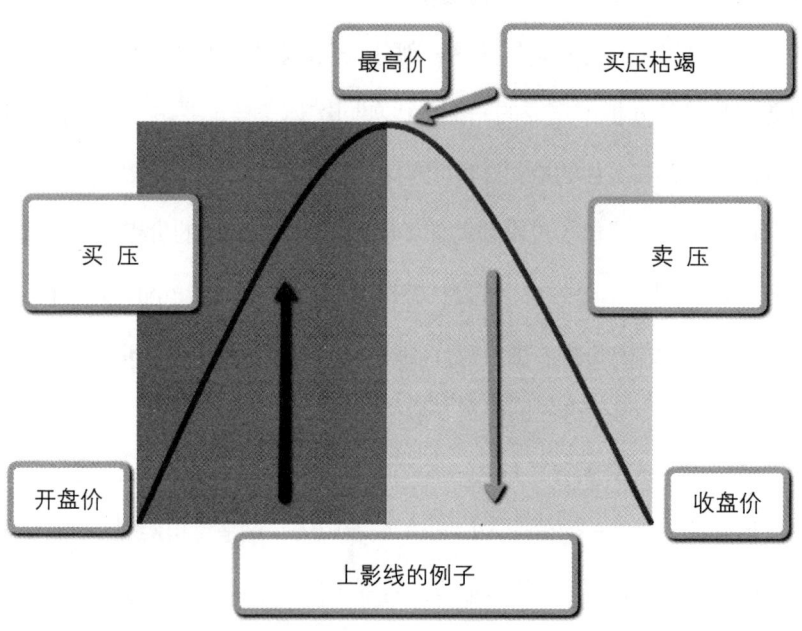

图3.13　上影线的例子

在这一例子中，开盘后买方立刻取得控制权，推动价格上涨的同时压制卖方，卖方此时只能在买压下节节败退。然而，随着价格上涨至某一点位后买方开始挣扎，市场无法继续向上运行，卖方逐渐取得了控制权。

最终，在阶段高点，买方失去势头。当卖方涌入市场时，买方了结利润。当一波一波的卖方冲击价格时，卖压迫使价格下降。

这一过程以收盘价回落至开盘价结束。再一次，在这一价格运行过程中有两个关键因素。

首先，市场情绪出现了完全的反转，这一次是从看涨情绪到看跌情绪。其次，收盘时的情绪是看跌情绪，这是由于开盘价与收盘价相等。

这就是这根K线图形成过程中所发生的事情，无论K线图的时间周期是长是短，都不会有什么差异。

这可以是跳动点图上的一根K线图，也可以是五分钟图、日线图、周线图中的一根K线。在后面这些图中，时间发挥作用。当我们在日线图或周线图上，然后在1分钟或5分钟图上结合成交量分析这种价格行为时，意义会更大。

我们将在下面几个章节中更详细地讨论。

但是，价格行为以K线图的形式是如何展现的呢？

## 下影线

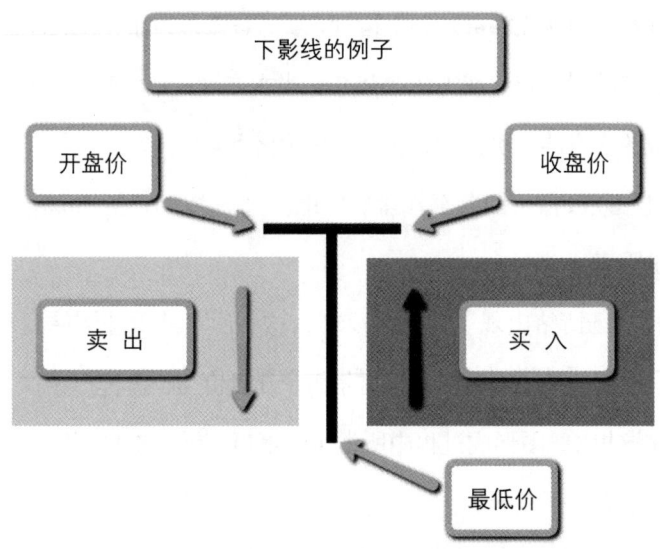

图3.14 下影线形态的K线图

虽然最终形成的这根K线形态看起来并不令人兴奋,但实际上这是所有图中最有力的价格行为之一,尤其是结合成交量分析之后。价格行为和成交量将告诉我们接下来市场将向什么方向运动。

以下是另一个例子,一个同样有力的K线形态。

## 上影线

再一次,这是另一个十分重要的价格形态,在本书余下的部分,我们将一次次地回顾它。

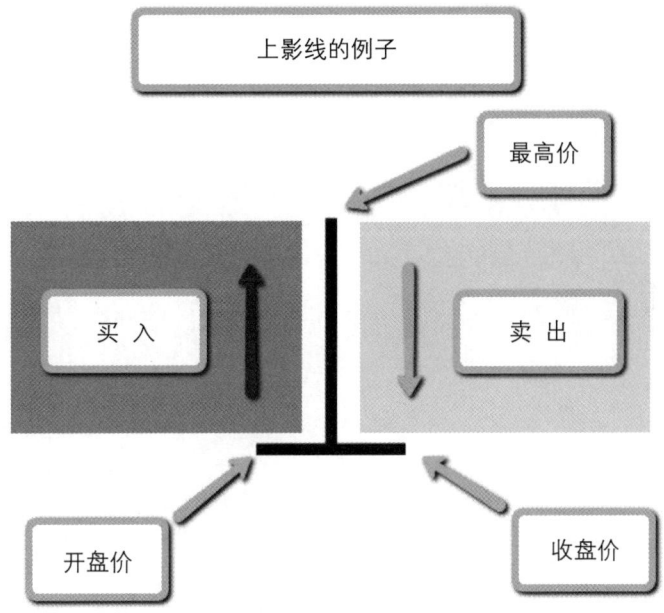

图3.15　上影线形态的K线图

至此,本书中关于价格行为分析的部分就结束了。毕竟,我们已经可以从K线的影线中看出买卖行为。但是它没有揭示出的,是价格行为的强度,以及更重要的是,这种价格行为是否是有效的。这种价格行为是真,还是假,而如果是真的,那么随后市场将可能以怎样的强度运动呢?这就是我认为价格行为分析只是技术分析的一部分的原因,而成交量就是另一部分。在下一章中,我们将研究量价分析的首要原则。

# 第四章

## 量价分析的首要原则

● CHAPTER FOUR / 第四章

> 【关于不断学习股票投资】在这个反复无常的市场中,无论学习曲线从哪里开始,这个过程都永不结束。
> ——约翰·内夫(John Neff, 1931—　)

在本章的开头,我将先介绍一些量价分析(VPA)的基本原则,但是首先,我将讲讲作为一名使用该方法进行分析的交易者保持持续成功的指导原则。需要强调的是,这些原则我每天都在使用,自我第一天运用阿尔伯特传授给我的这个技术开始,至今已有16年了。我非常感谢阿尔伯特(以及我的丈夫大卫)把我引上了正确的交易之路。我希望这本书对你们也能起到同样的作用。

现今,这些并不是规则,只是一些你所应当学习的简单的指导原则。

## ■ 第一条原则:艺术而非科学

首先我们应当清楚,通过量价关系分析并解读图表是一门艺术,绝非科学。此外,这门技术也难以自动化或者依靠软件实行。虽然你需要花费时间和精力去学习,但是这些都是值得的。之后你将可以在任意时间跨度以及任意市场中针对任意投资品种使用这一技术。软件之所以不能胜任量价分析的原因非常简单，因为大多数的分析都是主观的。我们要做的，通常是对比分析价格行为和相应的成交量，寻找相互确认或异常，与此同时，对比历史成交量判断当前成交量的大小。

一个软件程序，在决策制定方面并不具备任何主观能力，因此它无法胜任这项工作。

还有一个优点就是一旦你学会这种技术，在你的一生之中都可以有效地使用它！唯一的成本就是你获取所需实时成交量数据的成本，以及你对于本书的投资！

## ■ 第二条原则：耐心

明白这条原则花费了我一定的时间，因此希望我可以减少你无意义的时间的投入。

金融市场犹如一艘巨大的油轮，它不会嘎然停止又迅速启动。市场常常拥有动量，当K线图形态预示潜在的反转或异常时，市场趋势常常会仍然继续一段时间。当我刚开始交易时，每当看见交易信号我都十分激动，并且立即建立头寸，结果往往是，交易信号发出之后，市场会保持原先的势头一段时间，之后市场才会改变路线，确认了当时的信号。

一旦你开始思考每一根价格柱状图中发生了什么，以及市场的真实情况是什么，你就能很容易理解上面我所说的。我将通过一个类比帮助你理解这一点。

这就好比夏季的一阵雨。原本阳光普照，然后突然有了变化，云层开始聚集，几分钟后雨落了下来，刚开始很小，随后越来越大，然后再一次慢了下来，最终雨停了。几分钟后太阳出来了，雨水慢慢蒸发。

这个比喻即是对于价格发生反转时的真实写照。再看一个处于看跌趋势的例子，此时经过一段时间的卖空后形成了几条阴线。就在这时我们注意到了潜在的买入信号，预示着买方正在重回市场。卖方被买方所压倒。然而，从K线图表现出的价格行为上看，这种压倒性优势并非瞬间形成的。一部分卖家继续坚持，坚信市场将下行至更低点位。市场下行了一小段后开始上行，越来越多的卖家因担忧而离场。随后市场再一次下探至更低点位，然后再次反弹，通过这种方法将那些固执的卖家洗出局。最后，在清理了最后残余的卖家（"扫尾"的工作）之后，市场做好了上行至更高点位的准备。

如我先前所言，市场永远不会在突然停止后然后反转。市场中的所有卖家或买家被完全清理掉是需要一定时间的，正是这种持续的拉锯创造了在一段延伸行情中的价格震荡区间，无论先前这段行情是上涨还是下跌。在这些区间中，价格遇到了强力的支撑位或者阻力位，这也是量价分析所使用的重要因素之一。

量价分析的真谛在于不是一旦出现信号就立即行动。大多数信号不是形势立刻反转的警告，我们应当保持耐心。当一阵雨要结束时，它并不是突然停止的，它将逐渐减小，随后停止。当你撒了什么，尝试使用具有吸水力的纸擦干溢出的液体时，在第一遍时先吸收大多数的溢出物，第二遍才最终完成任务。市场也是如此，它如同一个海绵。在它准备好反转之前，它将首先花时间完成清理的工作。

希望我清楚地表达了我的观点！请保持耐心。反转终究会到来，但并不是在某根K线图发出信号后立刻到来。

## ■ 第三条原则：相对性

成交量的分析总是相对而言的，当我不再纠结于成交量数据来自哪里时，我才真正明白了这一点。一开始我痴迷于成交量的来源，同时尝试了解它的方方面面。这些数据从何而来？数据是如何收集的？它准确吗？它与其他的来源相比如何？以及是否存在其他更好的方法能给予我更准确的来源信号等。这样的争论至今仍充斥着各大交易论坛，讨论的中心往往是数据的出处。

在经历了几个月的对比与回测后，我最终意识到对于如此微小的不足与差异的担忧是无益的。正如我先前提到的，交易以及量价分析是一门艺术，而非科学。数据来源随经纪商与平台的变化而变化，这将造成K线图的微小差异。如果你将两张来自不同经纪商的相同交易品种和相同时间跨度的图表进行比照，你将可能得到两张不同的K线图。其背后的原因非常清晰，这是因为每根K线图的收盘价取决于多个方面，尤其是电脑时钟的速度，你所处的时区以及收盘时间等。它们都有所不同。

数据来源的复杂之处在于它们是如何将数据计算并展示于你的屏幕上。它们有着不同的来源，经由不同的方式处理。即使来源于股票市场的数据也会不同，外汇现货市场尤其如此。但是，有一个简单的原因能说明这的确不是什么大问题。

由于成交量是相对的，因此只要在一定阶段内保持数据的同一来源即可。这是经过多年经验所被证实过的。

有些交易者认为，跳动点数据代替成交量只有90%的准确度。我常常对这些人失去耐心。90%的准确度，这又何妨呢？对我而言，可以是80%的准确度，也可以是70%的准确度。我并不关心准确性。我所关注的是一致性。只要来源是一致的，那就够了，因为我需要的是将当前的成交量同先前的成交量进行比较，我不需要同其他来源加以比较。我承认我确实花了一段时间才明白这种方法是完全可行的。

因此，请不要和我在同一点上浪费时间。成交量是相对的，因为我们是在比较当前的成交量和过去的成交量，以判断其高于、低于还是等于过去的成交量。如果数据不完美，也没有什么影响，因为我们是将不完美的数据同不完美的数据比较。

同样的观点也适用于外汇现货市场中的跳动点数据。同样我承认它是不完美的，但是我们是在将一条柱状图同其他的对比，只要它是反映交易情况，就影响不大。我们生活和参与交易的世界是不完美的。一个普通MT4平台的免费跳动点成交量数据也能满足我们的需求——相信我。我已经使用了许多年并且每天都从中获益。此外，它还是由经纪商免费提供的。

## 第四条原则：熟能生巧

任何技能都需要花时间练习以达到熟练的程度，但是一旦学会你将永远不会忘记。你从本书中学到的交易技巧将适用于任何时间跨度，它都同样有效，无论你是投机者还是投资者。作为一名投资者，你也许在寻找买入并持有的机会，所以你可从较长周期的日线图和周线图进行分析，如理查德·奈伊那样。相应地，你也可以是一名使用跳动点图或者短周期时间图的日内交易投机者。因此，保持耐心别着急。这值得你投入时间和精力，因为数周或数月之后，你将惊奇地发现自己拥有预测市场每次反转的能力。

## ■ 第五条原则：技术分析

量价分析只是技术分析的一部分。我们经常使用其他的工具来确认情况，同时我们也使用其他的方式来进行确认。其中最重要的就是支撑位和阻力位，我在第二条原则中曾提到其原因。这是市场在反转之前暂停并执行"扫尾工作"的点位。或者它只是一段长期趋势的停顿点，在随后的成交量分析中得到验证。当价格突破整理区间，伴随着适当的成交量，常常是一个强烈的信号。

趋势分析也同样重要，价格形态分析也是这样，它们都是作为一门艺术的技术分析的组成部分。

## ■ 第六条原则：确认还是异常

当使用量价分析作为分析手段时，我们仅仅在寻找两件事物。

价格是被成交量所确认，还是价格中存在异常现象。如果价格得到确认，那么价格行为的连续性也将被确认。相比之下，如果存在异常，那么这就是存在潜在变化的一个信号。这两点就是我们在使用量价分析时所寻找的。

确认还是异常，别无他物。在分析多根K线图的图前，我们先来看一些单根K线图确认的例子。

● CHAPTER FOUR / 第四章

### ■ 确认的例子

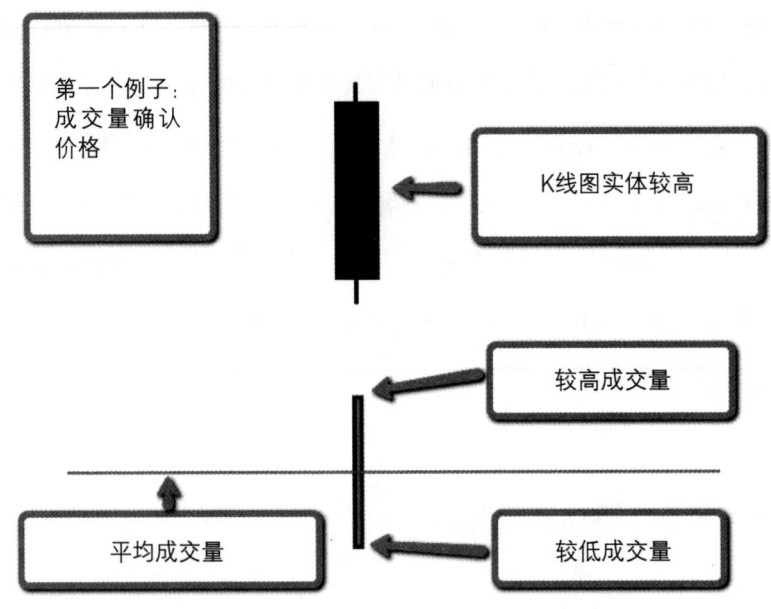

图4.10 长阳线，伴随较高成交量

（编者注：在本书中，深色实体表示阳线，浅色实体表示阴线）

在图4.10的例子中，是一根长阳线与较短的上影线与下影线，同时成交量大幅高于平均水平，因此成交量确认了价格行为。

在这种情况下市场处于牛市，价格强劲上涨，收盘价略低于最高价。如果这一变动是有效的，我们可以看到市场被推向更高的点位所需做出的努力，这会体现在成交量上。

请记住，这也是威科夫三定律中第三条的投入产出定律。市场不会轻易地上涨或者下跌，因此在遇到价格产生较大变化时，我们应该能看到高于平均水平的成交量加以确认。我们现在看到的例子就是这种情况。在这个例子中，成交量确认了价格。由此，我们可以假设两种情况。首先，价格的变动是真实的，其并未受到做市商的操控。其次，市场正处于牛市阶段，直到我们发现异常的信号之前，我们都可以持有手中的长头寸。

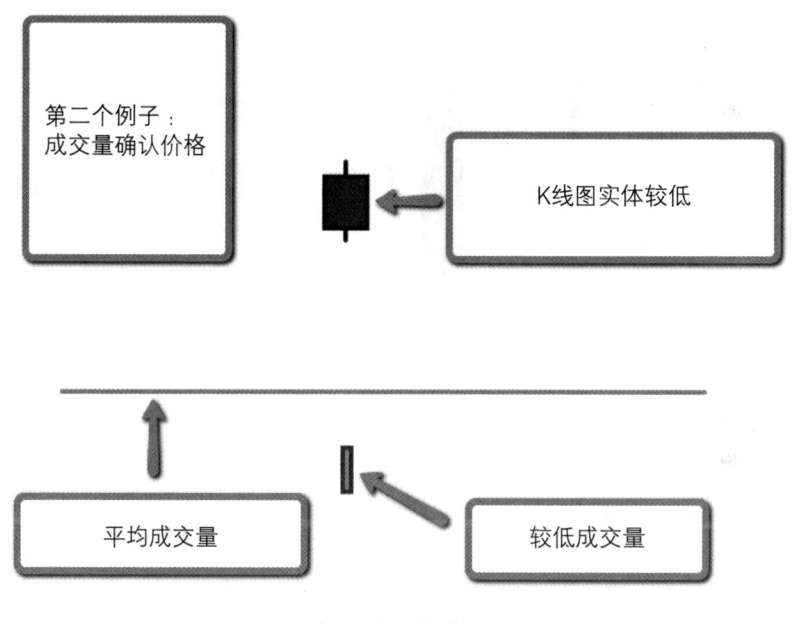

图4.11 短阳线，伴随较低成交量

图4.11是一根伴随较低成交量的短阳线。在此情况下价格上涨，但幅度较小，因此K线图的实体非常低。它的上影线和下影线也都非常短。成交量大幅低于平均水平，这种情况下我们要思考的问题依旧十分简单。成交量是否确认了价格行为，答案再次是肯定的。原因也与先前的投入产出定律相同。这种情况下市场的价格仅略微上升，因此我们期待看到这一事实反映在成交量上，即它应该也处于较低水平。毕竟，投入和产出相互印证，由于市场仅向上运动了几个点（结果），因此只应具备较少的投入（成交量）。再一次，成

交量确认了价格的变动。现在让我们再看两个例子，但这一次是异常的情况。

## ■ 异常的例子

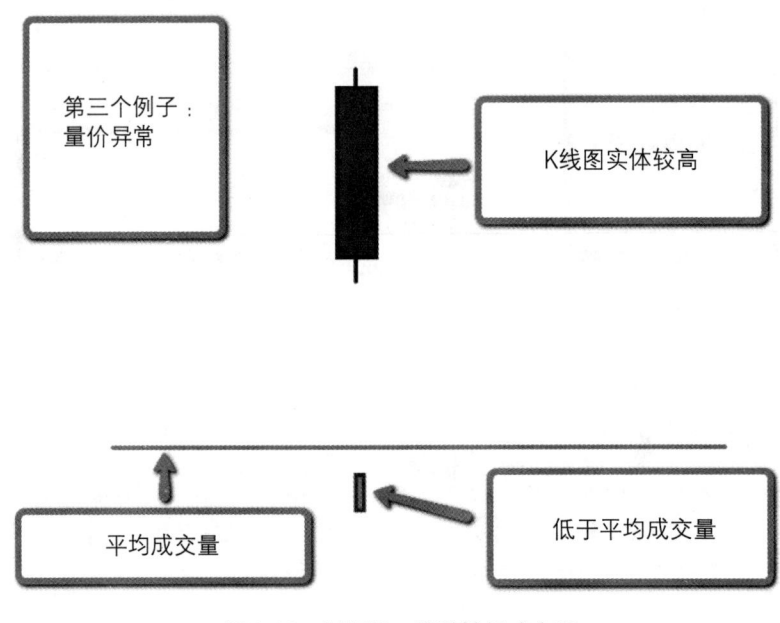

图4.12　长阳线，伴随较低成交量

在图4.12中，我们看到了第一个异常的例子，我们有如下解释：显然这是一条长阳线，如果结合威科夫的第三定律，那么它应当具有对等的投入。但结果是较大的产出，来自于较少的投入。这就是异常。毕竟对于一根长阳线而言，我们期待较高的成交量与之配合，但现在成交量却很低。我们应当立即提高警惕，因为一定存在某些问题。

问题在于为何在应当有较高成交量时拥有如此低的成交量？这是否是市场或是做市商设下的多头陷阱呢？很有可能是，你即将见识到这种简单分析方法的强大之处。仅凭一根柱状图，我们就可以立即意识到出了某些问题。异常之处在于，如果价格上涨是真实的，那么由于买方的支持应当得到一根较长的成交量柱状图，而不是较短的成交量柱状图。

当我们在市场中持有多头头寸而这种情况出现时，我们应当立刻开始怀疑究竟发生了什么。举例而言，思考一下为何会出现这种异常的情况？这是否是一个潜在陷阱的先兆？这种形态常常发生在股票交易刚开始的时候，这是做市商正尝试摸清市场的情绪。比如，上面这个图可能是来自于1分钟的图表。开市时，价格被推高以测试买家对于市场的兴趣。如果买方在此处的意愿并不强烈，随后价格将会下跌，之后再进行下一次测试。

回忆我在先前所提到的，在全球电子交易系统中指数期货市场进行的夜盘交易，可以向做市商提供信息以判断市场处于牛市情绪还是熊市情绪。他们所需要做的是通过测试来决定开盘后几分钟内的价格水平。这种情况并不局限于主要指数，对于个股而言也是如此。这非常易于判断，因为它会立刻反映在成交量上。

这也是我不理解为什么价格行为交易（PAT）受欢迎的原因。没有了成交量，一个PAT交易者将毫无头绪。他们所能做的一切就是根据这根长阳线假设市场处于牛市之中。

我们所需要做的，是在开市钟声响起后的几分钟内紧盯图表。选取主要的指数，以及几只个股。异常现象时不时会出现。做市商通过测试买卖双方的意图，为该阶段的交易奠定基调，同时密切关注着未来可用于操纵市场突发新闻，以确保"不浪费每一个制造危机"（拉姆·伊曼纽尔Rahm Emanuel）的机会。毕竟，如果他们正通过买入的方式进入市场，那么应该有一个较高成交量的柱状图。

这个成交量柱状图表明：市场没有参与到这一价格变动，并且这是有原因的。在这个情况中，做市商是在测试买入和卖出的水平，他们只有在确认有买方会在这个价位进入市场后，他们才会拉高价格。

同样的情况也可能发生于外汇市场中。

一则重磅新闻发布了，做市商往往会抓住机会测试市场，价格根据新闻跳升，但对应的成交量却很低。接下来让我们来看另一个异常的例子。

同样这也是潜在陷阱的明确信号。这种价格的上涨并非真实的而是虚假的，这是为了引诱交易者进入一个不利的位置，在经历短暂暂停后，市场将迅速反转，沿着相反方向运动。这也是量价分析如此强大的原因，一旦学会了，你将懊恼为何没有早点发现这一技巧。成交量和价格结合后将揭示市场行为背后的真相。

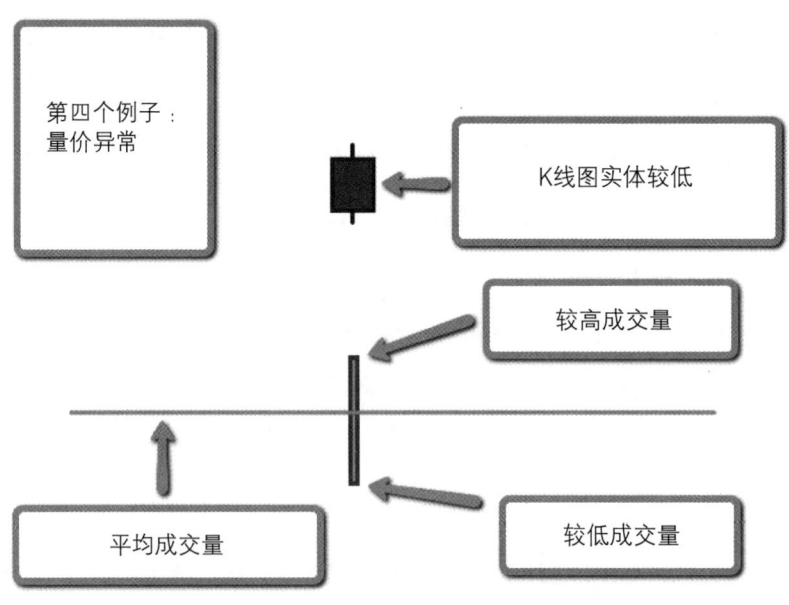

图4.13　短阳线，伴随较高成交量

在图4.13中，我们看到一根短阳线伴随着较大的成交量，同样，这也是一个异常的例子。

先前我们在图4.11看到，较少的价格上涨（产出），只需要较低的成交量（投入），但现在的这个情况并非如此。

价格的小幅上涨是由巨大的成交量所造就的，因此显然某些地方存在问题。一般情况下，当我们看到如此高的成交量推动价格上涨时，往往伴随的是具有高实体的K线图。但是，现在如此大的成交量仅使得价格略微上涨。

我们只能得到一个结论。市场开始趋于弱势，这种典型的K线图形态往往形成于牛市的顶部，或者熊市的底部。

举例而言，在已建立的牛市中开市后，价格略微上涨，但买方（多头）开始了结利润，因为该趋势已经持续了一段时间并且他们认为是时候清仓了。然而，随着这部分头寸被了结，更多热切的投资者涌入市场，（就像大多数交易者和投资者在市场顶部买入一样），但是随着多头了结头寸变现利润，在没有更多买方进入市场之前，价格是不会上涨的，这个循环会在整个阶段中多次重复。

实际上，市场已经运行至某一特定价位，而此时更多的投入不再使得价格继续上涨，在新的买方进入市场的同时原先的多方也正在了结头寸，获利离场，因此价格无法持续上行。

换言之，价格和成交量结合后揭示出了市场的弱势。如果我们从卖出成交量和买入成交量的角度来看待这根K线图，那么由于买方稍胜于卖方，因此表现出较低的实体。

这就如同驱车爬上一个坡度逐渐增加的结冰的山坡。开始时我们可以向上爬升，随后若想继续爬升则需加大马力，最终达到某一位置时即使马力全

## CHAPTER FOUR / 第四章

开也只能保持静止不动,由于轮胎在冰上打转。也许这不是一个完美的比喻,但是我希望可以通过它表达出我的想法。在这个驾车的比喻中,我们现在静止不动,在半山坡处,引擎达到最大功率,轮胎打转,哪也去不了!接下来我们开始向后滑,过程中动量逐渐增加,正如我们所描述的价格行为。市场到达某一点位,此时无论做出多少努力,价格都不再上升,卖方将买方击倒。

当趋势再往下之后,也会发生反转。在这种情况下,卖单被买方所吸收,再一次,当市场处于疲软阶段时,发出了反转的信号。毕竟,如果卖方坚持到底,我们应当看到一根高实体的阴线,而非低实体的K线图。

现在,K线图和成交量之间的关系引出了一个更为深刻问题,让我们重新考虑那些局内人和做市商。

再回到前面牛市的例子,低实体K线图伴随高成交量,我们也许会提问,"究竟此时是谁在卖出呢?"是投资者或投机者在市场趋势持续上涨时离场吗,还是其他群体呢?也许是局内人或做市商呢?谁更有可能呢?毕竟,我们清楚大多数投资者和交易者倾向于在顶点买入,但实际上他们应当卖出,他们也会在底部卖出,虽然他们此时应当买入。从心理学角度而言,大多数的专业人士和做市商都清楚这一点,而这也是大多数交易者和投资者的共性。

他们同样清楚这个群体容易因受惊吓而离开市场。一般而言,他们常常在牛市趋势形成一段时间后才意识到,往往在确认安全后才迟迟入场,在眼睁睁看着市场持续上涨后,在一次次后悔没能更早醒悟后。正如已故克里斯托弗·布朗(Christopher Browne)所言,"股票的买入点就是其他人卖出时,而非其价格高涨且人人都希望拥有时。"这种观点适用于任何交易品种和市场。在"特价出售"的时候买入,通常是趋势的底部,而不是顶部。

"错过机会"是一个交易者(以及投资者)的典型担忧。交易者们在经历漫长等待后最终进入市场，而当市场即将反转时他们却考虑是否应当离场。这就是局内人、专业人士、做市商以及大型银行经营者所依赖的交易者的恐惧。请记住，他们能够以独特且占优势的视角观察到市场的参与双方。

回到原先的问题！专业人士已经推高了股价，但市场挣扎于保持现有水平。专业人士向市场卖出以清空库存，但又没有足够数量的买方来推动价格上涨，此时长期投资者也在卖出，了结利润后离开市场。专业人士们持续向买方卖出，同卖方相比，买方成交量太小，无法推动价格显著上涨，每次企图推高市场时都遭遇更多的出售，而这些出售都会吸引更多的买方进场。

这里所发生的一切是一场战争。这是专业人士们发力的第一个信号，他们在使市场快速下行之前发力清空他们的仓库。市场拒绝继续上涨，而专业人士们在准备好前也不会使价格下跌，因此战斗在持续。在本书余下的部分，我将更详细地解释这一点。他们将价格保持在现有水平以吸引更多的买家，这些买家期望能通过上升趋势赚取快钱，但是卖家持续卖出，使价格没有真正的上升。

这是我们可以从图表中看到的经典关系之一。正如我先前讲过许多次的，这种情况可以出现在快速的跳动点图上，也可以出现在周期较长的时间图上。信号是一样的。这是市场走弱并且挣扎于保持现有水平的一个早期警告，因此如果你原先拥有头寸，你就应该了结利润后离场，或者，准备在趋势反转时建立头寸。

此外，请记住，K线图在趋势中所处的位置不同具有的意义也不同，这在量价分析中非常重要。

当异常出现时，我们要在图中查看，首先就是找到我们在一个趋势中处于什么位置，这一位置取决于时间跨度。举例而言，在五分钟图中，一段趋势可能持续一小时，或者两小时。但在日线图中，一段趋势可能持续数周甚至于数月。因此，当我们讨论趋势时，我们应当了解这段趋势的背景。趋势总是相对于我们交易的时间跨度来说的。某些交易者认为时间长达数日、数周、数月的趋势才是趋势。然而，我并不同意这种观点。

对我而言，一分钟图的趋势或五分钟图的趋势也是一段趋势。这段价格趋势，可能是一段长期趋势中的短期回落，也可能是进一步确认长期趋势。它没有本质的差别。重要之处在于这个趋势，是价格的趋势，是价格在该时间跨度下，以同一模式运行了一段时间。

请记住一点。在5分钟图上进行量价分析所产生的交易，其收益性和低风险性与在日线图或周线图上进行量价分析一样。分析方法是相同的。

我想表达的是——无论何时出现异常，我们首先应当考虑我们在趋势中所处的位置。换言之，首先进行定位。

举例而言，我们是否处在底部，市场已经经历了一段暴跌，正在寻求反转呢？还是我们正处于一段看涨或看跌趋势的中间，我们看不到长期趋势中有回落或反弹的迹象？要分析处于趋势中的哪一位置，我们应当采用更多的分析工具作为量价分析的补充，以帮助我们完成定位。

要判断我们在趋势中的位置，以及潜在的反转点，我们往往使用支撑位和阻力位、K线图形态、单根K线图，以及趋势线进行分析。上述工具可以为我们提供我们的"方位"，帮助我们确认价格变动中我们所处的位置。或者你也可以说，这些工具是我们量价分析中的视角和框架。

## ■ 多根K线图的例子

前面我们已经介绍了单根K线图，现在我将介绍通过量价分析方法分析多根K线图以及成交量的情况。这种方法和先前的一样，我们都在寻找两个东西：成交量是确认价格行为，还是出现了异常。

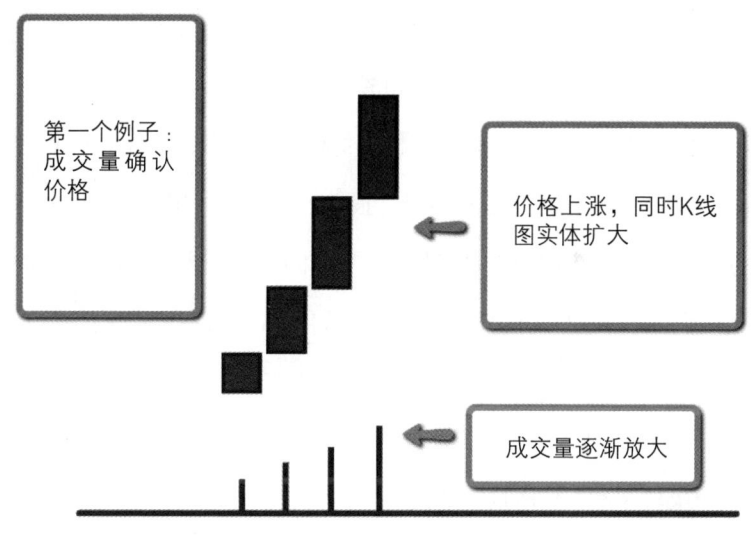

图 4.14　多根柱状图确认上涨趋势

图4.14是一段上涨行情，容易看出的是价格的上升伴随着成交量的放大。

这正是我们所希望看到的，同时，多根成交量柱状图使得我们有了历史基准，可以用于衡量未来的成交量柱状图。

如果我们在图上观察实时的价格行为，那么以下即是我们将看到的。第一个K线图，是一个低实体阳线伴随较小成交量，这很正常。成交量印证了价格，此处没有异常。随后第二根K线图开始形成，我们发现它具有较高实体,根据威科夫的定律,我们期待看到相较于第一根柱状图更大的成交量,实际情况也是如此。所以上涨行情是真实的,两根K线图的价格都得到成交量的确认。

当第三根K线图形成后,其实体比前两根更高,我们期待成交量能满足威科夫的投入产出定律。第三条定律表明,产出增加(价格实体比先前更高)应增加相应的投入(成交量应高于前两根柱状图)——结果表明确实如此。因此,再一次,K线图的价格行为得到了成交量的确认。无论如何,就我们的简单观察而言,三根K线图确认了价格趋势。

换言之,在经历三根K线图的过程中价格持续上涨,形成了一个趋势,成交量也在增加,再一次确认趋势本身。投入产出定律适用于单根K线图,也适用于"趋势",在上述例子中是三根K线图。因此,如果在一段趋势中价格持续上涨,那么根据威科夫的第三定律,我们期待看到持续扩大的成交量。情况就是如此。

这就是重点。投入与产出,不仅适用于先前看到的单根K线图的情况,也适用于多根K线图结合后所形成的趋势。换言之,我们可以从两个层次进行价格确认(或异常确认)。

第一个层次是从K线图本身的量价关系。第二个层次是从一组K线图共同的量价关系,随后它们将定义一段趋势。第二个层次可用威科夫的第二定律"因果定律"解释。此处结果的程度(趋势中价格的变动)和原因的规模(成交量以及成交量对应的时间——即时间因素)相关。

在这一简单例子中,原理十分清晰。每根K线图的价格变动被相应的成交量所确认,整体的价格变动同时也被整体的成交量变动所确认。这可以被总结为上涨的价格=放大的成交量。如果市场上涨,同时我们看到相应放大的成交量，那么这种上涨就是有效的，受到市场情绪和专业人士的支撑。换言之，专业人士和局内人也参与了这一趋势，而我们从成交量中得知这一切。

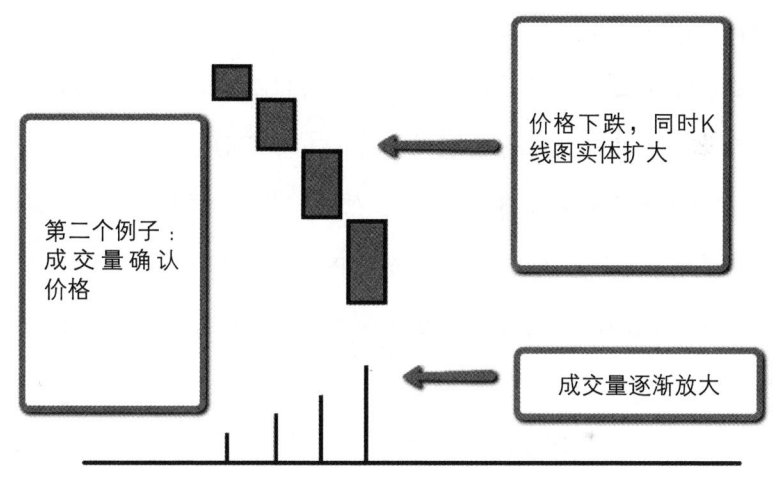

图 4.15　多根柱状图确认下跌趋势

接下来我们来看相反的情况，请看图4.15中市场下跌的例子。

在这一例子中，市场向更低点运动，也许有些量价分析初学者此时会感到困惑。作为人类，我们熟悉重力的概念，并且知道要使得某一物体上升需要对它做功。火箭升天，气球升空，都需要做功以抵消重力。在交易市场中，市场上行的情况中与重力的原则相似，如我们的第一个例子。但是在下跌的市场中，重力这一原则将失效，因为我们同样需要不断增加的动力（成交量）才能使得市场下跌。

无论市场是上涨还是下跌都需要动力，用下面的方法将更好理解。

如果专业人士们参与了市场的变动，那么无论是上涨还是下跌，都将反映在成交量柱状图中。如果他们参与的是上涨行情，那么成交量也将扩大，如果他们参与了下跌行情，成交量柱状图也会以相同的方式扩大。

这依然是威科夫的第三定律——投入产出定律，无论价格是向上还是向下变动，这一定律都将适用。

请看图4.15中的四根K线图，第一根K线图开盘后收出一个低实体。相应的成交量也很小，因此确认了价格的变动。第二根K线图拥有一根更高的实体，拥有相较于前一根K线图更高的成交量，因此价格变动再一次被确认。

第三根K线图拥有更高的成交量，正如我们期待的那样，最后第四根K线图的实体更高，同时其成交量也高于先前的。再一次，每根K线图的价格变动被相应的成交量所确认，四根K线图作为一个整体的价格变动同时也得到了确认。

我们再次从两个层次进行了确认。首先，我们检验了单根K线图以及其成交量以确定其为确认还是异常。其次，我们确认从整个趋势来看其为确认还是异常。

还有一个问题上述两个例子都还没有回答——这些成交量是买入成交量还是卖出成交量？实际上，这常常是我们在市场运行过程中问自己的问题。

在图4.14的第一个例子中，市场上涨，成交量也相应放大以支持这一价格变动，因此这里的成交量应当都是买入成交量，毕竟，如果存在任何卖出成交量，都应当在价格行为中有所体现。

我们清楚这一点是因为K线图没有影线，价格平稳上涨的同时，成交量也随之放大以支持价格的变动并验证价格。这只能是买入成交量以及真实的价格变动。因此，清楚这一变动的真实性后，我们便可以开心地参与了。我们加入局内人的队伍开始买入！

但也许更重要的是——这也是一个低风险交易机会。我们可以满怀信心地进入市场。基于量价分析，我们已经完成了我们的分析。没有其他指标，没有智能交易系统（Expert Advice），只有量价分析。这很简单，强大且有效，同时揭示了市场中的真实变动，它揭示了市场情绪、市场骗局、市场未来的运行范围。

请记住，交易中只存在两种风险。首先是交易的财务风险。财务风险可以通过一些简单的资金管理原则来量化及管理，例如1%原则。第二种风险是交易风险，这种风险难以量化，而这正是量价分析所要解决的问题。使用这一分析工具，你将可以量化交易中的风险，当结合了你在本书中学习到的其他分析方法后，它将无比强大，在结合多种时间跨度的分析后将更加强大。

因此，作为一个交易者你将更加自信。你的交易决策将基于你自己的分析，结合常识与逻辑，基于两个重要的指标，也就是价格与成交量。

回到图4.15中的第二个例子中，我们应当询问我们自己：这是买入成交量还是卖出成交量，我们应当参与这段行情吗？

这一例子中市场坚定下行，成交量验证了K线图以及整体的价格变动。每根K线图都没有影线，市场下跌的同时成交量增加。因此，这一定是有效变动，而成交量一定是卖出成交量，专业人士们参与了这段行情并执行卖出。市场的情绪是坚定的熊市情绪。

再一次，基于常识、逻辑以及对量价关系的理解，我们发现了市场中的又一个低风险机会。

本章介绍的是量价分析的首要原则，在本章的最后，我将介绍多根K线图量价异常的情况。在下面的例子中，通过从两个层面进行量价分析。第一个层面是针对每根K线图的分析，第二个层面是针对总体趋势的分析。

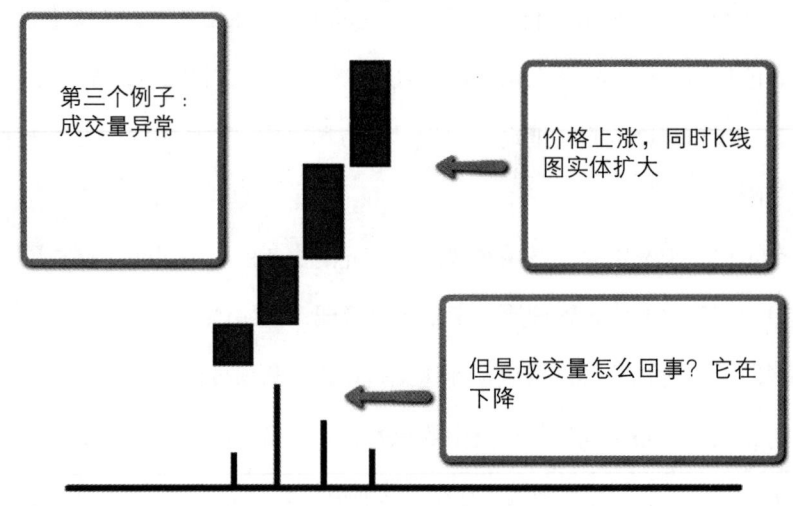

图 4.16 多根柱状图的异常上涨趋势

图4.16是第一个例子，从表面上看是上涨趋势，第一根拥有低实体的K线图伴随着相对小的成交量。这并无问题，因为成交量验证了价格，而两者保持一致。随后第二根K线图形成的实体略微高于第一根，但是成交量却相当大。

结合经验并且回顾前面的柱状图，其中略有异常。高成交量应当伴随着高实体的K线图。然而，该K线图的实体仅略高于上一根K线图，所以存在某些问题。我们应当提高警惕！

还记得威科夫的第三定律投入产出定律吗？此时投入（成交量）没有对应相应的产出（价格），因此这根K线图存在异常，这可以被作为先兆信号，我们应当开始警惕！

随后第三根K线图形成，是一根高实体的阳线，但成交量却低于前一根K线图的成交量。根据这个K线图的实体，成交量应当更高，而不是更低。这又是一个警告信号。

第四根是具有非常高实体的阳线，但成交量更低了！现在，我们看到有不止一个的异常存在，分别在K线图二、三、四中。

### ■ K线图二：异常

这是一个异常。它的实体很低，但具有高成交量。从成交量柱状图来看，如此大量的投入应当使市场进一步上涨。这是市场弱势的潜在信号。毕竟大量的投入应当使得柱状图收于更高的位置。做市商在该点位正在卖出！这是第一个关于局内人行为的信号。

### ■ K线图三：连续异常！

这是一个连续异常。K线图实体比上一根K线图更高，但成交量却更低。买压正在枯竭。其次，虽然市场处于上升阶段，但是这根K线图的成交量却下降了。上涨市场应当伴随着放大的成交量，而不是缩小的。这也清楚地表明前一根K线图的成交量存在异常（如果需要更多证据支持的话）。

### ■ K线图四：再一次连续异常！

再一次连续异常，我们更加确认在这一趋势中价格与成交量不再一致。现在我们得到了一根高实体阳线，而成交量却比之前更低了。根据投入产出原则，我们应当期待显著增加的成交量，而不是减少的。

其次，减少的成交量确定趋势中存在异常，在看涨趋势中我们期待增加的成交量，然而这一看涨趋势中成交量却是减少的。我们应该已经非常警惕了。

从这四根K线图中，我们可以得到什么结论呢？问题始于K线图二。此处的投入，与对应的价格行为的产出并不匹配。这就是弱势的第一个潜在信号。此时的市场被称为"超买"。做市商和专业人士开始在这一价位挣扎。卖家感受到做空机会，开始进入市场，这使得价格无法运行至更高点位，随后被第三根和第四根K线图再次确认，成交量正大幅减少。

专业人士和做市商意识到了这种弱势，在这一点位大量卖出，等待价格下跌，但是同时继续抬高标价，营造市场仍然是牛市的表象。实际情况并非如此。这也许只是一个短暂停驻，并非趋势的重大变动，但是无论如何，这是市场潜在弱势的一个警告。

高成交量是由于日益增加的卖方抛售头寸所造成的，他们了结了利润，与此同时买方不具备足够的动量推动市场上涨。由于专业人士和做市商看穿了市场的弱势，此时他们也在这一价格水平上大量卖出使得成交量有所增加。这也是随后两根K线图的成交量下降的原因，他们将价格定得更高，但是却不参与拉高市场的行动。他们已经撤退了，并给投资者设了陷阱，让他们处于不利地位。

弱势最先表现于K线图二，随后被K线图三和K线图四所确认。这往往是事件败露的顺序。

最初通过对单根K线图的分析，我们发现异常的出现。然后我们等待后续K线图的出现，并分析它们与先前异常的关系。在上述例子中，这种异常被确认，随着价格上涨，成交量却在下降。

此时从表面上看市场处于弱势，验证后确实如此。下一步我们将进入分析的最后阶段，也就是在更大的背景下分析图表。这将决定我们所看到的只是一个小幅度的回落，还是趋势改变的预兆。

此时威科夫的第二定律将起作用——因果定律。如果这仅仅是个小回落或者反转，即起因的程度较为轻微，那么结果的程度也较小。

实际上，此处我们所看到的异常，也许会造成短期的弱势。由于一根K线图的弱势造成了价格回落。轻微的起因，造成轻微的结果。现在，让我们再看一个多根K线图显示异常的例子。

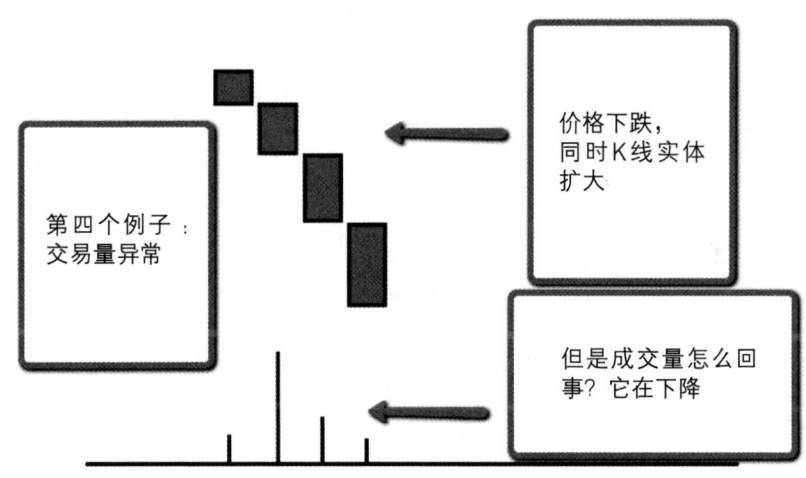

图 4.17　多根柱状图的异常下跌趋势

在图4.17的例子中，可以看到价格急剧下跌，市场大量地卖出。

第一根K线图形成后，伴随着较低的或者说相对低的成交量，正如我们所期盼的一样。从第二根K线图中，我们开始注意到了异常现象。

## K线图二：异常

第二根K线图形成后，实体仅略高于前一根K线图，但是成交量却相当高。这预示着市场拒绝向更低的点位运动。毕竟，如果事实不是这样，那么价格实体将高得多，以反映高成交量。但是，情况并非如此，因此这就是一个异常现象。同时，与先前的例子一样，我们开始警惕。实际情况是熊市情绪正在枯竭，而卖方在这一水平同买方进行正面碰撞。随着买方的入场，做市商和专业人士感受到了市场情绪的变化，他们自己也在这一价位执行买入。

## K线图三：连续异常！

现在第二次出现了异常情况，和图4.16中的例子相类似。首先，这是一根高实体K线图，但是成交量却处于中等偏下的水平。其次，成交量低于前一根柱状图——但是在下跌市场中，我们期待看到成交量的增加，而非减少。随着成交量减少，卖压正在枯竭，这在先一个柱状图中已有显露。

## K线图四：再一次连续异常！

再一次连续异常。首先，这是一根高实体阴线，伴随着低成交量。但是成交量应该是高的，而不是低的。其次，三根K线图的成交量呈现逐渐下降的趋势。再强调一次，这是一个异常，因为在下跌市场中成交量应该增大。

与图4.16一样，在图4.17的例子中，第一根K线图的成交量验证了其价格。一切正常！然而，K线图二使我们开始警惕。投入（成交量）与产出（价格）

不匹配。因此，这是市场弱势的第一个信号。这个市场可以被称为"超卖"。做市商和专业人士开始在这个价位挣扎。越来越多的买方涌入市场，他们看到了市场中的买入机会。这使得价格难以向更低点位运行，这一点经由K线图三和K线图四证实，它们的成交量大幅下降。

专业人士和做市商从K线图二中看到了市场的弱势，从而进入市场，但是他们仍然继续调低定价，营造市场仍然处于熊市的假象。再次强调，这并不是熊市！尽管这可能是个短暂停滞，而非主要趋势的转变，但这依然是市场重获生机的一个潜在信号。

高成交量是因为越来越多的卖方了结头寸，将利润变现，同时市场中剩余的卖方没有足够的动能使市场运行至更低点位。专业人士和做市商开始在这一水平买入，使得成交量上升，因为他们注意到买方力量正在重回市场，因此乐意吸收抛售的股票，这就是后两根K线图成交量下降的原因，他们持续下调定价，但是自己不再参与卖空交易。他们已经在K线图二买入了股票，现在想欺骗其他的投资者在K线图三和K线图四建立弱势空头头寸。

最早的信号出现于K线图二，同先前的例子一样，随后被K线图三和K线图四进一步确认。局内人在上述两个例子中都是在K线图二露出的马脚，并且都是从成交量和相应的价格行为上显露出来！

在这两个例子中，我们都已做好准备等待进一步的信号，来判断市场趋势反转的程度，或是判断这是否只是一个小幅回落。即便这仅仅是长期趋势中的一段小插曲，但是仍为我们提供了一个低风险的短期交易机会。

这就是我先前所提到的，威科夫的第二定律，即因果定律。

在学习使用量价分析制定交易决策时，在每张图上进行分析的过程是相互独立的。对于这一过程的描述也许看似复杂，但掌握后在现实中只需几分钟即可完成。实际上，它将成为第二天性。为了达到这一程度，我花了六个月的时间每天观察图表。你也许会花更多或更少的时间——时间并不重要，只要你按照本书中所介绍的原则进行学习。整个过程可以被分解为三个简单的步骤：

## ■ 第一步——微观

每根K线图形成后立即对其进行分析，通过成交量分析是确认还是异常。很快你将对成交量是低、平均、高还是非常高有概念，只需在同一时间跨度下将当期的柱状图同先前的柱状图进行对比即可。

## ■ 第二步——宏观

在每根K线图形成后，与先前的K线图进行对比分析，寻找小级别趋势或者潜在的小级别反转的确认。

## ■ 第三步——全局

分析整个图表。了解价格行为在任何一个长期趋势中的位置。是处于一段长期趋势的顶部还是底部，或是中间呢？此时支撑位和阻力位、趋势线、K线图形态将发挥作用，很快我将进行详细地介绍。

换言之，我们首先着眼于一根K线图，随后分析与之相邻的K线图，最后分析整个图表。这好比一只变焦镜头——我们先靠近被摄主体，然后将镜头慢慢放大完成构图。

现在我将结合威科夫的第二定律，也就是因果定律，此处我们将时间因素引入量价分析中。

如我在引言中提到的，在多年前我刚开始学习时曾犯过许多次的错误——那就是我以为一旦看到信号，市场就将立即转向。我屡次犯错，过早地进入，止损离场。市场就像一艘油轮——在局内人、专业人士以及做市商准备好前，市场需要花一定的时间消化买盘或卖盘以完成转向。请记住，他们要确认在实施下一步计划时，市场不会变成一个阻碍。在上述的简单例子中，我们关注了四根K线图，而局内人只在一根K线图上有所行动。在现实中，很快你将发现，实际情况要复杂许多，但是我们所设定的基本规则并不改变，而这也是这一章的目的。

因此，在日线图上"扫尾"阶段可能持续数天、数周，甚至有时数月，市场持续震荡整理。数个连续的反转信号可能出现，虽然确定市场将会反转，但是仍无从得知将何时发生。整理振荡的时间越长，后续趋势的反转也就越有可能发生。实际上，这就是威科夫在他的第二定律中所想表明的，也就是因果定律。如果起因的程度越严重，换言之市场为反转所做的准备周期越长，后续的趋势也将越显著且越持久。

理解这一概念后，就可以解释在多时间跨度下量价分析的强大之处。

我们来看上述例子中的一个，在这个例子中我们研究了四根K线图以及对应的成交量。这就是我们三步分析法的第二步。此时我们即站在宏观层面，这可以是一个跳动点图，也可以是一个日线图。通过这四根K线图，我们得到了潜在变化的信号。然而，基于时间仅横跨少数几根K线图这一事实，任何反转都不大可能持续较长时间。换言之，从微观层面来说，这可能只是一个小级别回落，或者反转。也许不是趋势的反转，但这仍然是一个低风险交易机会。

然而，退回全局的视角观察同一图表，同时以整体趋势作为背景，如果我们发觉这四根K线图的价格行为反复在这一价格水平出现，那么市场已经准备好反转了。换言之，起因的程度已经远远大于造成一个简单的反转所需的程度，因此我们可能看到更严重的结果。所以，此时我们应当保持耐心，静静等待。但是，等什么呢？此时，支撑位和阻力位的作用就要显现了，在后面的章节中我将详细叙述。

回到威科夫的第二定律因果定律，我们如何在多重时间跨度下运用这一定律呢？我将分享一种我自己在交易中也会使用的策略。这是基于一套标准的MT4上的图表组合即5分钟、15分钟和30分钟图表。这个三件套组合一般用于外汇市场短线交易者，采用15分钟图进行日内交易，5分钟图给予我一种靠近市场的视角，而30分钟图使我拥有更长远的眼光。我经常使用的比喻是一个三车道的高速路。15分钟图就是中间的车道而另外两个图则是两侧的车道，作为观察市场的"后视镜"。更快的时间跨度，也就是5分钟图，告诉我们"快车道"上正在发生什么，而30分钟图揭示了更慢的时间跨度下，也就是"慢车道"上发生的一切。

如果较快时间跨度下市场情绪发生了变化，同时传导至较慢的时间跨度，那么它就会发展成一个较为长期的趋势。举例而言，如果变化发生在5分钟图上，随后传导至15分钟图，最终传导至30分钟图，那么这种变化就已经发展成一个较长期的趋势了。

回到我们的量价分析方法。想象我们在5分钟图中发现了一个预示趋势可能变化的异常并且随后得到确认。这种趋势的变化也发生在15分钟图中。如果我们基于这些分析进行交易，同时这一趋势最终传导至30分钟图，说明反转更有可能出现了，由于它花了更长的时间蓄势，因此它也将持续得更久。此处我用发条模型车作为比喻。

如果我们只花几秒钟的时间将发条只拧了几圈，那么模型车在停下前只会行驶一小段距离。如果我们多花一些时间多拧几圈发条，那么模型车将行驶得更远。最后，如果我们花上几分钟将发条拧到最大限度，模型车将可能行驶到最远的距离。换言之，我们把时间和投入作为衡量起因程度的因素，那么将产生相应程度的结果。

这就是在结合威科夫的第二定律和多种时间跨度后量价分析的强大之处。它无比强大，同时其将两个最具动态性的分析工具统一为一体。这种方法可以被用于任何时间跨度的图表，包括快速的跳动点图和周期更长的时间图，无论你是投机者还是投资者都没有区别。

这种方法简单而直接，如同将一块石头投入池塘后产生的涟漪，当石头落在池塘的中心后涟漪开始向外扩散。这就如同市场情绪从最快的到最慢的时间跨度下的传导。一旦涟漪传导到最慢的时间跨度，那么它将产生最深远的影响，因为这个趋势的传导花费了最长的时间，为趋势的延续提供了动力。回到先前发条车的例子，上满发条后它将行驶得更远，而这就是因果关系的一个完美例子。

在后续章节中，我将使用不同市场中的真实图表，将这些首要原则扩充到真实的例子中。

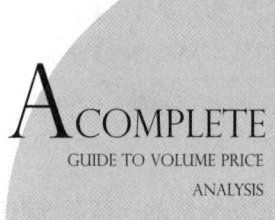

A COMPLETE
GUIDE TO VOLUME PRICE
ANALYSIS

第五章

量价分析的全局视角

● CHAPTER FIVE / 第五章

> 错误是最好的老师。你从成功中可学不到什么。
> ——莫尼什·帕伯莱（Mohnish Pabrai, 1964— ）

在先前的章节中，我们已经了解了量价分析的一些基础构件，以及如何将这一分析方法用于单根K线图的分析中，然后使用这一方法分析多根K线图间的关系。这确实教会我们量价分析三步分析法中的前两步。这一过程开始于对单根K线图的细致分析，然后逐渐放大至第二步，也就是分析靠近最新的一根K线图的那几根K线图。最后，我们将镜头拉远至整幅图，也就是本章中我们将要重点关注的，要完成这一点，我将继续帮助你巩固先前章节所学到的知识。

另外，在这一章节中，我将介绍一些新的概念从而使体系完整，将量价分析串为一个整体。之后我们可以研究一系列的例子，我将带领你分析每一张图，解开价格行为背后的谜题。

我将从量价分析中五个居于核心地位的概念开始讲起，即：

1. 吸筹
2. 派筹

3. 测试

4. 抛售高峰

5. 买入高峰

回到先前仓库的那个比喻，这是理解这几个术语最简便的方法，也是我将用于解释的方法，同时，理查德·奈伊在他的书中也曾用这一方法阐述这些概念。他这样讲道：

"要理解专业交易者的做法，投资者应当学会从一个试图以零售价格卖出手中股票存货的商人的角度进行思考。在他们清空货架上的存货的同时，出于盈利目的，他们将以批发价格买入更多的商品。"

我曾在一篇发表于《财富运作》（Working Money）杂志的文章中使用了同样的比喻，这篇文章是"乔叔叔的寓言"。

理解市场价格行为与成交量间关系最简单的方法，就是使用先前批发的比喻，这适用于任何市场。然而，为了简便起见，从现在起我们将专业人士、做市商、大型操盘手、专业投资者都称之为局内人。因此，局内人就是拥有股票存货的商人，他们的首要目标就是以批发价格购入后按零售价格售出以赚取利润。

请记住，在接下来的解释过程中，根据我先前提到的量价分析的第二条原则，市场以显著方式转变趋势前需要花费一定的时间，这一论点同样受到威科夫第二定律因果定律的支持。我们经常看到小幅的上下波动，这是市场形成长期趋势前的回调与反弹。但是，趋势要发生重大改变，（请记住，这种"重大改变"可能出现在5分钟图或日线图中）是需要时间的。时间越长（起因），变化越大（结果）。然而，不同市场间有不同情况。有些市场在显著变化前可能花费数天、数周甚至数月，而其他市场只需花费几天。后面我将介绍，不同市场间存在微小的差异。

此处所描述的关键原则依然适用。由于每个市场的市场结构、做市商的角色以及该市场在资本市场中究竟作为投资市场还是投机市场的不同,特定事件发生的时间跨度和传导速度都有着很大的不同。

我们首先应当了解的术语是吸筹。

## ■ 吸筹阶段

在局内人有所作为前,他们会确定自己拥有足够的股票,也就是库存,以满足需求。想象一个批发商,即将针对某一特定产品发起一轮市场宣传活动。批发商最不愿看到的就是在他们花费时间、精力以及金钱发起市场活动后,几天后却发现他们已经没有库存了,这将是一场灾难。有趣的是,对于局内人而言也是如此。他们不希望大费周折之后,却发现他们已经将库存股票消耗殆尽。这实际上就是要把握供给和需求。如果他们可以创造需求,他们就需要相应供给以满足需求。

但是,他们如何在发起行动之前填满他们的仓库呢?这就是吸筹阶段,吸筹如同一个真实的仓库,你需要花费时间才能将其填满。很自然地,你不可能仅凭一卡车装卸就填满一个大型仓库。这也许要数百次装卸才能完全填满,但是请记得,与此同时,货物也在运出仓库。如同在现实世界中填满一个仓库需要花费时间一样,在金融世界中也是如此。

吸筹阶段,是指局内人在发起重要市场行动卖出股票前将仓库填满的一个阶段。因此,吸筹也就是局内人买入的过程,根据不同的市场和不同的交易品种,这一过程可以持续数周或数月。

那么下一个问题，局内人是如何"鼓励"其他人卖出的。实际上非常简单，往往是通过新闻媒体。各种形式的新闻媒体，对于局内人而言就如同天赐的吗哪。过去的几个世纪中，他们从书本中学会了操控每一次的新闻发布、每一个叙述、自然灾害、政治声明、战争、饥荒和瘟疫，以及所有与这些相关的事物。媒体如同一头贪婪的野兽，每天都期盼着新鲜的新闻素材。局内人往往利用人们因为这些新闻所产生的恐惧和贪婪操纵市场，其中有许多原因，一个最重要的原因就是要将市场参与者震出市场。

关于这点，理查德·威科夫在20世纪30年代写道：

"对于大型操盘手，一般而言，他们只会在看到有10～50个点的波动可能性时才会发起行动。利弗莫尔曾告诉我他只会进入根据他自己测算至少有10个点机会的交易。在发起主要市场行动前，要花费相当长的时间做准备。大型操盘手或投资者很难做到，在一个交易日内，买入2.5~10万股股票而不使价格大幅上涨。因此，他们选择多花几天、几周或者几个月以完成一只股票或数只股票的吸筹。"

"行动"这一表述非常恰当，如同营销活动和军事行动，局内人在计划每一步骤时都保持着相当高的准确性，不留下任何余地。计划并执行每一步骤，利用媒体触发卖盘。但是吸筹阶段是如何完成的呢？实际上，就像以下这样。

市场中有一个对某交易品种或市场不利的消息被发布。局内人抓住机会使市场快速下跌，引发瀑布般的售盘，而此时他们开始吸筹，以尽可能低的价格买入存货，你可称他们买入的价格为批发价格。

随着利空消息被消化，市场恢复平静，之后价格上涨，价格上涨很大程度上是由于局内人的买入所造成的。

有两点需要注意。首先，局内人不能让每个人都受到过度惊吓，否则将没人买入。如果波动性太大，造成了大幅震荡，这将吓跑许多投资者和交易者，破坏原先的计划。每一步都经过精心计划，确保震荡幅度只会让持有者因害怕而卖出股票。其次，局内人的买盘可能快速将股价推升至更高点位，因此他们需要保证存货的购入是在"可控"的成交量范围内完成。

过多的买盘，将迫使价格快速上涨，因此需要小心翼翼，这也是为何吸筹阶段需要时间的更深远的原因。填满仓库不可能仅靠一次下跌完成。因为所需要的买入量太大，所以不可能一次完成。

接下来所有经过第一波抛售而幸存的人开始放松，他们认为市场将会恢复，从而继续持有手中股票。经过一段时间的平静，更多的利空消息传来，局内人再一次调低价格，将更多的持有者震出。随着他们的买入，市场价格再一次有所恢复。

这样的价格行为随后多次重复，每一次局内人都为仓库吸入越来越多的股票，直至最后一名股票持有者认输投降。这从价格图表中来看是什么样的呢？

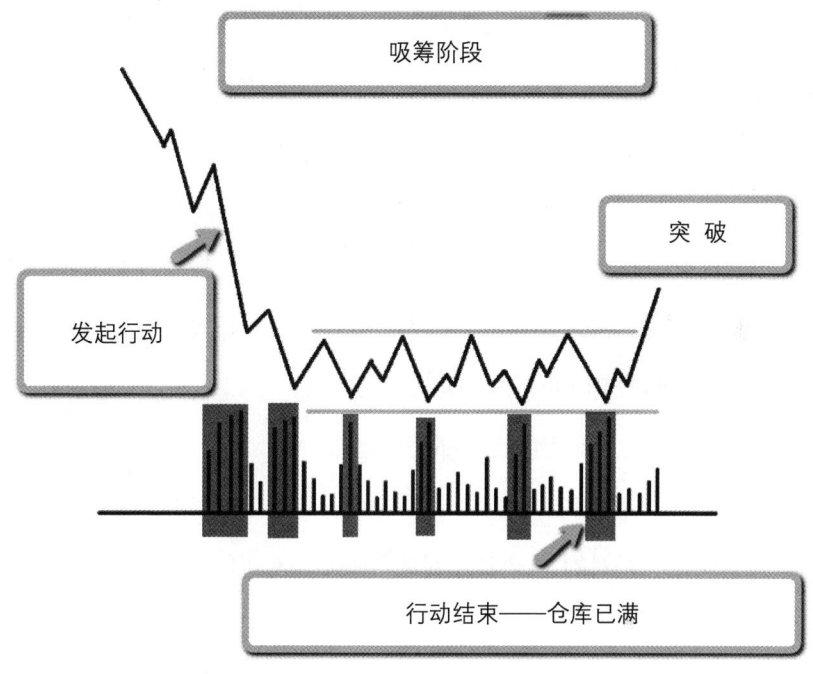

图5.10 吸筹阶段

尽管图5.10只是上述价格行为的图示，我希望它能带给你一种真实图表的感觉。局内人的反复买入行为在图中特别标注出来了。

我刻意避免在图中标明价格和时间的刻度，因为我相信重要的是价格以及相应成交量柱状图的"形态"。这种价格行为造就了在任何时间跨度下都能见到的价格震荡区间，这一价格形态在结合成交量后，变得非常有力量，这使得我们在使用量价分析方法分析价格行为时拥有了三维视角。

一旦行动开始，价格行为将遵循这一典型的模式，市场将反复上涨下跌。这一价格行为的精髓在于将卖家"震"出市场。我们可以把它想象成晃动树木收获果实，如同我们在意大利收获橄榄一样！树干将被反复摇晃以保证所有的果实都能落下。有的果实与树干结合得更加紧密，因此需要花费一定的

## CHAPTER FIVE / 第五章

力气才能使其松动。金融市场中也是如此。有的股票持有人尽管经过不断的震荡洗盘仍然拒绝出售，但是在经历了几个"虚假的黎明"后，一般就在行动即将结束时，他们最终选择了放弃，而此时局内人坐拥一仓库存货正准备推高市场。行动结束了，直到下一次，局内人开始新一轮的行动！

在所有时间跨度和所有市场中，这一过程不断如此往复。如果我们考虑威科夫的因果定律，那么上述价格行为可能是一个更长周期的次级阶段，在后面介绍多重时间跨度时我将做更为具体的介绍。

所有一切，如爱因斯坦所言，都是相对的。

如果我们挑选某一品种的50年周期的图，那么在50年的趋势中可能存在数百个吸筹阶段。相对的，1个货币对的吸筹阶段有可能持续几个小时，或者只持续几天。

而造成差异的原因在于市场的性质和结构。股票市场与债券和商品市场大相径庭。以股票市场为例，这一过程可能持续数日、数周或者数月，我将在后续介绍每个市场的具体特征，它们之间都存在细微差异。

但关键的地方在于，我们只需识别这一价格行为和相应的成交量。这是局内人操纵市场使得价格运行至更高点位前的准备工作。价格波动有可能是基于短时间的小幅波动（起因和结果），也可能是基于长时间的显著波动。如果你认为这只是想象，那么我将再一次引用理查德·奈伊的第二本书《华尔街帮派》中的一段话。

"1963年11月22日，肯尼迪总统遇刺，专业交易者们利用这一悲剧将价格大幅下调至批发价水平。在他们吸入大量股票存货后，他们关闭了"商店"离开了交易大厅。这避免了公众交易者在当天按最低价执行买单。比如，操作电话公司股票的专业交易者，在11月22日将他股票的价格从138美元下调至130美元。然后在25日以140美元开盘！大体来看，他的交易账户赚了25000美元。"

任何消息，都为操纵市场提供了完美的借口，无一例外。在美国证券市场中，每季度的财务报表提供了这一完美机会。经济数据也被作为丰富来源，而自然灾害可以被作为长期动机。在日内范围，结合政客和央行的各种评论以及经济数据，吸筹可以被轻易完成。局内人的游戏非常简单，说实话，如果我们有机会，我们可能也会这么做！

## ■ 派筹阶段

派筹阶段和吸筹阶段完全相反。在吸筹阶段，局内人忙于填满仓库，为下一阶段的行动做好准备，如我先前所言，用"行动"这一词汇来表示相当完美，犹如军事行动般，不留任何余地，在后面介绍测试时你将很快明白这一点。

拥有一仓库股票后，局内人开始推高价格，怂恿那些紧张且持有偏见的买方重回市场。这也是为何局内人不敢把所有人都吓离市场的原因，他们无法承受杀死下金蛋的鹅所带来的后果！

在"摇晃树干"的吸筹过程中，情感的驱动是恐惧，即对于损失的恐惧，在派筹阶段中关键的驱动依然是恐惧，但这次是对于错过一段好行情的恐惧。时机的选取非常重要，作为局内人他们知道大多数投资者和投机者都紧张不安，期盼在进入市场前看到尽可能多的确认信号，害怕自己将错过一波大好行情。这就是大多数交易者和投资者在顶部买入、在底部卖出的原因。

在一段牛市趋势的顶部，投资者注意到涨速下降，随后他们加入了进来，使上涨速度变快，他们在这一时刻开始买入，生怕错失赚取"快钱"的机会，而这却是局内人准备暂停和反转的点位。在吸筹阶段的底部也是如此，投资者无法进一步承受痛苦和不确定性。他们看到市场跌速减缓，他们在快速下跌前卖出，引发了恐慌性抛售潮。人们随后恢复平静，市场开始进入吸筹阶段。对于市场恢复的希望一次次燃起后又一次次熄灭。这就是局内人操控交易者恐惧的方法，从某种程度上讲他们操纵的根本不是市场，而是交易者的情绪，后者更为简单。

派筹阶段的标准模式是怎样的呢？

首先，市场脱离了吸筹阶段，平稳上涨，成交量平均。由于局内人以批发价格买入，因此他们并不匆忙，他们希望通过缓慢建立牛市势头以达到利润最大化，主要的派筹阶段是在趋势的顶部和价格的顶部。同样，如果我们有这样的机会，我们也会这样做。

脱离吸筹阶段的这一过程往往伴随着许多"利好"消息，转变了下跌中"利空"消息所带来的市场情绪。

市场持续上涨，刚开始较为缓慢，伴随着小幅回落，但波澜不惊。随后市场逐渐加速，随着牛市势头开始积聚，价格到达目标价位区间。此时派筹阶段正式开始，局内人开始清空仓库，迫切的投资者进入市场，唯恐错失良机。利好源源不断，且都预示着价格将持续攀升。

局内人现在乐于向受骗者们售出股票，同时受骗者的人数也在增加，但是他们时刻注意不能卖出得太过分。因此交易价格处于一个狭窄的区间内，每一次下跌都有更多的买方进入。最终，仓库空了，行动到此为止。图5.11展现了一个派筹阶段典型的价格行为以及成交量模式。

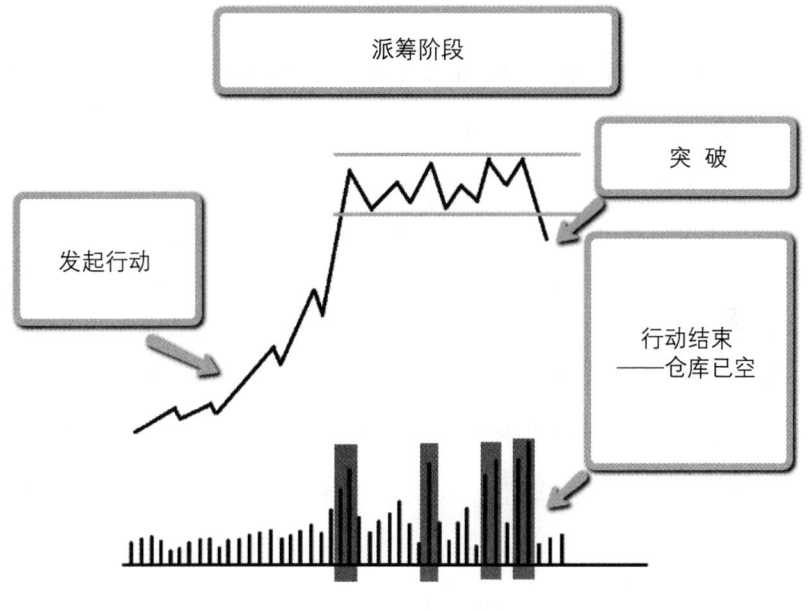

图5.11 派筹阶段

图5.11向我们展现了正在发生的一切,一旦我们从满仓或空仓的角度思考这一行为,一切就都能想通了。逻辑非常清晰,如果我们自己拥有一仓库的货物并想以最高的价格售出,我们也会以相同的方式进行。

首先我们要确保已经拥有足够的库存,然后再发起营销行动以创造利润。然后我们将加大营销力度大肆宣传——也许通过名人、奖状、公关、媒体进行宣传,实际上我们将采取一切办法确保信息的传递。最近的一个典型营销炒作的例子就是阿萨伊浆果(不需要任何努力就可快速大幅减肥——只需食用浆果,然后静待结果)。

这就是所有局内人所做的一切,他们只是简单地玩弄两种市场情绪——恐惧和贪婪。就是这样。制造足够多的恐惧后人们将卖出。制造足够多的贪婪后人们将买入。这非常简单且极具逻辑性,要做到这一点,局内人拥有一

● CHAPTER FIVE / 第五章

项终极武器——媒体。

吸筹和派筹在所有的时间跨度中无休止地循环往复。也许有的波动是大波动，有的是小波动，这一过程发生在每天和每个市场中。

## ■ 供给测试

局内人面临的一个巨大问题，是在吸筹阶段后，是否所有的卖盘都被吸收了呢。最糟糕的情况莫过于当他们开始推高价格，却受到新一轮卖盘的冲击，使得市场下落至更低点位，那么先前的震仓就将前功尽弃。局内人如何克服这一问题？答案是：就如在任意市场中一样，他们进行测试！

再一次，这与一个满库存的仓库发起一轮营销行动毫无差别。不仅需要正确对其定价，还要求市场可以接纳这些商品，或者说市场已做好准备。因此，一个小规模的市场测试将被发起以确定我们有合适的产品、合适的价格，以及有利于大量出售商品的合适的营销信息。

局内人同样需要测试，一旦他们完成了吸筹阶段，他们就会准备推高价格以进入出售阶段。在这一阶段中，他们一般会使价格跌回原先有大量卖盘的价格区间，通过这种方法来观察市场反应以确保所有卖盘已在吸筹阶段被吸收。这种测试可以用下方的简图来表现：

图5.12解释了上述原理，这种原理如果我们从逻辑的角度去考虑其实就是常理。

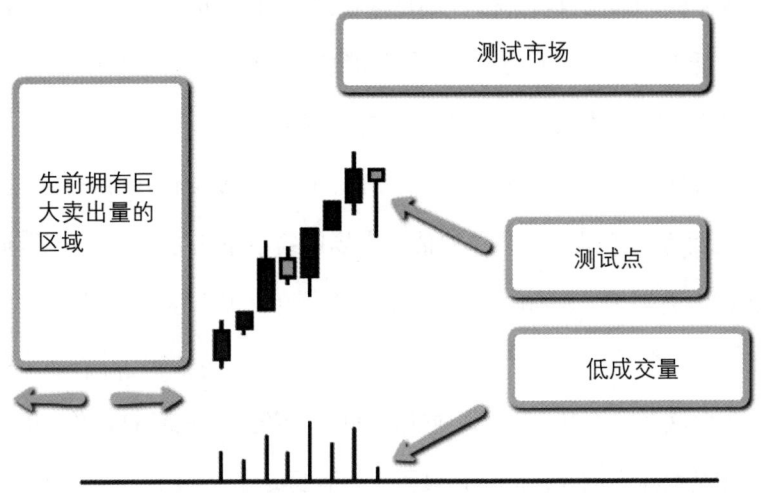

图5.12 测试结果为低成交量——好消息!

我们在此看到的这个阶段的价格行为是在吸筹阶段之后,在此之前,局内人通过制造暴跌迫使其他人因惊吓而卖出。在这一阶段,恐慌性抛售往往造成高成交量。在局内人缓慢推高市场使其脱离当前区域前,他们将继续震仓使得更多的"顽固的果实"掉落,随后缓慢上涨的趋势将被开启,最终发展为一段上涨趋势顶部的派筹阶段。

在局内人推高市场,使其回到之前拥有巨大卖盘的价位时,最坏的情况可能会发生,即卖压卷土重来,这将使得推高市场的行动陷入停滞。而这个问题的解决方法就是:在一个上涨的市场中进行一次测试,如图5.12中显示的那样。

也许一条利空消息就能让市场价格运行到更低位置,以测试是否可以洗出剩余的卖方。如果成交量保持于低水平,相当于告诉局内人只剩下非常少的卖方,几乎所有的卖盘都在吸筹阶段被吸收。毕竟,如果市场中存在卖方,不管数量多少，K线图都应收于更低的点位且伴随平均水平以上的成交量。成交量处于低水平，局内人通过"利好"消息将价格推回开盘价附近，之后继续推高价格，他们对于这样的测试结果非常满意。

这种被称为"低成交量"的测试在任意时间跨度和任意市场都存在，对于局内人而言，这是一种简单的估算市场供给余量的方法。此时，他们毕竟在尝试创造需求，但如果市场存在超额供给，那么这将使得牛市行动陷入停滞。

在上面这个例子中，测试很成功，确认所有的卖压已经被消除。K线图的具体形成过程并不重要，但它必须拥有一根低实体，伴随着长下影线。这可以是一根阳线也可以是一根阴线。

测试结果已确定原先所有的卖盘已被吸收，局内人可以推高市场至派筹阶段。

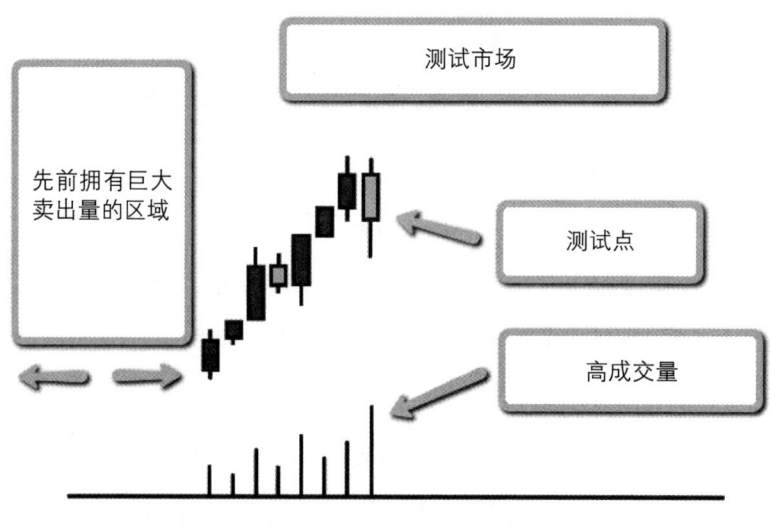

图5.13　测试结果为高成交量——坏消息！

然而，如果测试失败，出现的不是低成交量而是高成交量，那么这将成为一个问题。在推高市场价格使其脱离吸筹阶段，同时通过调低定价进行第一阶段测试时，卖方卷土重来，迫使价格运行至更低点位。

显然在这种情况下，原先交易区间内的卖盘并未在吸筹阶段被吸收殆尽，因此任何进一步推高市场的企图都将耗费更多的功夫或者面临失败。

一个失败的测试仅仅意味着一件事。局内人需要使得价格快速回落至更低水平，以洗出更多的卖方。市场还未做好向更高点迈进的准备，因此局内人在行动重启前，还需完成更多的准备工作。这等同于广告宣传的失败。也许产品的定价还不够准确，或者市场营销信息不够明确。无论如何，测试结果表明某些部分出了问题，需要被修正。对于局内人而言，问题在于仍有太多的卖方留在市场中。

原先的"扫尾"行动需要被重启，以吸收这部分原先的头寸。局内人将重新发起行动，在市场开始上涨时再次测试供给情况。一次失败的测试后，我们将看到局内人再次使得价格回落至震荡区间，震出这部分卖盘，并在下一次突破前再次进行测试。任何产生低成交量结果的后续测试都将表明卖压已经被消除。

在所有市场中，局内人都使用"测试"这一关键工具。如同量价分析中的其他工具一样，它的概念非常简单，具有清晰的逻辑，一旦我们了解吸筹这一过程以及图表的结构后，我们将发现测试存在于任意市场中的任意时间跨度里。它是我们能看到的最强烈的信号之一，因为这是局内人发出了清晰的信号，表明市场即将突破，向更高的点位迈进。

在图5.13的例子中，局内人在吸筹阶段后测试是否存在剩余的卖压，即"供给"。在填满仓库后他们准备开始行动，而开始前的最后一步就是确定先前在这一价格水平的卖盘已经全部被吸收。但是在这个例子中情况并非如此！然而，一旦重复测试后，结果表现为低成交量，那么市场将开始上涨。

## ■ 需求测试

但是另一种相反的情形是怎样的呢？在派筹阶段的尾声将会发生什么？局内人最不想看到的，就是当他们再次开始填满仓库的行动时，使市场回到先前高需求（买压）的区间，结果发现买家将市场带向反方向运行。

再一次，需要进行测试，来确保所有的买压（需求）在派筹阶段已经被满足，这种测试被称为需求测试。

这种情况往往发生在派筹行动已经持续一段时间后。局内人已经使得市场从批发价格水平运行至既定的零售价格水平，并且随着利好消息的发布开始大量抛售。受贪婪驱使，投资者和投机者涌入市场大量买入，生怕错失这一黄金机会。局内人通过让价格上下波动吸引了更多的买盘，逐渐将仓库中的股票存货清空。

最后，随着行动完成，局内人要开始下一个阶段，使市场向下运行，当趋势开始形成时，市场回落至先前拥有大量买盘的区域。局内人需要再一次进行测试，而这一次是需求测试。如果需求不大，那么说明所有的买盘在派筹阶段都已经被满足，如我们在图5.14中看到的那样。

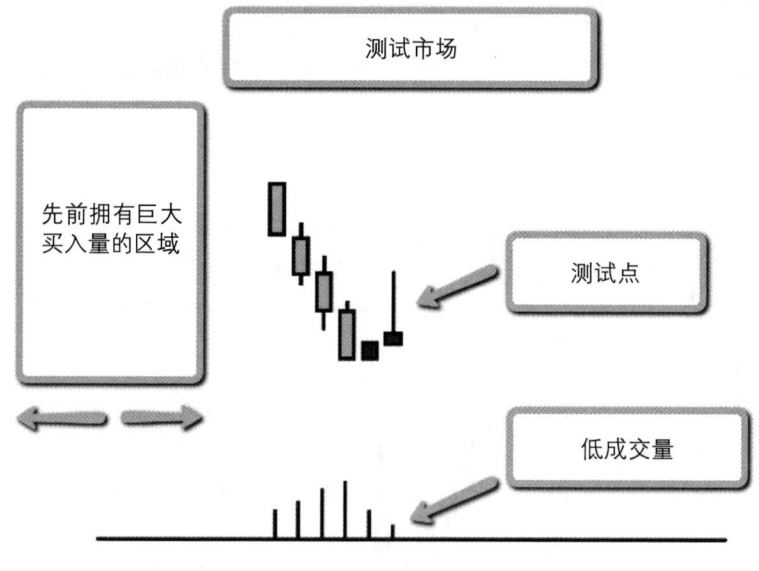

图5.14 测试结果为低成交量——好消息！

这就是派筹阶段的尾声。仓库已被清空，下一阶段将是快速下跌，然后重复先前的过程，再一次进入吸筹阶段。

随着派筹阶段的结束，局内人希望确保在先前进入派筹阶段时拥有大量买盘的价格区间已不存在剩余的需求。再一次，他们进行测试。利用某些新闻，他们将定价调高，如果不存在需求，那么市场就会以接近开盘的价格收盘，并且成交量很低。这是局内人希望看到的。没有需求，因为显示的成交量很低。此时，他们将可以安全快速地推动市场下行，因为他们的仓库需要再一次被填满。

图5.15绝不是局内人准备离开派筹阶段时想要看到的。定价被调高，更多的买方涌入市场，他们认为上涨趋势将延续并且市场将进一步走高。和先前一样，一次失败的测试将使得行动计划暂时中止，局内人需要使得市场回到

● CHAPTER FIVE / 第五章

派筹阶段所处的价格区间，使用和先前一样的过程，将买方清出市场。一旦完成，他们将进行新的测试，如果结果为低成交量，那么下跌趋势将开始形成，市场将快速脱离派筹阶段所处的价格区间，使交易者陷入弱势地位。

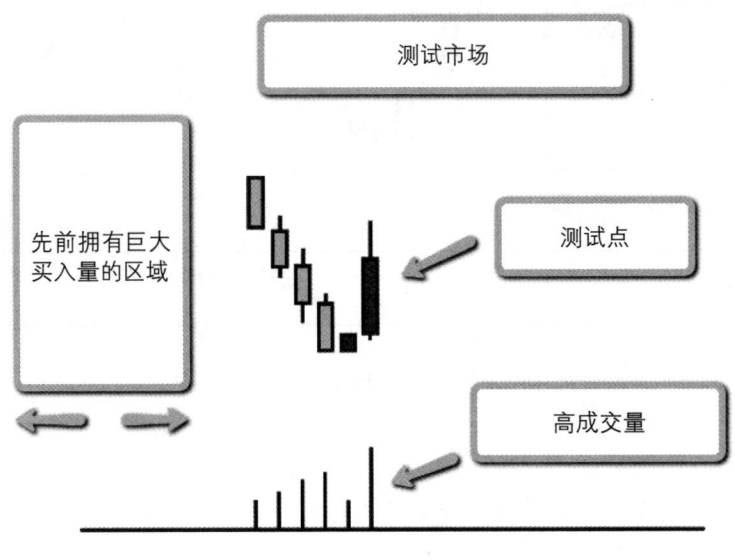

图5.15　测试结果为高成交量——坏消息！

现在我们知道应当从市场中找寻什么了，以后你将发现测试经常发生，往往跟随在吸筹或派筹阶段之后。我们甚至可能看到一系列的测试，可能第一次伴随着低成交量，第二、第三次测试的成交量更低。这清楚地表明局内人即将进入行动的下一阶段。一旦价格突破了这两个阶段造成的震荡区间，我们就能确定下一阶段将要来临。

在进入抛售高峰和买入高峰的讨论之前，我想此时更适合解答一些困惑交易者和投资者多时的问题。

第一个问题：为什么市场中上涨总是比下跌需要更长的时间，这和局内人有关系吗?

第二个问题:填满仓库和清空仓库的过程一般持续多长时间呢?

我将首先回答第一个问题,它同时也将我们引入第二个问题。市场中的局内人只有两个目标。第一个是让我们恐惧,第二个是让我们贪婪。除了通过创造情绪反应,引导我们在错误的时间做出错误的决定之外,他们别无目的。而他们自己总是能在正确的时间作出正确的决定。

已故伟人约翰·邓普顿(John Templeton)曾说过:

"听从证券分析的伟大先驱本杰明·格雷厄姆(Benjamin Graham)的劝告:'在大多数人……包括专家们……恐惧时买入,在他们贪婪时卖出。'"

让我们从逻辑上思考这一问题,并尝试回答第一个问题。假设市场处于自由落体的状态,投资者和交易者因恐慌而抛售。然后市场进入一个较为平静的阶段,市场进入吸筹阶段,局内人开始填满仓库,为随后的上涨做准备。

在这一阶段,请记住,从局内人的视角来看,他们刚刚把所有人吓得魂飞魄散,而他们最不想做的一件事,就是突然使市场向反方向飞速上涨。这将很快让所有投资者和投机者离开市场。毕竟,他们所能承受的情绪是有限的,太多太快都将杀死这只会下金蛋的鹅。平和的手段才是局内人所需要的。他们现在的策略是逐渐重塑信心,使得价格平稳上涨,避免将所有人吓离市场,逐渐引导买方回归市场。

很快,随着市场的恢复以及信心的缓慢重塑,人们忘却了抛售时的恐慌。局内人也很满意这样的结果,由于他们拥有满满的库存等待售出,因此他们并不着急,而当他们在推高市场的过程中,他们当然不想看到大量买入的成交量。这一阶段的目标是利润最大化,一旦价格水平达到计划的零售价格水平,此时进入派筹阶段就能产生最大的利润。如果局内人突然将市场推高至零售价格水平，许多投资者将认为错过了行动的时机，而拒绝参与后面的行情。

此处用于重塑信心的策略就是使市场缓慢上涨，然后逐渐加快脚步，使得投资者或者投机者产生市场具有动量的信念，并且使得他们认为这是一次不能错过的赚钱机会。

上涨趋势开始加快步伐，价格逐级抬升，短暂停滞，小级别反转，吸引买方，同时引诱他人，然后继续上涨，直到接近派筹区域，买方在不愿错失机会的情绪压力下败下阵来，他们涌入市场，进而导致市场加速上涨。

在整个上涨过程中，存货逐渐减少，但因卖方了结利润所造成的小级别反转而小幅增加，帮助维持派筹行动最后一阶段的持仓水平。

这个过程其实就是局内人掌控情绪的过程，而这正是市场在经历一系列更高的高点和低点、伴随短暂停滞和小幅回撤、继续上涨的原因。这是一段建立信心的练习，帮助人们在恐惧之后恢复信心，同时用以另一种情绪——贪婪代替恐惧。这就是局内人所拥有的两个具有毁灭性影响的工具，而我们所拥有的唯一能应对的武器是——量价分析。

贪婪之后仍是恐惧——再一次循环！

由于仓库已然空了，因此局内人需要市场重回"底部"，然后他们以最快的速度重新填满仓库。同样，如果换做我们身处他们的位置，我们也将做出同样的举动。

然而，局内人此时已售无可售，而快速获利的方法就是再一次填满仓库以开展下一次行动。市场迅速下跌，恐慌性抛盘接踵而至，人们感到恐惧，同时仓库也再一次被填满。如此循环往复，一次又一次。我能想到的最好的比喻就是也许在露天游乐场中仍能见到的那种老式滑道。你得花费相当大的力气才能到达顶端，走上每一级台阶，但是趴在毯子上滑下来的过程却非常快！市场就是这样运作的。走楼梯上楼，坐电梯下楼。一种老式的棋盘游戏"蛇爬梯子"可以很好地形容这种现象，你得从梯子爬上去，然后顺着蛇一路滑下来！

我希望你现在已经开始明白，我们只有以这样的方式看待市场，才能成为局内人以外的能够从市场中获利的群体。还有一点。局内人必须保持谨慎，原因很简单，如果价格继续不停地波动，那么交易者和投资者将去往别处寻找投资机会。

就像金凤花姑娘和她的粥（美国俗语，形容"刚刚好"）一样，关键点在于"不冷不热"。局内人早已学会了这门手艺，并且将这些技巧磨练了数十年。大多数投资者和投机者只会损失。你是幸运的。在你读完这本书后，你将成为一名量价分析专家，他们使用的所有伎俩都将被你识破。他们就在我们目力所及的范围内，我们所需做的就是破译这些信号，然后跟随局内人的脚步。实际上就是这么简单。

进入第二个问题，这个周期多久重复一次？告诉你一个秘密。多年以前，当我和阿尔伯特·拉波斯（Albert Labos）研究做市商和他们的伎俩时，这也是我曾想向他询问的问题之一。我曾写下这个问题并在课堂上询问了我的同桌，但是他也不知道答案。

当时我是这样想的。我可以理解吸筹和派筹阶段，它们对我来说非常有用，但后来我开始思考。同时，请记住我们当时关注的是指数交易，所以基本上都是长周期的。我想，也许这个周期是10、15或者20年，那么对于做市商而言，他们需要等待如此长的时间才能从买卖中获利。也许从一次大规模的崩盘到另一次周期还要更长，也许需要数十年？当时我并不敢提出这一问题，现在我多么希望当时我问了！

这个问题的答案就是这些周期存在于任意时间跨度下，从跳动点图，到1分钟图、15分钟和60分钟图，然后到日线图、周线以及月线图。理解这一点的最好方法就是想想一个俄罗斯套娃。

最小的套娃，放在一个较大的套娃内，然后两者一起被置于一个更大的套娃内，如此往复。在这样的背景下，我们可以将图表想象为同样的东西。当吸筹和派筹的循环存在于1分钟图内时，可能会持续数小时，他们同时处于更慢时间跨度下更长的周期中，如此循环。这也是我们需要理解的一个重要概念，它将引出两种重要的市场行为。

首先，这些周期存在于所有时间跨度，其次，通过观察多个时间跨度下的价格行为，你将可以发现这些是如何形成、呈现以及相互间确认的。一个在1分钟图中已经开始的周期，可能会在5分钟图中慢慢显现，也可能在15分钟图中刚刚发展。

请允许我从理查德·奈伊那本所有交易者和投资者都应当阅读的著作《华尔街帮派》中引用一段话。这本书是一个丰富的信息来源，它给予我们更广阔的视角看待量价关系，同时也生动地展现出专业人士是如何操纵市场的。虽然这本书的首要关注点在于股票市场，但是其中的原则通用于所有市场。对于股票市场而言是专业人士、局内人和做市商，对于期货市场则是大型操盘手，而外汇现货市场仍是做市商。

以下是他对于时间跨度的描述：

"专业人士的目标可以分为短期、中期以及长期。因此，我们可以讲市场价格运动大致分为三个大类。"

然后他继续说道：

"短期趋势。这种趋势可以持续两天到两个月。在这种趋势中甚至可以存在更短的周期，仅持续数小时的趋势。这些短期趋势的重要性在于，专业人士通过它们解决每日的库存问题，进而实现计划中的远期目标。打个比方，短期趋势就是专业人士们的铁铲，用于挖掘投资者们中长期的坟墓。"

"行情纸带为我们提供了一种微观视角，可用于观察专业人士的存货状况，包括在顶部的大宗派筹行为以及底部的大宗吸筹行为。"

"不可能仅凭观察纸带就希望推测出未来市场中更长周期的趋势。人们只能凭借记忆所凝练出的经验，或者图表的使用才能理解并解码纸带中所传递的信息。从某种意义上讲，短期或长期的图表都能提供微观的、远视的视角以观察已经发生的事件。在分析中，我们需要结合这两者，才能做出投资方面的理性决策。"

我之所以在此处引用他的著作中的一部分，是因为它非常好地归纳了我在本章中所希望传递的观点。

请记住，这本书出版于1974年，当时行情纸带仍处于使用中，但是现今，我们可以使用短时间周期的电子图表替代行情纸带。两者的基本概念与原则是相同的。我们通过短或者极短的时间跨度下观察市场的微观结构，然后用更长的时间跨度来给予我们更宽广的视角来观察量价关系。

再次强调，这些都是相对的，对于一个超短线交易者而言，这可能是5分钟、15分钟或者60分钟图。而一个波段交易者可能会考虑60分钟、240分钟和日线图。一个趋势交易者可能会使用4小时、日线以及周线图。

因此，无论你的交易策略是什么，抑或是身处股票、商品、债券或者外汇市场，成为一个成功的投机交易者或投资者的诀窍在于，将量价分析与不同的时间跨度相结合。在单个图表中使用量价分析已然异常强大，但当你结合了更慢的时间跨度进行"三角定位"后，你将获得观察市场的三维视角。

● CHAPTER FIVE / 第五章

专注于一张图表并没有问题,但是请记住先前我们所提到的三车道高速路,我们身处中间的车道通过反光镜观察两旁的"快车道"和"慢车道",这将有助于我们在学习以及未来进行真实交易时增强信心。

为了使本章圆满结束,我将介绍最后两个关于局内人行为的概念,也就是抛售高峰和买入高峰,这样就可以将所有概念串为一个完整的周期,并通过简单的图示表现出来。

## ■ 抛售高峰

如我在先前所言,许多人往往对于这两个概念感到困惑,在此我将尝试加以解释。过去,许多人都从他们自身的角度描述这两个概念。换言之,也就是从我们自身在市场中买入和卖出时的角度。但是,从局内人的角度看,是局内人希望我们买入和卖出。他们唯一的目标就是让我们在派筹阶段买入并且在吸筹阶段卖出。

对于这两个阶段中"谁都在做什么"这一问题,我认为,在吸筹阶段,"公众"卖出而局内人买入,相反地在派筹阶段"公众"买入而局内人卖出。

这本书是从局内人、专业人士、大型操盘手和做市商的视角写作的,希望你也同我一样,尝试跟随他们行动!不管如何我都希望如此。如阿尔伯特先前曾言,我们希望在他们买入的时候买入,在他们卖出的时候卖出。就是这么简单!这就是本书的全部目的。

当我介绍抛售高峰时,对我而言,这就是局内人在行动进行到派筹阶段执行卖出的节点。而买入高峰就是局内人在吸筹阶段执行买入的时间节点。对我而言,这样更易于理解。这也许只是一个语义学上的问题,但此处我想解释清楚，因为很多人对此的理解正好相反。

首先明确，抛售高峰出现在上涨趋势的顶部，而买入高峰出现在下跌趋势的底部，两者反映的是局内人的行为，而非公众的！

抛售高峰就是局内人推动市场向下运动前的"最后的狂欢"。这是他们努力的巅峰，此时他们几乎已经清空仓库，只需最后一次将市场推高至更高的点位，吸引那些紧张不安的交易者和投机者，他们已经寻找进入市场的时机多时，最终还是按捺不住了。出于对错过行情的恐惧，他们最终妥协买入。

抛售高峰中，会发生2~3次市场收于开盘价附近，同时伴随着较大的成交量，这是派筹阶段的尾声。在抛售高峰后，市场向下突破，加速下跌。由于局内人推动市场跌穿当前区间，使得市场进入"滑道"，从而开始新的吸筹过程，因此这一部分的买方，连同其他的买方，一同在这一价位被套牢。

让我们看一个抛售高峰的典型例子，它标志着派筹阶段进入尾声，我们可以把它想象成烟火——标志派筹结束的烟火！

再次，图5.16就是抛售高峰的一个图示。此时，局内人已经将市场推高至他们既定的价格水平，他们以零售价格将存货售予那些相信市场将一步登天的买方。

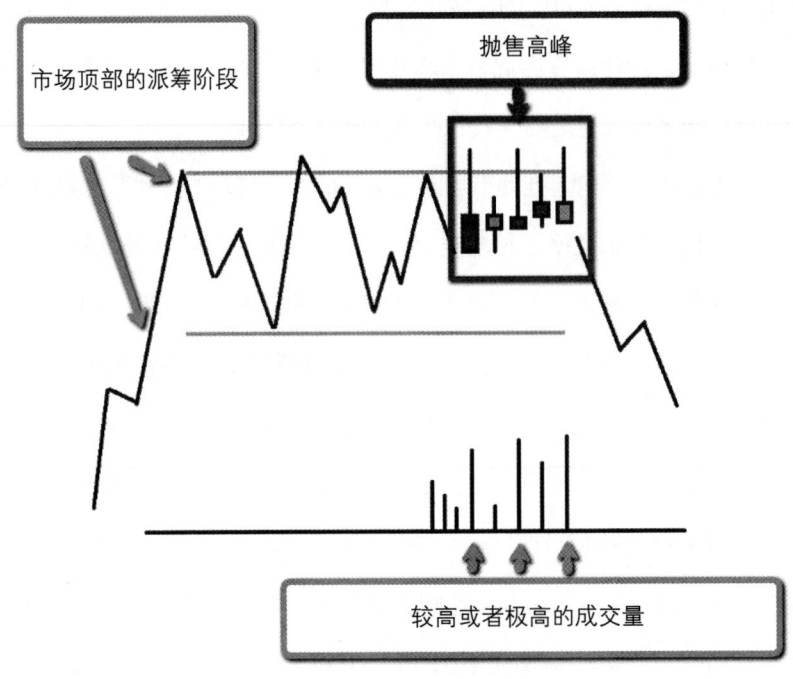

图5.16　抛售高峰——烟火秀

　　局内人将乐于向买方行方便，满足他们的需求，使市场下跌，然后再一次上涨得更高，从而吸引更多的需求，直到他们几乎清空存货。

　　在这一阶段，价格波动将更加剧烈，冲高之后收于开盘价格附近，不断增加的买方涌入市场，他们生怕错过市场的下一次飞跃，而等待着他们的却是完全相反的事物。

　　最后，存货被清空，股票被大量卖出，市场下跌，脱离派筹阶段。对我们而言，作为量价分析专家，线索早已显露。

　　此时，我们可以看到伴有高成交量的拥有长上影线低实体的K线图，这也是我们能在图表中看到的最有效的量价组合之一。在本书的后续部分我将更加详细地叙述。

这就是我们在第三章中提到的"上影线"K线图，如我当时所言，它们揭示了很多信息同时也非常有效，尤其是结合成交量时。局内人正在进行最后的努力以清空库存，并将价格推至阶段高点。买方涌入市场，进一步推高市场价格，生怕错过机会，产生高成交量或极高的成交量，此后局内人压低市场价格，使得这些交易者陷入弱势位置，而这种下跌被利润了结的行为进一步加强。一些交易者将发觉这一价位的市场处于"超买"状态。

这种价格行为将重复多次，局内人在满足需求，推高市场价格，而后在收盘时使得价格回落至开盘价附近，因为局内人平仓、了结利润。

K线图实体的颜色并不重要。重要的是上影线的长度、价格行为反复的本质以及相应的高成交量。这种信号预示着市场已经准备好加速运行，由于仓库已清空，这种反应将会相当迅速。局内人现在跳上了毯子，顺着滑道一路滑下，回到"起点"以进入吸筹阶段开始下一行动。当你在派筹阶段之后看到这一价格行为，那么你最好待在屏幕前——做好准备，并且等待！现在，让我们来看抛售高峰的对立面——买入高峰。这是吸筹阶段进入尾声的烟火秀，预示着上涨趋势即将开启。

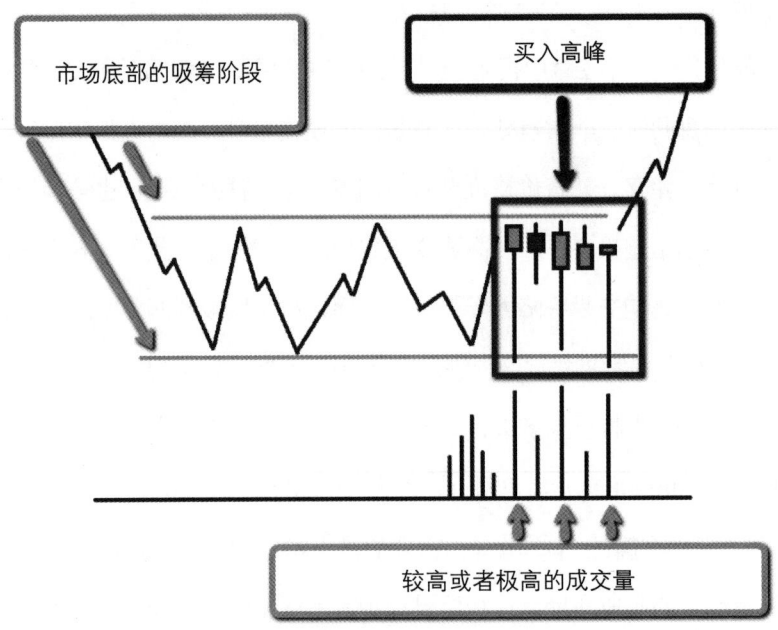

图5.17 买入高峰——烟火秀（再一次！）

局内人的买入高峰即投资者的卖出高峰。局内人将市场拖至低点，恐慌正在蔓延，担忧的卖方们了结头寸。如图5.17。

随后，局内人转入吸筹阶段以恢复库存，使得价格在一个窄小区间内来回运动，以震出余下所有固执的卖方。

在这一阶段的尾声，局内人快速下调价格，洗出更多的卖方，然后推高股价，使收盘价收于开盘价附近，他们是通过自身的买盘推高了价格，那些感受到市场处于"超卖"状态的价值投资者也起到了助涨的作用。

如此往复数次，受惊的投资者和投机者已经达到了心理承受的极限，恐慌性抛盘源源不断，他们就此屈服，而这就是局内人最后的努力。

现在局内人准备好了，在填满库存后，他们整装待发，上涨趋势即将开启，价格将向着目标稳步迈进，以满足派筹阶段的需要。

一旦我们接受了所有市场都在某种程度上被操纵的事实，那么这一切就非常易于理解了。

上述内容非常具有逻辑性，从某种程度上看甚至就是常识，但是请不要误认为这些情况在现有立法当局的监管下是不可能发生的。自威科夫和奈伊的时代以来并没有发生太大的改变，请允许我引用一段源于1975年出版的《造市者造市》中的话。

这是理查德·奈伊与一位证券交易委员会官员的一段电话内容。证券交易委员会即负责监管美国金融市场的监管当局。

请注意，这发生在1975年，当该官员被问及他们是如何监督并管理专业人士的行为时，以下是他在电话中的回答：

"专业人士在交易所的监管下。我们并不是非常关心他们的行为。他们并非由委员会直接进行监管。他们是自我约束的组织。他们制定自己的规则——然后经由委员会通过。只有委员会认为出现了不合适的行为时才是个例外。我们监管经纪商，但是我们从不前往交易所监管专业人士。"

关于此，现在发生了任何改变吗？

除了现在交易主要以电子化形式进行以及证券交易委员会面临的高频交易问题外，现实中并没有太大的差异。

通常情况下，也有个人或者公司被立案调查以证明证券交易委员会以及其他监管机构确实对于市场存在一定控制，同时安抚公众，以表明监管是以公平公开的方式被开展。

令人伤感的是，虽然我也希望现实情况是这样，但是通过实时进行量价分析你将可以相当肯定事实并非如此。局内人实在是经验太丰富，并且非常

## CHAPTER FIVE / 第五章

狡诈，他们决不允许他们的金鹅被杀死。他们仅仅是通过构造全新的更精妙的手段操纵市场。

请允许我引用最近证券交易委员会对于高频交易发表的新闻稿中的一段话：

"高频交易的技术多种多样，证券交易委员会《概念发布》【6】将它们大致分为四个主要的策略类型：

做市：与传统的做市行为一样，这一策略通过为市场双方提供流动性以此赚取差价从而获利。

套利：当套利机会出现时交易（例如：指数、交易型开放式指数基金以及美国存托凭证与它们各自基础资产间的错配定价）。

结构性策略：这些策略通过寻找从市场或者特定交易者的结构性弱点进而占取先机，包括潜伏套利和塞单交易。

方向性策略：这些策略试图抢在价格变动前，或者直接引发价格变动，包括指令占先和趋势引发。"

这篇报告的发布日期？2012年末。

我不希望不厌其烦地强调同一点，但是我相信仍有部分读者认为我是"阴谋论者"。我愿意向你保证，我不是。

理查德·奈伊曾指出：

"大多数的政府调查人员都在一定程度上受惠于证券交易所（通过竞选捐款或者他们的律师事务所），或者希望（如果他们是委员或者证券交易委员会主席）在不久的将来受雇于证券行业，这些情况使得调查从不被进行。"

请允许我使用一张集上述所有概念为一体的图片圆满结束这一章节。

图5.18就是一个完整的市场周期，我更喜欢称它为——局内人"办公室中的又一天"，这并不稀奇。

第一个行动是吸筹阶段。在经历了一段快速的下跌后，局内人开始以批发价格填充他们的仓库。

一旦仓库即将被填满，买入高峰就将到来，往往是通过波动的价格来吸入更多的股票，但是这一阶段一旦完成，价格将脱离现有价格区间，并且进行供给测试。如果所有的卖盘都已被吸收，局内人就可以开始逐步提高市场定价，让那些因受惊吓而缩回壳中且仍处于恢复阶段的投资者和投机者恢复信心。

随着信心的恢复，趋势的动量开始积聚，深受吸引的买方相信市场将"一步登天"。甚至最谨慎的投资者也屈服了，当价格到达既定的零售价格时他们开始买入。

现在市场处于零售价格水平，更多的买方被吸引进来，派筹阶段开始，价格被调高，从而吸引更多买方，然后价格被调低，使买方处于弱势位置中。最后抛售高峰来临，随着价格波动性增加，仓库中剩余的存货也被清空。一旦售空，市场便向下突破当前价格区域，测试被再一次执行，但这次测试的是需求。如果经由测试确认买单已经全部被吸收，那么行动完成，市场将以更快的速度下跌。

周期结束后，局内人所需做的就是清点利润，然后一次又一次地重复这一过程……我相信你已经明白了其中的奥秘。

● CHAPTER FIVE / 第五章

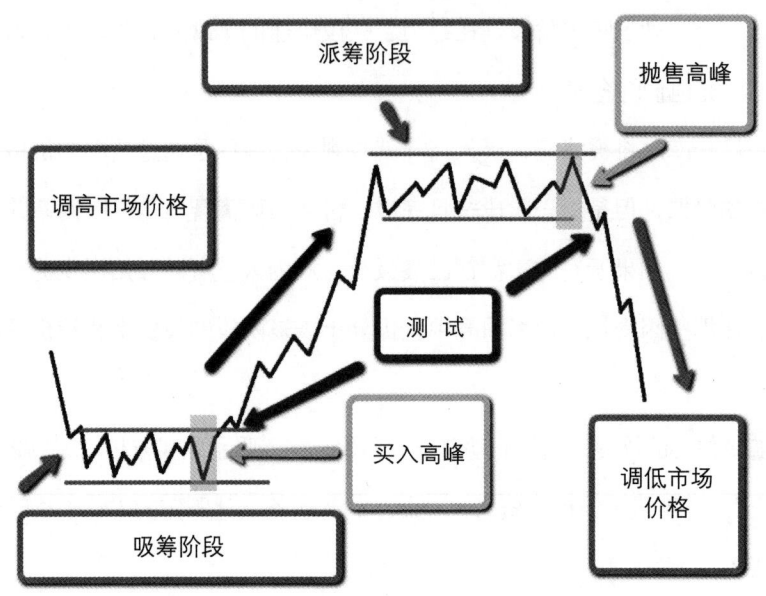

图5.18 市场周期——办公室中的又一天！

此处需要注意的重点在于，这种周期可以存在于任意时间跨度和任意市场。上述情况可能出现于某一货币对的5分钟图中，可能持续数小时。同样，也可能存在于股票的日线图中，持续数周或数月。可能存在于期货合约的小时图中，这种情况下局内人将是大型操盘手，这一周期可能持续数天至数周。时间尺度并不重要，重要的是威科夫的"因果定律"。

一旦我们开始仔细研究这些图表，我们将发现这种重复的周期，通过前述章节中所学知识的武装，这将足以帮助交易者和投资者理解市场的真实运作机制，并且自信地交易。

然而，对于一个量价分析交易者而言，这仅仅是一个开始。

在进入下一章前，请允许我"构筑"我介绍过的所有内容的框架，这主要是因为在我第一次学习量价分析时，内化这些知识曾花费了我相当多的时间。

因此，此处我所做的就是总结先前的知识点，从市场操纵的概念开始，然后尝试解释这些术语的意义。市场操纵是否意味着局内人可以在任意他们合意的时刻推动市场上涨或下跌呢。答案是否定的！我所讲的市场操纵，也许与其他人的观点并不一样，指的是单纯地通过所有可获得资源，引发散户的恐惧与贪婪。这意味着使用媒体中的每一条新闻影响买盘与卖盘，进而使得市场向局内人所希望的方向运动，不是派筹阶段的上涨，就是吸筹阶段的下跌。

这就是我所定义的市场操纵。它创造了一种环境，引发投资者或投机者心中的恐惧或贪婪。如我先前所言，市场操纵并不是操纵价格，而是操纵恐惧与贪婪这两种情绪。恐惧引发卖盘而贪婪引发买盘，而一切形式的媒体，都是创造两者的完美工具。

其次，虽然局内人总是协同作战，但他们并不是垄断联盟。市场中存在着数以百计的专业人士和做市商，因此形成垄断联盟是不可行的。实际情况是，局内人可以在同一时刻看穿市场的强势与弱势。他们拥有优势可以观察市场的两头，也就是所有买单和卖单，因此可以知晓真实的市场情绪。

但他们无法掩盖成交量，这也是交易量如此有效的原因。这是我们唯一一种确认局内人是否参与价格变动的方法，如果他们参与了，成交量将帮助我们确认他们究竟是在买入还是在卖出。当他们在买入高峰买入时，通过高成交量，我们可以得知这一点。当他们在抛售高峰卖出时，同样通过高成交量，我们仍能得知这一点，这是我们必须明白的两点。量价分析中，重要的是成交量而非操纵的因素，这也向我们引入了下一个要点。

常常有人问我，局内人是如何决定吸筹和派筹的目标价格水平的。他们是提前算好套利空间，还是存在其他的逻辑以便我们理解这方面的价格行为？

● CHAPTER FIVE / 第五章

理解这一点的关键在下方阐述。

在任意价格图表中，都存在一个价格震荡区间，可被认为市场正处于"超卖"或者"超买"的价格水平，这两个术语在本章的前述部分中已有介绍。这些价格水平对于量价分析原则来说非常重要，原因有二。首先，在这一区域，市场不是寻找支撑位，就是寻找阻力位。它们定义了一道屏障，在这个区域市场曾经一度停滞，随后继续这个趋势，或者趋势反转。很快我将更详细地介绍它们，但是请先接受它们存在的事实，它们形成于吸筹和派筹阶段，当市场进入横向整理通道。

这些价格震荡阶段出现在每一个时间跨度的图表中。局内人很清楚他们所在的位置，即他们是在趋势已形成的区域，还是只是原先趋势的短暂停滞。为了行动考虑，局内人往往将这些价格震荡区间作为目标，作为天然的吸筹和派筹点位。这也能解释当价格最终触及这些区域时的价格行为。

让我们从派筹阶段开始，考虑在抛售高峰时究竟发生了什么？

市场已经上涨多时，而且伴随着利好消息不断加速，到达了目标区域，这一价位可能表明市场处于"超卖"之中，或者说处于弱势或力竭的状态。我们清楚这一点，这就是局内人的目标区域，他们到达这些区域之后，开始采取行动。许多正面消息提供支撑，市场中的买方数量不断增加，牛市趋势不断上升，然后，局内人在这个点位停滞，开始了他们的派筹工作。

派筹的初始阶段由局内人所驱动的市场动能执行，成交量虽高但并不过高。所有阳线对应的成交量都源于投资者和投机者的"自然"买盘。换言之，在这一阶段，局内人推高市场价格不需要花什么力气。他们只是单纯地满足需求，需求产生于不断上升的趋势中，买方此时正处于"贪婪"的精神状态。再次强调，在这一价格水平，这一阶段的所有卖盘，都是"自然"的卖盘，在趋势早期买入的部分持有者，相信市场已处于挣扎阶段，因此决定了结利润。关键之处在于这一阶段的成交量往往高于平均值，但并不是非常极端。

当我们细致研究图表，我们将很快发现弱势的信号。但我将派筹的第一阶段称为"自然"阶段。这一阶段中局内人只是满足贪婪的投资者和投机者的需求。所有的卖盘都被他们吸收，并转化为他们的存货，然后再次出售。他们利用消息，使市场在一定范围内反复震荡，并使仓库中的存货持续减少。

抛售高峰就是最后的一个阶段，这也是局内人需要发力的阶段。在这一价格水平上市场非常弱势。也许此时的消息面不如先前一样牛市，局内人需要发力，继续推高价格，利用一切可能的消息吸引更多的买方。

但是由于市场的弱势，买方逐渐被卖方所淹没，这也是我们在抛售高峰从K线图中所看到的价格变动的成因。此时局内人开始进行最后的努力，他们不顾一切地支撑市场，甚至推高价格，同时向买方抛售大量存货，但是随着卖盘的增加，市场下行的压力逐渐增加，最终导致价格的下跌。

这是所有行动最终要面临的问题，这个问题很简单。大规模的抛售终将导致价格的下跌。局内人需要面临这场较量，局内人在这场战役中需要让价格保持在高位，同时又要让大量库存出库，并且在这最终戏剧化的时刻将库存全部清掉。这一较量是局内人在该阶段必须面对的。

问题在于，在快速清除库存的同时，要保持价格不快速下跌，否则将使得这一次的行动前功尽弃。这需要一个良好的平衡，而这也就是在抛售高峰的最后阶段所看到的几根K线图所展现的情况。局内人努力推高价格，在避免价格崩盘的情况下满足日益增加的需求，这也就是为什么我们在K线图上看到了这样的价格行为。让我们再看一眼。

● CHAPTER FIVE / 第五章

■ 抛售高峰

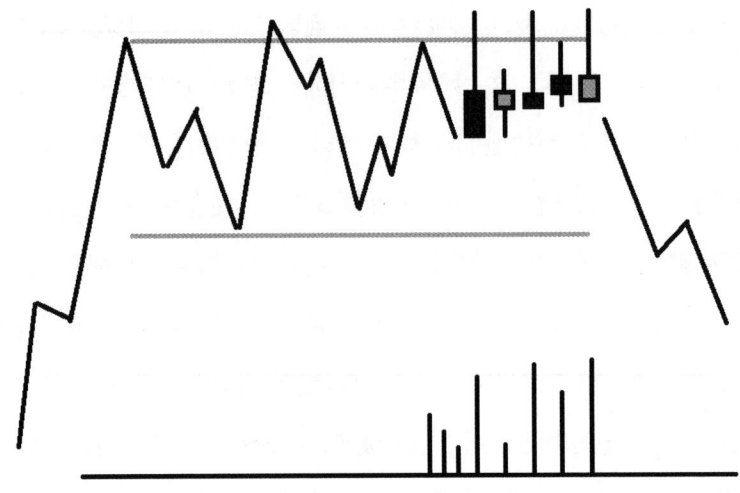

图 5.19　抛售高峰

　　图5.19展示出了这样一个过程：局内人通过大量的卖盘，满足了买家的需求，迫使价格再一次下跌。我们可以将这一过程同现实中的例子结合。产品的稀缺性将提升它的价值。想象一下设计师产品、名牌产品以及奢侈品。如果我们希望提升某种商品的价值，我们就做"限量版"。由于可获得的数量有限，这将使得它们更为抢手因此能以更高的价格售卖。相比之下，大量生产的产品由于其数量巨大，因此消费者难以接受其价格的上涨。

　　无论何时一个大型机构准备在市场的顶部大量出售股票，他们都不会将所有的股票一次挂单卖出。这将使得价格下跌从而减少利润的规模，因此为了克服这一问题，大公司们拥有一种被称为"暗池交易"的方式。

　　我曾在本书的一开头说过，成交量是唯一不能被掩饰的活动。但这一点其实并不严格成立。大型机构通过暗池掩盖大宗交易，而相关的细节公众只有在交易完成后才能获知。

这其中不存在任何的透明性，同样，几乎没有交易者和投资者能意识到这一点。这对我们而言并非一个大问题，而且无论如何，我们也很难解决这一问题。

然而，这强化了我们先前所讲的观点。当大量的股票需要被出售时，通过一次挂单执行将使得价格大规模下跌，因此，应当通过其他方法代替，例如将其拆分为小卖单从而使其以更小的成交量被反映出，或者通过暗池交易将其完全掩盖。

同样的问题也存在于买入高峰中，当局内人大量买入时，将造成市场价格的攀升。尼克·莱森（Nick Leeson），那位曾搞垮巴林银行的魔鬼交易员也曾遭遇了同样的问题。他所持有的头寸太过巨大，以至于无法在避免市场因为自身买卖波动的同时对冲其头寸。

最后，另一个例子是关于交易流动性差的股票或者货币。大量买入将迅速使得价格上涨从而造成对你不利的影响。大量卖出将使得价格下降。这就是局内人在大量买入或卖出时，所面临的问题。价格总是向着不利于他们的方向变动，这也就是他们为何不能在一个阶段内完成所有买卖行为的原因。

这需要两个、三个或者四个阶段，这也是为什么派筹过程、抛售高峰和买入高峰被分散于一段时期的不同时间点。在刚开始时我曾纠结于这一问题一段时间，但是后来我明白了我们只需保持耐心，等待点位被确认。请记住，大规模的卖出需要花费一定的时间！

● CHAPTER FIVE / 第五章

## ■ 买入高峰

对于买入高峰而言也存在同一个问题。他们自身买盘的规模,以及短期交易者了结头寸的行为,导致了市场价格的上涨。但是,局内人进入市场后,成交量将对价格产生主要的影响。让我们再一次回到买入高峰的例子。

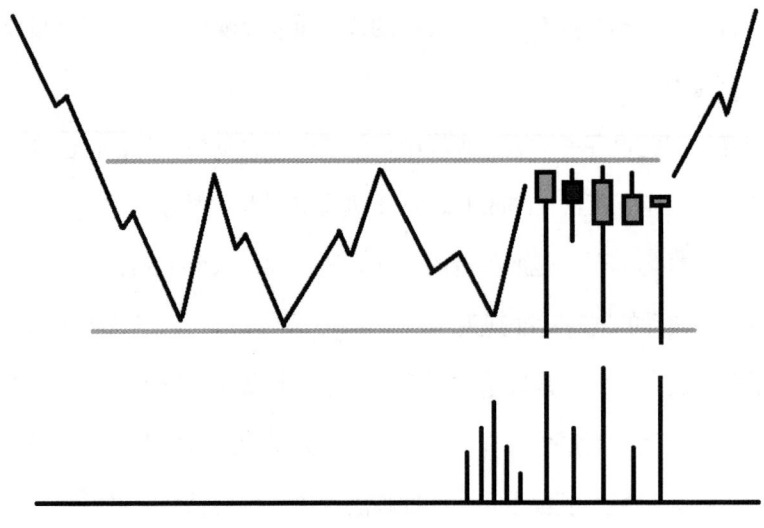

图 5.20 买入高峰

市场仍处于熊市,局内人通过利空消息使得市场下跌,然后他们大量买入以装填仓库,造成市场价格上涨,上涨对他们不利。他们结束行动,市场暂时处于震荡区间。

随后,更多的利空迫使价格进一步下跌,局内人再次大量买入,使市场价格上升。这一过程将被重复直至仓库被填满。

从许多方面来看,我们其实并不在意市场是否被操纵。重点在于,你是否相信在这些特定阶段下价格与成交量间存在着一定的关系。

极高的成交量，相较于其他的指标，清楚地向我们表明市场已经做好了反转的准备。当我们看到特定的价格变动以及高成交量伴随着抛售高峰的出现，那么我们将知道趋势即将向下反转。当我们看到特定的价格行为以及高成交量伴随着买入高峰的出现，我们将知道上涨趋势即将开启。这是一定的。

这就是高成交量和其相对应的价格行为所能告诉我们的。这些信息再清晰不过了。

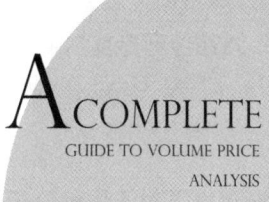

# 第六章

## 结合K线图的量价分析

● CHAPTER SIX / 第六章

> 我从不与纸带争辩。
> ——杰西·利弗莫尔（1877—1940）

在过去的几章中，通过学习我们逐渐建立了对于量价分析的认识，首先是通过微观层次的分析，也就是行情纸带这一层次。然后我们开始考虑宏观层次中成交量与价格间的一些基本概念，最后，通过上一章，我们开始拥有"全局"的视角，同时认识了市场涨跌的周期以及局内人通过以媒体为主要工具的各种方法造成成交量和价格的波动。

如我在本书的开头所言，交易之中没有什么新鲜的事物，成交量作为分析工具已被使用超过100年了。然而，有一件事物发生了变化，那就是K线图的引入从实质上改变了图表中价格行为的分析标准。在本书前面提到的所有书籍和文章都有一个共同点，那就是其中的图表都是用柱状图来描述价格行为的。K线图直到19世纪90年代才被西方的交易者所采用。幸运地是阿尔伯特曾向我教授了K线图的基础，从那以后由于多种原因我一直使用至今。

对我而言，与柱状图相比，K线图可以表现更多的信息。结合K线图的量价分析是我个人的方法。通过结合K线图和量价分析，可以使我们更深入地了解市场行为。

在这一章中，我将进入下一阶段，解释多种用于量价分析的各种K线图形态。必须强调的是，这一章的目的不是为了介绍日本K线图。市面上已经有许多介绍日本K线图的书籍，也许未来我也会写作一本。

本章中，我将介绍一些进行量价分析时应关注的K线图和K线图形态组合。我们在本章中将继续使用图示来阐述例子，但在后面章节将会看到真实的图表。

在正式开始前，我将先介绍一些基本原则，在后续的K线图分析中我们应当时刻将其铭记于心。

## ■ 第一原则

影线的长度，无论是上影线还是下影线都一直是我们关注的首要因素，因为它们可以立刻显示后续市场的强势、弱势以及迟疑，更重要的是能显示市场的情绪。

## ■ 第二原则

如果没有形成影线，那么这就表明朝着收盘价方向的市场情绪是强势的。

## ■ 第三原则

低实体预示着市场情绪较弱。高实体意味着市场情绪较强。

## 第四原则

同一类型的K线图，可能有着完全不同的意义。这取决于它在一段价格趋势中的位置。我们需要常常在更长的趋势里考虑某根K线图的位置，或者是在一个盘整阶段里考虑某根K线图。

## 第五原则

成交量验证价格。先看K线图，然后根据成交量柱状图，看成交量是确认了价格变动，还是出现异常。

接下来，让我从最重要的两种K线图开始，它们是射击十字星和锤头线。

## 射击十字星

价格走势——弱势。

在所有的时间跨度、交易品种和市场中，射击十字星都是我们在使用量价分析时要寻找的三种重要K线图之一。

因为卖方战胜了买方，价格先是上升随后又下降收于开盘价附近，因此价格走势显示为弱势。

射击十字星会出现在每一个趋势中，包括上涨趋势和下跌趋势，以及趋势中的任意位置。它们的出现并非意味着立刻的反转。它们的出现预示着在这一价位中存在着潜在弱势。只有在结合了相应的成交量后，这一K线图才具有意义。

射击十字星会出现在每一个上升和下降趋势中。这是弱势的一个典型信号，结合成交量后它将清楚地表明这种弱势的相对程度，以及后续反转的规模。了解这些不同情况的最好方式是通过一些例子。

在上涨趋势中，所有的射击十字星配合低于平均水平的成交量都预示着上涨趋势可能将暂时停止，或出现短期回调。出现这样的信号后，我们将通过结合先前以及后续的价格行为来确认趋势的持续性。

随着趋势的发展，初始阶段的弱势将被后续的射击十字星所验证，伴随着平均水平成交量。在同一时间跨度中，一旦我们拥有了一个趋势中两根相似的K线图，我们就可以比较两根K线图的成交量。如果说第一根K线图预示着弱势的初始阶段，那么随后的第二根K线图，伴随着增加的成交量就能进一步确认这种弱势。毕竟，如果第二根射击十字星的成交量高于第一根，那么说明更多的卖盘涌入市场迫使这一阶段价格下跌而"弱势"的程度增加。

这将我们引入我将介绍的一个重点。这个重点也许十分明显，但是仍然值得强调。

如果我们看见一个射击十字星，那么这可以作为市场弱势的一个信号。如果我们看见两个连续的射击十字星，或者两个距离相对较近的射击十字星，那么看跌的情绪就有所增强。如果出现第三次，那么看跌情绪将更加强烈。换言之，单根K线图是重要的，在同一价格区间中，同一K线图形态重复出现，将使得市场中看跌或看涨的情绪呈指数式增长。请注意，这仅是基于单一的价格行为。加入成交量后，将使我们的分析进入一个新的层次，这也是我不认同仅靠价格行为分析（PAT）交易者的原因！

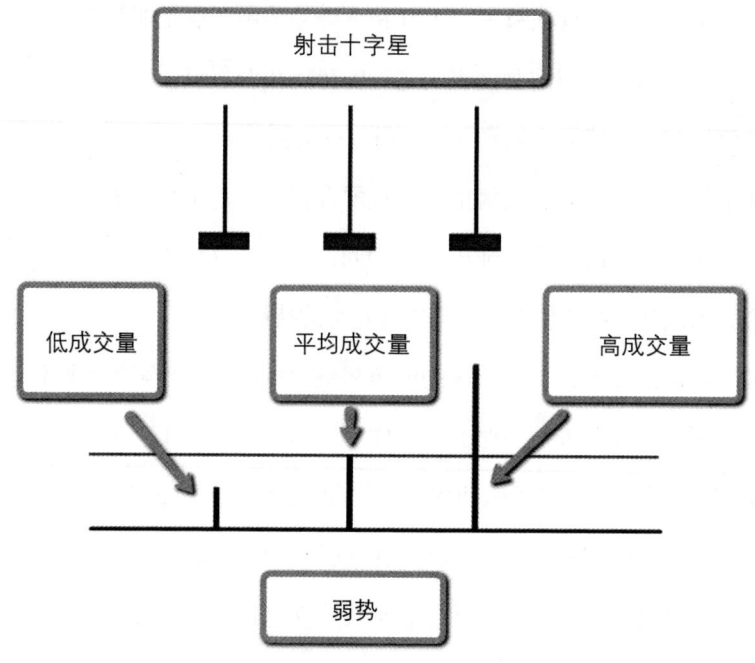

图 6.10　射击十字星与成交量

如果出现这一价格模式，如图6.10中的一样，即出现三根连续的K线图，它们的成交量逐渐增大，那么结合K线图形态和成交量进行分析，我们认为后续市场更可能上涨还是下跌呢？

显然，市场将下跌而原因非常直截了当。首先，我们看到三根连续的K线图，虽然它们的最高价处于同一价位，但是它们都没能保持在最高价上，因此这一价格区域市场处于弱势。其次出现了三个射击十字星，先前我们已经知道这是市场弱势的信号，而成交量条件也有所印证。在同一价格点位上出现了三根相同的K线图，且成交量逐渐放大。市场正挣扎在这个价格水平上，最后的两根K线图完全可以被视为抛售高峰的一部分。

此外，如果这些信号出现在一段盘整之后，那这些信号就更有力，因为我们还可以通过价格分析的另一技术来验证我们量价分析的结果，即支撑位和阻力位。

我们往回看，很容易就可以确认顶部和底部。更难的是实时判断主要的反转点，因此我将使用图6.11的图示解释这一价格行为在图表上是如何展现的。这也可以让我介绍这一分析方法中其他更广义的方面。

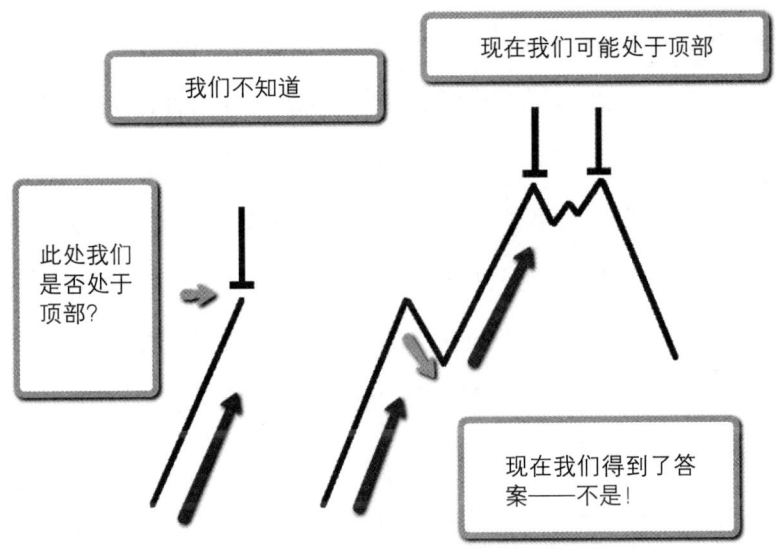

图6.11 典型的价格变动和射击十字星

首先来看图示的左半部分。市场在经历了一段上涨的趋势后，射击十字星出现在图表中，也许它还伴随着高于平均水平的成交量。那么它的出现是预示着趋势的重要反转还是只是一个简短的停滞或回调呢？答案是，单凭这根K线图，我们无从知晓。

我们能确定的是，市场在经历了一段上涨之后，现在表现出了一定程度的弱势。我们知道这一信号是具有一定可信度的，因为它出现在市场经历了一段时间的上涨之后，这也是先前我所一直强调的一点。我们需要结合过去的走势来考虑信号的有效性。

在这一案例中，一段上涨趋势已经形成许久，而现在出现了一个射击十字星且伴随着高于平均水平的成交量。现在我们应当注意了。我们应该做什么？我们是否要进入市场进行交易呢？

当然不。如我先前所言，市场不会立即转变趋势。它将停滞、折返，然后上涨，再次停滞然后下跌。

我们等待下一根K线图的形成以观察其是否验证了这种弱势，也许在一些低实体K线图后，会出现另一个射击十字星。第一个射击十字星的出现暗示我们应当提高警惕了。它提醒我们关注后续K线图以确认市场初期的弱势，并且结合量价分析，来确认这会是长期的弱势还是仅仅只是一个短暂停滞。此时我们同样应当结合价格震荡区间进行分析以寻找线索。毕竟，如果我们处于先前曾出现反转的价格区间，那么这也是一个强烈的信号，它还可能给出潜在反转的深度的一些信息。

此外，如果价格近期刚刚脱离吸筹阶段，那么不太可能出现向下的反转，这也是十分重要的一点。在分析时，我们常常要考虑我们在大趋势中的位置，以及它和最近价格盘整阶段的关系，盘整阶段常常是局内人的吸筹阶段。毕竟，一个新的趋势不大可能在刚刚形成后立刻出现反转，尤其是那些经过成功测试的。因此K线图与所处的"大环境"结合是非常重要的，这有助于我们寻找问题的答案。

下一步就是以更广阔的视角，同时从更长和更短的时间跨度确认信号，当然还要结合量价分析。

例如，如果这样的价格行为出现在小时图中，在检查15分钟图后，我们发现在这一时间跨度下形成了两个射击十字星，且都伴随着高于平均水平的成交量，这就确认了反转的可能性。此外，15分钟图中可能存在一个明显的盘整区间，而这也有利于我们的分析。在等待下一根K线图形成的同时，所有的这些分析都需要花费数分钟的时间。

使用多重时间跨度可以给予我们一个更长期趋势的视角，这也有助于回答射击十字星的出现究竟是小级别回调还是更长期趋势变化的开端。这就是在进行图表分析时使用多重时间跨度的优势之一。此外，使用多重时间跨度也有利于帮助我们决定头寸的持有期限。

这非常有道理。毕竟，如果长期趋势是上涨的，而我们却基于短期图表进行交易，那么我们很有可能只会持有头寸一小段时间，那我们的交易方向就是与主要趋势相对的。再次强调，多重时间跨度有助于我们确认这究竟是趋势的反转，还是只是一个小停滞或小回落。

有多种技巧可以帮助我们确认市场是否处于"顶部"，在本书的后半部分中我将进行详细地介绍。尽管如此，我想在此先介绍其中的一些部分。多重时间跨度分析、量价分析、价格盘整和K线图形态分析都可以帮助我们寻找到这个问题的答案。除此之外，市场上涨而成交量减少也是一个典型的弱势信号。

在射击十字星之前可能会是一根伴随着高成交量的低实体阳线，这是弱势的又一典型信号，但这仍无法回答这究竟是小回落还是大反转这一问题。回答这一问题我们需要借助其他的工具，例如在不同时间跨度下进行量价分析，以及结合后续介绍的一些工具。

其中的一个工具就是价格盘整的深度与长度，因为市场在某一价格水平盘整得越久，就越有可能突破或者反转。

此外，量价分析是一门艺术而非科学，这就是为何交易软件无法替我们

## CHAPTER SIX / 第六章

进行分析的原因。我们对于每根K线图、K线图形态、相应的成交量以及多重时间跨度下的分析以及趋势的确认，都是主观的。学习的过程需要花费一定的时间，我撰写本书的目的就是为你缩短这一学习曲线。

在本章开头中，我所提到的五条原则适用于所有K线图，以及所有的量价分析。但是射击十字星以及与其相反的锤头线实在是太重要了，有必要在此进行介绍。

射击十字星不光出现于上涨趋势中，还会出现于下跌趋势中。在下跌趋势中，它是确认弱势的信号，尤其是当它们出现在下跌趋势后不久。在抛售高峰之后的下跌趋势中，如果出现一个射击十字星，可能是市场进一步下跌前的需求测试。另外，如果射击十字星伴随着低成交量，并且市场在抛售高峰后经历了一段盘整，那么说明局内人在进行市场即将脱离派筹阶段的需求测试。射击十字星表明市场曾被推至高位，但由于需求不足，最终于收盘时回落至开盘价或其附近。

射击十字星也可能出现在一段趋势的小级别反弹中，即下跌压力暂停，市场反弹至更高点位。如果射击十字星的出现伴随着高于平均水平的成交量，这只能说明一件事，那就是市场仍处弱势，现在还未到达趋势底部的买入高峰。

这一价格行为模式意味着，局内人正在将之前从恐慌的卖方手中收集来的筹码抛向市场。局内人必须在市场运行至更低点位时将这些存货卖出。毕竟，局内人不愿意在除了目标价格（即批发价格）以外的任何价格买入。

一部分买方会在这些反弹时进入市场，他们认为市场已经见底，即将反转，而其他人仍在卖出。这一价格行为经常出现在暴跌中，也就是市场快速下跌的时候。局内人必须止住跌势，暂停暴跌，借助媒体推高市场，将股票卖给被创造出来的有需求的投资者，同时处理后面即将出现的卖盘。因此成交量表现为高于平均水平或者较高，这也进一步体现出市场的弱势。

## ■ 锤头线

价格走势——强势。

锤头线是三种我们需要在所有市场和任意时间跨度下都应当注意的典型K线形态的第二种。它作为预示强势的典型K线图，既能展现短期的强势，也能作为长期价格反转的信号。

锤头线指的是在一段时间中，价格先是下跌，随后反弹并收于开盘价附近。这是强势的信号因为卖盘被大量吸收，买方战胜了卖方，使得市场反弹。之所以被称为锤头是因为它"砸出了底部"，同射击十字星一样，结合了量价分析后它也将无比强大。

同样地，在本章一开头强调的五条原则也适用于锤头线，看到这一K线图后，你将非常容易过度兴奋。我们很容易认为趋势即将改变。如果市场快速下跌，就像市场通常所表现的那样，那么反转不太可能立即出现。更有可能是，市场暂时止跌，反弹，然后再一次下跌至更低的点位。换言之就是将空头挤出去。

我们知道，市场下跌时局内人买入形成的存货，局内人必须清空。跌势暂定的第一个信号就是锤头线，此时局内人进入市场开始买入，暂时为市场提供了支撑。他们甚至会进一步推高市场使之呈现出一个射击十字星的形态。锤头线代表局内人"强行买入"，而射击十字星代表局内人"强行卖出"。尽管他们确实使市场快速下跌，总是存在一部分卖盘被他们在更高位吸收，产生的这部分存货必须在进一步下跌前被出清。毕竟，如果情况不是这样，局

## CHAPTER SIX / 第六章

内人将被迫留有一部分存货头寸以高价位买入，而非批发价。

一次价格的暴跌总是会暂停，在继续下跌前小幅反弹。同往常一样，成交量非常重要，如果在价格暴跌的过程中成交量上升，那么这就是进一步弱势的一个强烈信号。因此，单根锤头线不足以终止一段下跌，即使它伴随着高于平均水平的成交量。与往常无异，后续的价格行为也非常重要，包括相应时间跨度下的价格与成交量以及该区域内是否存在任何价格盘整。同先前的问题一样，我们都想知道，当我们看到一根锤头线或者一个射击十字星的时候，这种价格行为究竟代表更长周期趋势中的一个停滞，还是真正的趋势反转？

同射击十字星一样，在我们连续看到两到三次锤头线且伴随着高成交量后，锤头线的作用将会显现。正是在此时我们才知晓，或者说确定市场已经进入了买入高峰的阶段，我们只需耐心等待局内人完成任务，之后他们将推动市场上涨。

此外，我们还需要记住的是当买入高峰结束后，我们还有可能看到一个或更多用于测试的锤头线。这些K线图可能没有真正的锤头线那么明显，它们也许拥有较短的影线，但是原则是相同的。开盘价和收盘价大致相等，在实体的下方总是存在一根影线。

对于一次成功的测试而言，其应当具有低成交量，同时在这一阶段中测试往往不止一次。这些测试可能发生在吸筹阶段的价格盘整区域，也可能发生在价格突破的初始阶段，价格回到之前出现过大量卖盘的区域。

这就是我们在解读价格与成交量时需要关注的两种K线图。我相信你能回想起在本书的引言中所提到的，从任意K线图或一组K线图中，我们所寻找的，就是验证确认与异常确认。成交量是否验证了价格，它对我们发出了什么信号，或者这是一个异常，向我们发出了完全不同的信号。

从某种程度上讲，射击十字星中不会出现异常情况，因为这一价格行为所传递的信息非常明确。任意一个价格行为交易者都将告诉你，这种K线图本身就是弱势的信号。除此之外没有任何其他意思。在这一阶段市场先涨后跌，因此它就是弱势的。我们需要结合成交量来判断弱势的程度，这也是为何在图示中展现了三种成交量柱状图，低、平均水平和高（甚至是极高）。一个伴随低成交量的射击十字星是弱势的标志，但可能弱势并不显著，除非它是抛售高峰后开始下跌趋势的需求测试。

一个伴随着平均成交量的射击十字星意味着弱势，它是一个相对更强的信号，回调也许比第一个低成交量例子的情况更为显著。最后，当射击十字星伴随着高成交量或者极高成交量时，这就意味着专业人士正在卖出了。无论是股票或指数交易中的做市商，还是期货中的大型操盘手，还是外汇交易中的做市商，还是债券中的大型操盘手，都不重要。局内人正在卖出，我们需要准备好并关注，因为即将有大动作发生！

这就是射击十字星的意义所在。射击十字星永远不会意味着异常，而仅仅是弱势信号强度的验证。成交量总是可以通过射击十字星确认价格行为，我们所需做的就是判断成交量是低、中等、高还是极高，并且结合先前多种时间跨度中的价格行为，同时跟踪图表中后续产生的K线图。

一样的原则适用于锤头线。同样的，锤头线永远不会代表异常的情况。这一价格行为表明了我们所应知晓的一切。在这一阶段，无论什么原因，价格下跌后恢复至开盘价附近。因此它是强势的信号，成交量柱状图揭示了这种强势的程度。

再一次，如图6.12所示，我所展示的锤头线伴随着三种成交量柱状图，分别是低水平、平均水平和极高水平。

一个伴随着低成交量的锤头线表明市场略微强势，平均水平成交量则作为更强的潜在反转信号，而极高成交量则表明局内人正在大力买入，而这可以作为买入高峰的一个部分。成交量向我们提供了市场究竟可以运行至多高的线索。一个带有平均水平成交量的锤头线，可能给予我们一个日内获利的良好机会。这并没有什么问题。一个伴随着低成交量的锤头线仅可以告诉我们任何反转的程度都将较小，因为人们显然对于这一价格水平上方的空间不感兴趣。

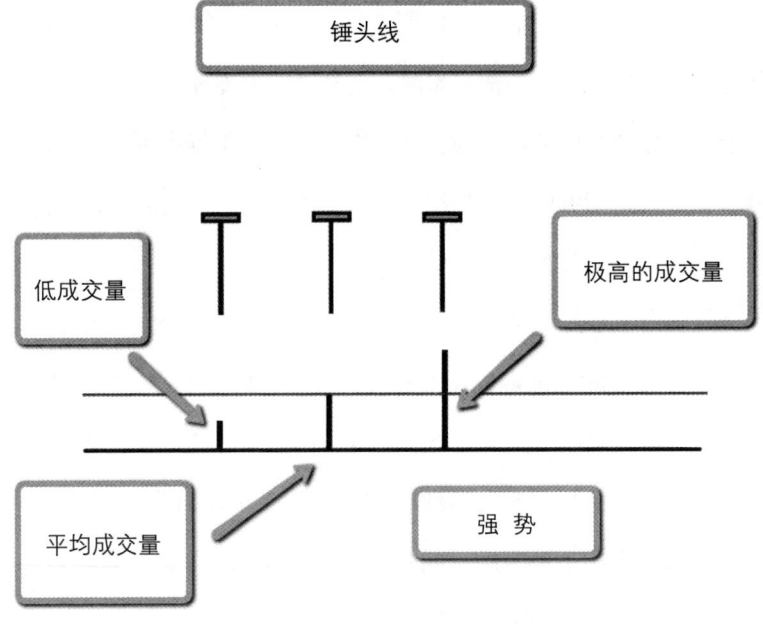

图 6.12　锤头线与成交量

这也引出了我想要介绍的另一个重点。

量价分析不仅帮助我们建立低风险头寸，它也能帮助我们保持已有的头寸，而这常常是我们在交易中遇到的最难的情况之一。在一段趋势中保持头寸是非常困难的，我相信这是最难掌握的技巧之一。这也是许多交易者失败的首要原因之一。毕竟，只有在一段趋势中保持头寸才能最大化利润，而一段趋势可以从数分钟或数小时，到数天或数周。

作为交易者我们清楚，市场总是阶梯状上涨或者下跌，而不是以直线的形式，在小幅的回调或者反弹中我们应当坚守头寸。这也是量价分析的强大之处，因为它帮助你坚守现有头寸，通过你自己的分析给予你信心，带你看穿市场内部。

举例而言，也许市场正在下跌，我们是做空市场，而此时出现了一根锤头线。那么这究竟是趋势反转，我们应当离场，还是只是更长下跌趋势中的一个短期反弹？如果成交量低，那么显然局内人并未在这一价位买入。也许这根锤头线之后紧跟着一个高成交量的射击十字星，这是下跌趋势中市场弱势的一个标志，也验证了对于这根锤头线的分析。市场是弱势的，通过量价分析使我们有了穿越这些回调过程而坚守头寸的信心。没有成交量，我们将无从知晓这些价格行为的强势或弱势程度。有了成交量，一切都将被揭示，我们可以据此做出决策。

这就是量价分析的强大之处。它不仅帮助我们进入交易，还帮助我们保持头寸，最终帮助我们了结头寸。

再次回到图6.12中的例子，其中的锤头线伴随着高或者说极高的成交量。这是潜在反转的一个先兆信号。大资金正在进入市场，作为一个空头现在也许就是退出市场的时机了，将一部分或者所有的利润结清并在突破来临时准备做多。

● CHAPTER SIX / 第六章

　　建立头寸属于交易中简单的那一部分，而持有头寸并且在合适的时点了结头寸才是非常困难的。这也是量价分析如此强大的原因，因为它给予我们窥探市场行为的内部视角。一旦你开始理解成交量与价格间的关系预示着什么，那么可以说你在交易世界中已经"涅槃"了。

　　最后，如果你在上涨趋势的顶部看到一根锤头线，它将拥有一个不同的名字，以及完全不同的解释。我将在本章的后续部分，也就是我们继续建立我们的知识体系时介绍其他K线图形态。

　　这就是第四原则中我所表述的——一根K线图可能根据它在一段趋势中的位置而拥有截然不同的含义。在趋势的顶部，锤头线被称之为"吊人线"，当它和一个射击十字星组成K线图组合时，预示着市场的弱势。

　　三种典型K线图中的最后一种是十字线，但不是任何一种十字线，而是长腿十字线。

## ■ 长腿十字线

　　价格走势——不明确。

　　十字线有许多变体，你将持续在每一个图表中见到它们。它们拥有一个共同的特点，就是开盘价与收盘价相同或者非常相近，实体的上方下方都有一根影线。

　　这一价格行为造就了十字线这一独特的模式，或者说十字交叉。虽然存在许多不同尺寸和类型的十字线，但是我相信只有一种十字线在量价分析中是有意义的，那就是长腿十字线。

　　十字线本身所表明的信息是市场处于不明确的状态。市场运行至某一时点时，看涨情绪和看跌情绪势均力敌。长腿十字线的情况就有点像这样：市场开盘后，情绪推动价格向某一方向运行。随后走势迅速反转并且向反方向运行，开市时的市场情绪再次取得主动权，市场再一次被带回开盘时的价格。换言之，在这一阶段中，价格震荡幅度大，但是价格的支点保持在中间位置。

长腿十字线的特点在于，上影线与下影线相对于实体而言都很长，就像我们曾经称之为，"长腿爸爸"，或者一只拥有长腿的飞虫。

这种K线图的功效在于其作为趋势反转潜在信号的预测能力。同锤头线以及射击十字星一样，单凭这一价格行为就能给予我们坚定的信号，但结合成交量后，它变得更加有效。这一K线图的价格行为本身就能向我们表现出市场的犹豫。毕竟，如果情况不是这样，K线图的结构将会截然不同。

同样，这一价格行为揭露了市场情绪，由于其具有不确定性，因此反转也仅是潜在的。长腿十字线可以预示着看空到看涨的反转，或者看涨情绪变为看空，这种转变的方向取决于先前的价格行为。如果在经历了一段上涨趋势后，长腿十字线出现，那么这就是趋势下跌的第一个信号。相反地，如果我们在市场经历了一段时间的下跌后看到这一K线图，那么这也许预示着市场向牛市反转。

但是，与射击十字星和锤头线不同，长腿十字线可能出现成交量的异常。在图6.13中，我们可以看到伴随三种成交量水平的K线图，其中存在异常的就是伴随低成交量的第一根。

请让我解释为何这是一种异常，同时我还将介绍与这一部分紧密结合的另一概念。

● CHAPTER SIX / 第六章

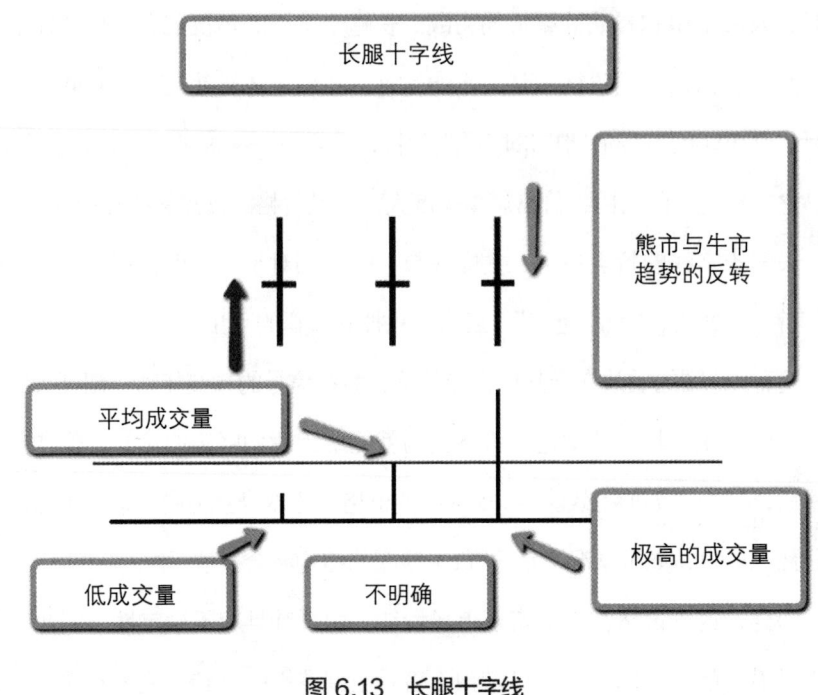

图 6.13 长腿十字线

为何低成交量配合这一K线图形态就是异常呢？好，让我们从逻辑的角度思考这一问题。市场向着两个方向快速运行并且最终收于开盘价格附近。这一价格行为展现出了市场的波动性，因为市场在这一阶段踌躇不前。如果市场不是波动的，那么我们将看到非常不一样的K线图形态。因此，市场是波动的，那么为何成交量却如此低呢？

波动的市场需要动力，而我们知道投入与产出是携手并进的。然而，这一例子中是没有投入（低成交量），却产生了巨大产出（价格宽幅波动）。显然这是异常的，唯一合理的解释就是此时的走势是由局内人操控的，而他们此时还未参与进来。此时最理智的举动就是停止追逐，此时做市商和局内人正在使得价格剧烈波动，先是向着一个方向随后改为另一方向，以震出投资者，同时使得趋势暂时停止并限制这一过程中的交易指令。他们自身并没有买入或者卖出，他们将新闻的发布作为催化剂，使得价格"剧烈波动"，比如下面我要谈的这个例子。

长腿十字线在基本面新闻发布时最为常见，对于美国市场而言的一个典型就是月度非农就业数据，其发布于每个月的第一个周五。发布时，价格行为的波动性急剧增加，而这一K线图形态也在这样的数据发布时屡次形成。市场向着一个方向剧烈摆动，随后摆向另一个方向，然后也许又摆回原方向。对于局内人而言，这是将交易者头寸洗出的一个理想机会，同时将市场中的阻碍与其他指令清理出去。

而成交量就是使得我们知晓正在发生的情况的原因，否则我们将一无所知。如果成交量是低的，那么这就不是真实的情况，而是异常。对于价格而言，如果其以这样的方式运行是需要投入的，由于成交量是低的，我们看到的情况是没有投入的。价格仅仅是由局内人所操控的，这种情况下，长腿十字线并不预示着反转，而是完全不同的情况。在这一价位局内人大肆操纵。也许市场后续将会反转，但就这一阶段而言，我们保持观望，等待后续K线图的展开。

在此延伸出的下一个要点就是成交量与新闻间的相互影响。无论何时发布一条经济新闻，或者一份声明，或者利率决议，或者其他任何关于基本面的新闻，相应的成交量都将反映出市场究竟是验证了这条新闻还是无视它。换言之，在这里成交量也能验证新闻，同时也能告诉我们，市场的局内人是否参与了后续的价格变动或者只是在场外观望。

如果局内人参与了，那么我们也可以参与，如果他们没有，那我们也保持观望，像他们一样。

举例而言，当"重要数据"发布时，比如NFP（非农就业指数），而且对风险资产如股票、大宗商品和货币是利好，而我们也正在交易一种货币。那么我们应当期盼看到资产价格随着新闻的发布上涨的同时，受到成交量的强劲支撑。如果情况确实如此，那么我们就确信市场验证了这一新闻，而局内人和大资金也参与了行情。我们可以看到一根高实体K线图，伴随着高成交量。新闻被价格行为和相应的成交量验证了。

  我希望你能在新闻发布的任何时候都研究成交量，因为这是学习量价分析基础的最快途径之一。新闻发布后，可能出现激增的成交量伴随着大幅的价格变动、大幅的价格变动但伴随着低成交量，以及陷阱型的价格变动，比如拥有低成交量的长腿十字线。关键点在于：当新闻发布时，出现的往往是市场中的成交量激增，如果成交量激增，验证了价格的变动，那么我们就可以确认局内人参与了上涨或下跌的行情。如果价格随着新闻变动，但并没有得到相应的成交量的验证，那么这就是异常，说明市场中有其他因素在起作用。这就告诉我们要保持警惕。

  成交量应当与新闻紧密结合。毕竟，在交易日中，市场总是对于主要新闻的发布具有一定程度的反应。因此，在新闻发布时研究成交量是解读市场最容易、快速并且简单的方式，同时这也能使我们对于低、中等、高以及极高成交量有一定概念。这在所有交易品种或者市场中都是如此。

  一根长腿十字线，应该至少由平均水平的成交量验证，而高或者极高的成交量则更为可取。如果成交量是低的，那么这就是一个异常，因此也就是局内人所设下的圈套。

  以上就是我们在所有时间跨度下应当首要寻找的三种K线图形态。它们是提醒我们提高警惕的提示，也是我们进行量价分析的起点。如果我们没有头寸，那么我们就应当寻找验证以求进入市场，而如果我们已然身处市场之中，那么我们就通过寻找信号决定继续持有，或者择机撤退。

现在让我们介绍其他几种关键的单根K线图，随后再介绍一些K线图形态。

## ■ 高实体K线图

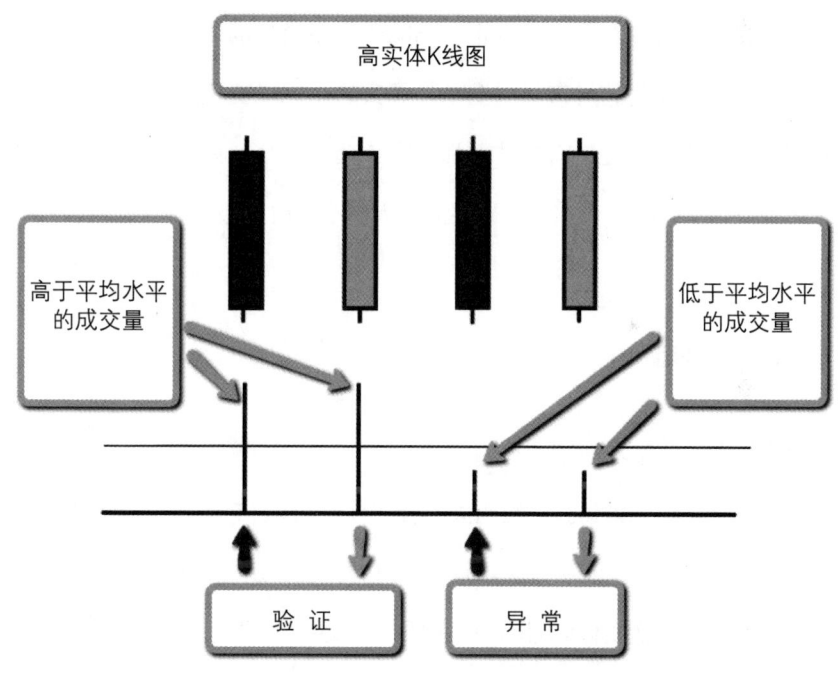

图 6.14　高实体K线图第一个例子：多根K线图

价格行为——市场情绪强烈。

通过高实体K线图这一价格行为传递出的清晰信号只包含一个信息：这一阶段的市场情绪是强烈的。不管是强烈的看涨情绪还是强烈的看跌情绪，关键点在于强烈。这一阶段中价格迅速上涨或者下跌并且收于一根阳线的最高价附近，或者一根阴线的最低价附近。因此应当通过"强劲"的成交量反映这一强烈的市场情绪。

如我们在图6.14中看到的那样,如果成交量是高于平均水平的,那么这也就是我们所期待的价格被验证的情况。局内人参与了价格的上涨、下跌,一切事物都在正轨。

如果成交量低于平均水平或者较低,那么这就是一个警示信号。价格上涨,或者下跌,但投入却有限。警钟正在鸣响。许多散户涌入市场参与上涨或下跌的行情,他们以为这种市场的变动是真实的。但成交量所讲述的却是另一个故事。如果我们已经持有头寸,那么应该择机了结。如果没有头寸我们应当保持观望,等待下一个信号以观察局内人将在何时将市场带往何处。

## ■ 低实体K线图

价格行为——市场情绪弱势。

你也许会在想,为何我们应当关心低实体K线图,它表示市场情绪处于弱势。毕竟,我们不是应该只关心局内人参与时的市场吗?对于这一问题的答案是:对,当然。低实体K线图可以在任意图表中被大量找到。但我们之所以需要关注它们是因为,总体上市场的上涨过程是缓慢的。市场停滞、盘整并反转,常常出现的是低实体K线图。因此,值得我们注意的并不是那些被成交量验证的低实体K线图,而是那些代表异常的低实体K线图。

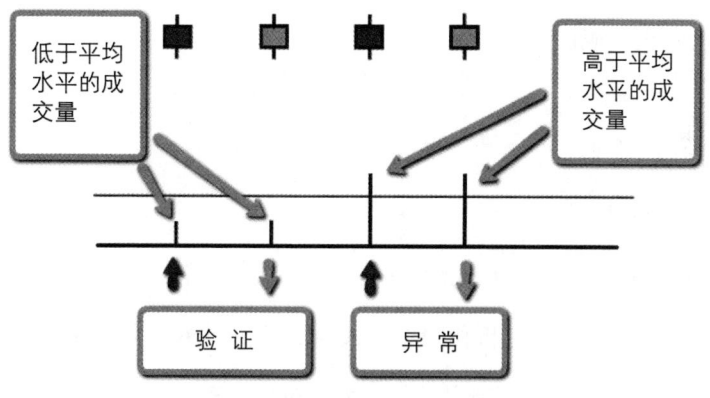

图 6.15 低实体K线图

一根低实体K线图应当拥有低成交量——再一次基于投入产出定律。我们不用关心这种情况。然而，我们要非常关心那些异常的情况，也就是当一根低实体K线图出现时，伴随着高于平均水平，或者较高的成交量。这应当使得我们立刻警觉，思考为什么会出现这样的情况。

原因非常简单，从图6.15中就可以得知。如果我们看到一根低实体阳线伴随着较高的成交量，那么就说明市场处于某种程度上的弱势。因为我们知道高成交量应当产生一根高实体K线图，而不是低实体的。再一次基于投入产出定律。局内人在这一价位开始奋力拉高。市场拒绝向更高点位迈进，虽然先前价格确实略微上涨，但是现在市场阻力导致其无法取得更大的进展，而下一根K线图可能是一个射击十字星，如果确实如此那么就能进一步验证市场的弱势。

同样地，如果我们在一根阴线上看到高成交量，那么情况将相反。此时

● CHAPTER SIX / 第六章

局内人嗅到了牛市的气味。价格波动较窄，由于买方（局内人）的入场，市场在这一价位得到了支撑。这是熊市向牛市反转的第一个信号。后续的K线图可能确认这一点，而我们现在只需静待一根锤头线，或者一根长腿十字线以增强我们分析的正确性。

## ■ 吊人线

价格行为——上涨趋势后的潜在弱势。

当我刚开始使用量价分析和K线图时，我总是以为在一段上涨趋势中的吊人线是强势的信号，趋势将得以延续，因为对我而言这一价格行为与锤头线相同。但事实并非如此。实际上情况正好相反，只要它伴随着如图6.16所示的高于平均水平的成交量，那就是弱势的信号。

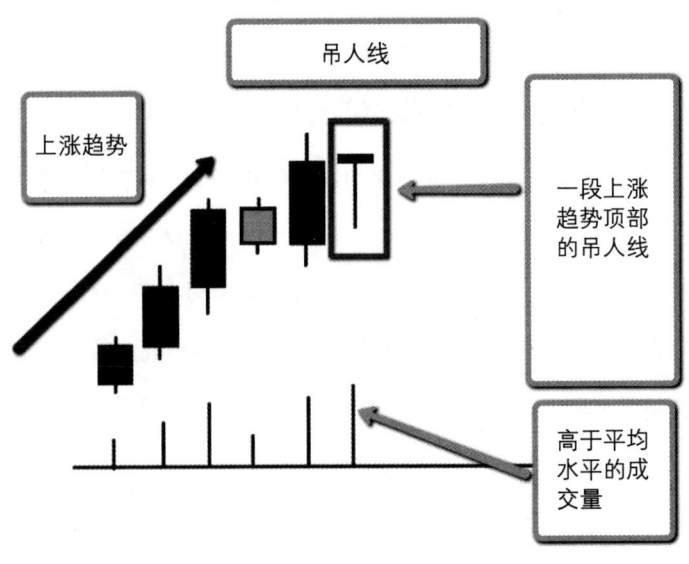

图6.16 吊人线

问题在于，为何它是弱势的信号呢？答案非常简单。市场经历了一段价格和成交量的平稳上涨后，在上涨趋势中的某一价位，突然遭遇了大量卖空，在这一阶段价格迅速下跌，只是在收盘时才恢复至阶段高点或其附近，产生了我们熟悉的"锤头线"。但我们现在将这根K线图称之为吊人线，因为现在它处于一段上涨趋势的顶部。

之所以这根K线图被认为透露出下跌情绪是因为这是市场中卖压出现的第一个信号。局内人进行了测试，而买方支撑了市场，但是这根K线图仍然向我们表明市场正朝着超卖区域运行。这根K线图可以是阳线或者阴线，但是收盘价应当收于或接近开盘价。

这一价格行为确认了持续卖压的出现，但在这种情况下市场受到了买方的支持，但这仍是潜在变盘的一个早期信号。这是一个先兆，现在我们需要认真地从图表中寻找确认的信号。

局内人也能看到这种弱势的显现，他们将开始准备下一步计划。

如果后续几根K线图中出现了射击十字星，那么吊人线将被验证，尤其是射击十字星伴随着高于平均水平或者较高的成交量时。此处的重点在于验证。单凭它本身并不能作为一个强烈的信号，但是它仍能为潜在的变盘提供预警。

为了验证并确认这一K线图的含义，我们需要等待未来这一价位表现出的弱势，或者这种弱势于这一价位附近被展现，这将提升该K线图的重要性。举例而言，一根吊人线，之后跟着一个射击十字星，这就是一个非常好的组合并将大幅提升初始信号的可信度。即使射击十字星在后续的几根K线图中出现得较晚，只要这个射击十字星伴随着高成交量，它就是一个强烈的确认信号。

CHAPTER SIX / 第六章

## 放量止跌信号

价格行为——强。

这一价格行为，看上去局内人踩了刹车，一般被称为成交量见底信号。如我先前曾多次描述的那样，市场就像一艘油轮。它永远不会立即反转，其中存在多个原因，尤其是因为它就像一艘超级油轮一样具有动能，因此一旦刹车后，需要一定的时间才能停止。

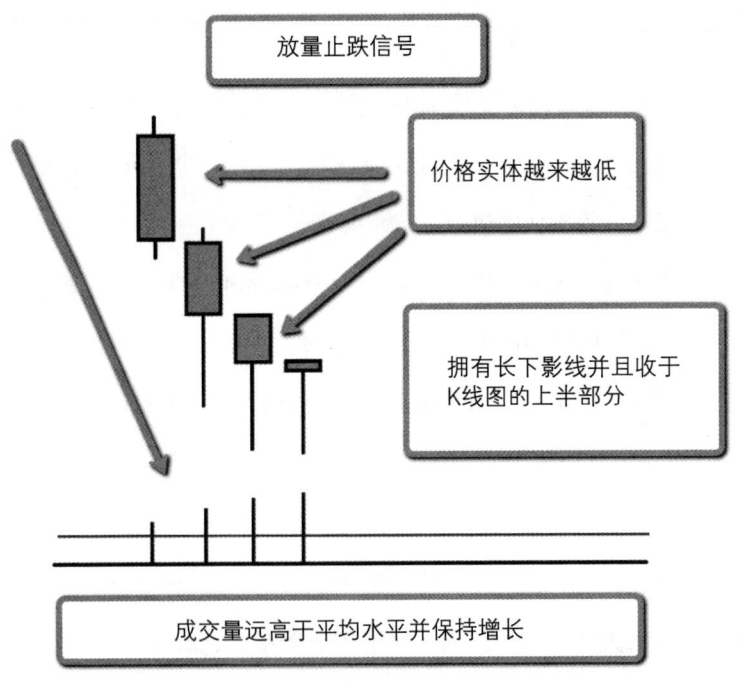

图 6.17　放量止跌信号

在图6.17中，我们处于一段强势下跌的趋势中，价格暴跌，市场快速向下运行。然而，局内人此时希望减缓下跌的速度，因此进入市场并开始买入。

这些买入行为可以从后续拥有长下影线的K线图被识破，不过大体上这些K线图都拥有较高的实体。然而，为了增加这一信号的有效性，K线图应当收于的上半部分。这并不是一条硬性规定，但是从大体上看应当呈现出图6.17中的图像。

实际情况是，在这一点位市场的卖压如此强烈，以至于局内人进入市场后，也没有足够的能力阻止该阶段中市场的下跌。就像我们的油轮一样，市场需要花费两到三个阶段才能使得刹车真正发挥作用。关闭引擎后，船只仍将行驶数英里。市场也是如此，更何况市场的下跌过程总是快过上涨过程。当恐慌性卖盘成为市场的驱动时，这种压力是巨大的。

局内人进入市场，吸收了一部分卖压，因此价格在这一阶段有所回弹，收于远高于最低价的价位，创造出了一根长下影线。在下一阶段中，卖盘继续，局内人以更高成交量再次入场，推高股价使高于最低价，因此该K线图也许表现为一根低实体K线图，表明买盘开始在一定程度上吸收卖盘。随后，我们又看到一根拥有低实体和长下影线的K线图。最终，第一根锤头线出现。

图6.17中的K线图序列可以作为一个完美的例子，如果在一段暴跌后我们看到了如此的组合，那么我们应当对价格的后续走高保持警觉。

放量止跌信号就是这样。从成交量方面来看，它向我们表明局内人和专业投资者正在进入市场，阻止进一步的下跌。这一信号代表了后续市场的强势，同时也预示着市场从熊市到牛市的潜在反转。这个信号预示着买入高峰的到来，市场中最后的卖压被吸收，这就是买入高峰仓库被装满，而局内人也已经准备行动。你也应该如此！

● CHAPTER SIX / 第六章

## ■ 放量止涨信号

价格行为——弱。

线索就在名字中！就像成交量见底信号阻止市场进一步下跌一样，成交量见顶信号就是市场在一段上涨趋势后力竭的信号。

同样，市场不会直接停止然后反转，无论是在上涨趋势还是下跌趋势中，它都具有动能。在市场加速下跌过程中的下行压力总是更为扣人心弦。然而，在上涨趋势中，由局内人创造的需求也能积聚一定的动能。受到贪婪以及生怕错失挣钱机会的驱使，交易者和投资者涌入市场。成交量较高并保持持续增长，局内人满足了这些需求，将存货卖出，推高市场，卖压也在逐渐显现。这一价格行为从后续K线图的长上影线中得以体现。

由于局内人的持续卖出，此时对他们而言要保持市场的动能已经越来越难，随着K线图实体的变低以及价格涨速的下降，K线图逐渐形成"弧线模式"。成交量大幅高于平均水平或者呈现出高或者极高的态势。

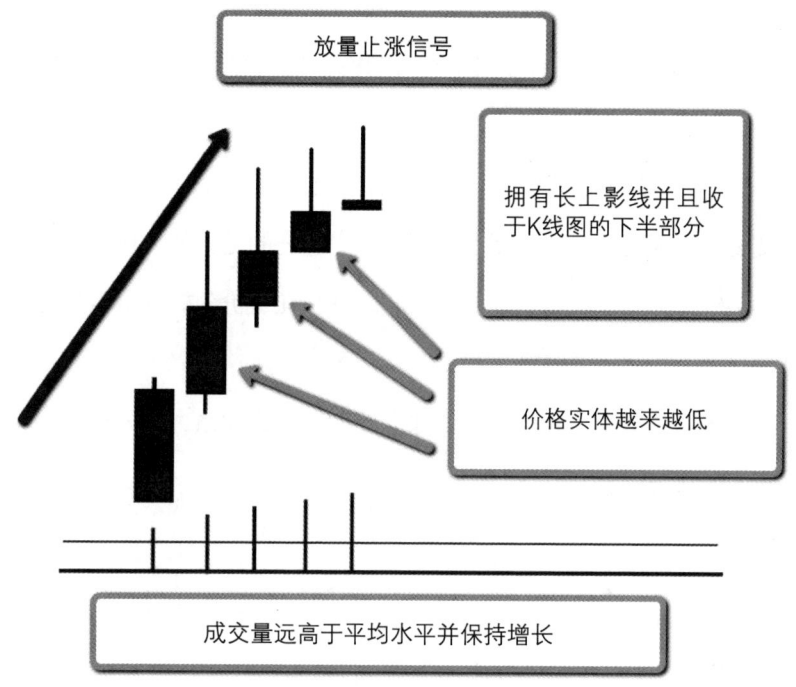

图 6.18　放量止涨信号

在图6.18这一"完美"图例中的最后一根K线图,就是我们的老朋友——射击十字星。在进入市场周期的下一个阶段前,我们现在所看到的就是派筹阶段,随后将达到抛售高峰。

以上就是在所有市场、所有交易品种以及所有时间跨度下你要寻找的K线图、K线图形态以及相应的成交量。对于一个量价分析交易者而言,它们就是敲响警钟的主要信号。它们可能存在于跳动点图中,也可能存在于时间图中。但这并没有什么不同。对于成交量和价格的分析没有差别。一旦习得前几章中我们所学到的基本原则,并结合在后续章节中将要学到的技巧,你就准备好了将这些新知识用于任何市场中了。量价分析非常简单,强大并将发挥功效，一旦学会也将毕生难忘。

在K线图分析中还有许多其他种类的K线图和K线图形态，但就像我先前说的，这不是一本关于日本K线图的书籍。我在此处所提到的，都是我一直所寻找的。它们都是量价分析的"主要部件"。在理解并认识它们后，你将为自己在交易中展现出的自信与坚定所震惊。更重要的是，如果在市场中你已经拥有了头寸，你将获得持有它们的信心，并且在量价分析发出信号时将它们了结。

在后续的章节中，我们将继续建立我们的知识体系，在分析真实案例前学习更多的技巧。

第七章

支撑位和阻力位

● CHAPTER SEVEN / 第七章

> 金钱与市场永远不会失去记忆，但人们却会忘记。这一次、下一次，你生活中任何时候都是这样。
> ——肯尼斯·费雪（Kenneth L Fisher, 1950—　）

到目前为止，我们重点介绍了量价分析中成交量与价格这两者之间"单纯"的关系。

这一章，我将介绍第一个技术分析方法。这个方法可以帮助我们了解技术分析图中某一时刻价格变化到了哪一个阶段。更重要的是，当这个方法和量价分析结合起来使用时，我们就能观察到一个趋势是否形成或结束了，同时还能发现市场是否进入了窄幅震荡整理阶段。

我们先来看一个建房子的比喻。如果成交量和价格是地基，那么接下来几章我要介绍的技术方法就是墙壁、地板、天花板和房顶。也就是说，这些技术方法为量价分析搭建了框架。量价分析本身已经具备了极其强大的功效。但是，加上这些技术方法，就好比是在市场的长期运行轨迹上立起了标记或路标，使我们能够更清楚地把握市场所处的阶段。

或许在交易中最难的地方就是管理头寸和决定何时退场。就像我之前所说的，建仓进场是很容易的，但是决定什么时候平仓退场才是最难的事情。而接下来要介绍的这些方法就会帮助你了解和预测价格的走势。这些方法技巧会帮助你了解市场运行中的一些重要转折点，了解这些转折点所蕴含的信息可以帮助你认识到市场是否要形成一个趋势了，同时更重要的是还可以告诉你一个趋势是否要结束了。

我要介绍的第一个技术概念叫作支撑和阻力。和之前的许多技术一样，这也是一个适用于所有市场、所有交易工具以及所有时间跨度的概念，所以无论你利用量价分析进行日内交易还是长期交易，支撑和阻力都是分析价格行为的关键概念之一。

然而，有点矛盾的是支撑和阻力这个概念和量价分析本身形成鲜明的对比。量价分析关注的是价格走势"前瞻性"的方面，希望分析市场未来的运行方向。支撑和阻力的概念则是完全不同的逻辑，它关注的是已经发生的情况——价格变动的历史走势。

尽管有这样的矛盾，量价分析和支撑、阻力的结合使用给我们展示了市场的运行走势。它告诉我们现在或是将来市场在哪个位置会震荡整理、突破或者反转，这些都是决定我们是否建仓进场、管理头寸或者平仓退场所依据的关键信号。

因此，让我们先来简要回顾一下价格的运行方式。宽泛地说，市场运行只有三种表现形式：上涨、下跌或横向震荡。或者说，市场或者价格走势只会有向上的上升趋势、向下的下跌趋势或者横盘震荡整理这三种情况。在这三种情况之中，市场大部分时间都是在横盘震荡，明显的上升或是下降趋势只占较少的时间。实际中的经验数字是：前者大概占了70%的时间，而后者只占了30%。市场横盘震荡有许多原因，最主要的原因有三个。

第一，市场在等待某一宏观新闻的公布。比如在每月公布的非农就业数据之前，市场就会表现出横盘震荡。成交价格在这个关键信息发布之前只会在很小的区间内震荡。

第二，横盘震荡发生在抛售高峰或者买入高峰时，即当那些局内人清仓或者填仓的时候。

第三，横盘震荡发生在价格运行到过去运行过的价格区间时，交易者在这些区域被套牢了。当价格接近这些区域时，投机者和投资者就会抓住机会平仓离场，而且通常会很庆幸离场时只有很小的损失。

无论是什么原因，支撑和阻力就像图7.10展示的那样。这样的价格走势在所有的图形中都会出现，市场横盘震荡运行一段时间。

■ 支撑和阻力

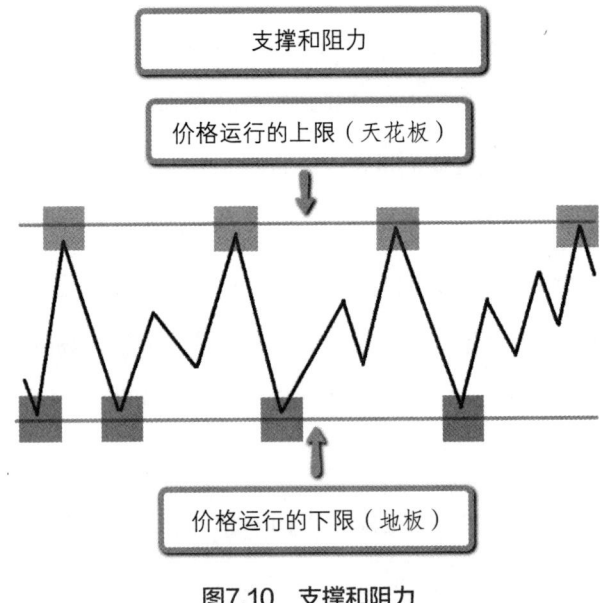

图7.10　支撑和阻力

我经常将这样的价格运行比作价格在一个具有天花板和地板的房子里运行，希望这样可以让这个概念在你脑中展现得更加生动。那么在图7.10中到底发生什么了呢？

价格在最开始的时候下跌，之后反弹的程度不高，接着又开始下跌，再次反弹然而没有突破达到更高的价格。这样"之"字形的价格运行不断重复，最终形成了一个不断经历波峰和波谷的价格运行的"通道"，就形成了上图的形状。这样的价格震荡就形成了所谓的支撑位和阻力位。每当价格下降到支撑位时，看起来就像被一个无形的缓冲垫支撑着。支撑位不仅防止价格跌得更低，还能帮助价格反弹得更高。

一旦价格从支撑位反弹，就会向着阻力位运行，阻力位就像是一个无形的障碍，这次则恰恰相反，阻碍着价格上涨得更高，推动价格下降。就像是早期玩过的乒乓球电脑游戏一样，乒乓球只在两个球拍之间运行，只不过在这里把乒乓球换做市场价格，价格在价格区间里不断来回反弹。但是在某一时刻，价格会突破这个区间。

不过，在继续讲述之前，我想先阐述几个要点，第一点，为什么这种价格运行很重要呢？接下来就是这个问题的回答。

假设在经历了一个长期牛市趋势后，价格运行到了图7.10所示的形态，但是这个形态不是抛售高峰。那么这种情况实际发生了什么呢？

最开始市场不断走高，买方始终在上升趋势中买进，但是之后价格反转了，开始下跌。于是在最高点买进的买家被套在了最高点，他们开始后悔买进的决定。他们被困在弱势的位置。接着市场继续下跌，然后开始反弹上涨，这时又会有一批人害怕错失未来上涨的良机而在反弹的地方买入。当市场继续上升到之前下跌的转折点时，之前第一批在最高点买入的处于弱势位置的投资者开始卖掉手中的股票了，并且为只损失了一点或者没有损失而感到庆幸。这样的抛压使市场价格下跌，离开阻力位，同时又会产生第二批在这个位置被套于弱势位置的买家。

接着，市场又会运行到接近支撑位的位置，这时又会有认为市场有机会的买家进入，当市场再次上升到前期高点时，第二批在高点买进的人又会开始抛售股票，形成抛压。于是这样的震荡行情就会不断重复。

在每个波峰的位置，买家就会被套在高点，处于弱势位置，于是会选择在下一个波峰的时候卖出，这时买入股票的就会变成另外一批人，这批人又会在接下来的一个波峰卖出，买卖双方在相似的价格位置不断买卖就形成了一个"无形"的振幅，通过连接波峰和波谷，这个振幅就可以看得见了。

而那些在支撑位买进的人会倾向于持有，期望着价格继续走高。他们在市场回调价格较低的时候买进，然后看到市场反弹，然后又看到价格回调到买入时的水平。和在高点买进的人不同，他们的账户没有过亏损。所发生的只是预期利润减少到零，或接近于零，所以这些投资者仍然期望着未来获取利润。恐惧还没有影响到他们的决定。

事实上，支撑位和阻力位并没有什么神奇魔力。它们只是反映了在特定价格区间和时间上人们"极端"的恐惧和贪婪。我们应该时刻谨记价格变动永远只是被这两种基本情绪所驱动，正是在价格震荡整理阶段，我们才看到这两种情绪最基本的表现形式。在第一浪的顶点，贪婪是主导性的情绪。但当价格经历下跌再次回到前期高点时，也就是第二浪的顶点时，在交易者心中充斥的则是恐惧和解脱。

## ■ 恐惧和贪婪驱动的价格波动——在牛市的顶部

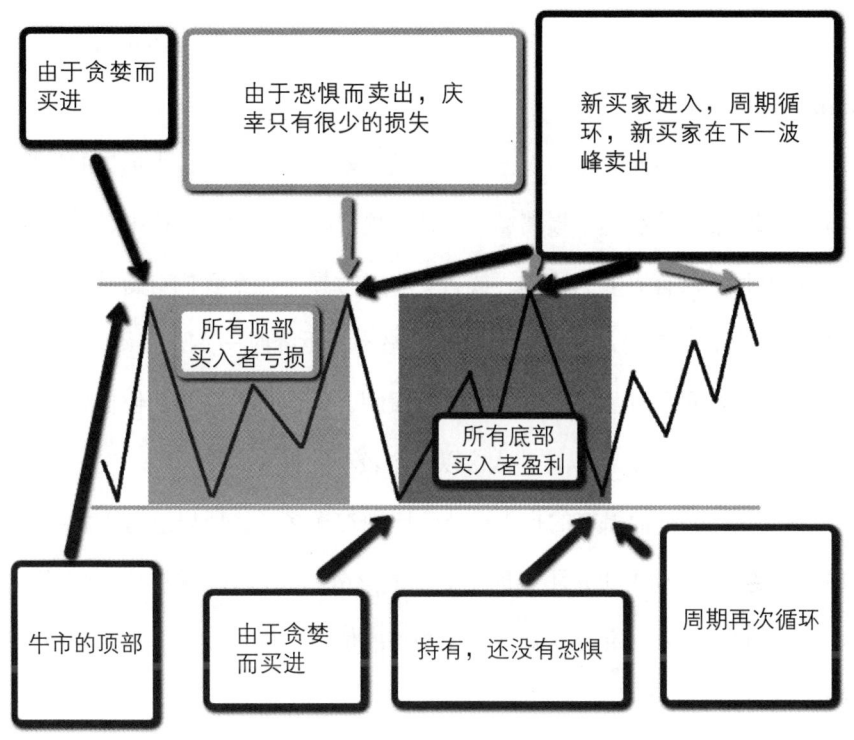

图7.11 牛市中的恐惧和贪婪

正如我们在图7.11看到的那样，我们用情绪分析买卖行为是非常有说服力并且有道理的。当市场价格运行到第一浪的顶部时，市场上的主导情绪是贪婪，同时还有恐惧——唯恐失去不错的交易机会。请记住，这些交易者是弱势的。为什么？因为他们之前一直在等待入场机会，看到市场越走越高时，又害怕买入进场，因为他们是紧张而且情绪化的交易者，但是同时又害怕错过赚钱的"黄金时机"。不论怎样，他们看到市场走高，开始后悔没有早点进场。最终他们买在了最高点。

● CHAPTER SEVEN / 第七章

　　市场马上开始回调，对损失的恐惧又占据了这些人的情绪。市场进一步走低然后又反弹。在第一波的波谷，又一批买家进场了，他们在回调的底部买入，并且很高兴可以在一个"便宜的价格"入场。这时市场开始上升，朝着第一浪的顶部进发。

　　之前在高点买入的那些人已经迫不及待地想要退场了，当损失的恐惧消退时，他们带着较小的亏损离场了。请记住，在整个价格运行中，这些人始终没有盈利，只有更多的亏损，或者更少的亏损。如果我们有衡量恐惧程度的指示器的话，这些人的恐惧程度在价格不断下降时一定是在不断攀升的，直到价格开始回升时恐惧程度才会有所缓解，但他们的交易部位自始至终都没有"可能的盈利"，所以这些人会以一个较小的损失离场。

　　不管怎样，其他潜在的损失可能会比现在大多了，所以这些人就会想仅仅有这么一点小损失也是不错的了。除此之外，这群人是跟着情绪交易的，所以每当他们进入一笔交易就会处在弱势的位置，这样就会非常容易被价格波动带来的情绪所控制。

　　然而那些在第一浪底部买入的人则完全不同。他们对必要的等待做好了准备，在价格回调的时候买入，他们不会追涨杀跌，而是时刻准备耐心等待好的时机。总之，他们更有经验。

　　当市场价格朝着第三个波浪顶部上涨时，在市场回调到他们买入价之前，他们的头寸已经有了潜在盈利。但是，在这个过程中，他们从来没有感到潜在损失所带来的情绪。他们可能会后悔没有在高点平仓离场，并且可能继续持有头寸，希望未来会反弹得更高。

　　由此可见这些人的情绪反应是完全不同的。和之前在高点买入的那些弱势的交易者不同，这群人在面对每一波上涨下跌时都有更小的压力。他们所需面对的压力就只是账面上潜在盈利的减少,而不是要弥补账面损失的压力。那些在高位买进的买家被认为是弱势的,而那些在低位买进的买家就是强势的。当然,我承认这是对于价格在区间波动内非常简单的理解,然而这也是市场处于震荡时的典型情况。

正是因为买家和卖家不断在这个价格区间中买卖交易,才形成了无形的价格屏障,成为进一步走势的阻力位和支撑位,因为在这一价格区间中集中了大量交易者,有的弱势有的强势。

但是在一个下跌趋势的底部也是一样的吗?答案是肯定的。同样的准则在这里也适用。

## ■ 恐惧和贪婪驱动的价格波动——在熊市的底部

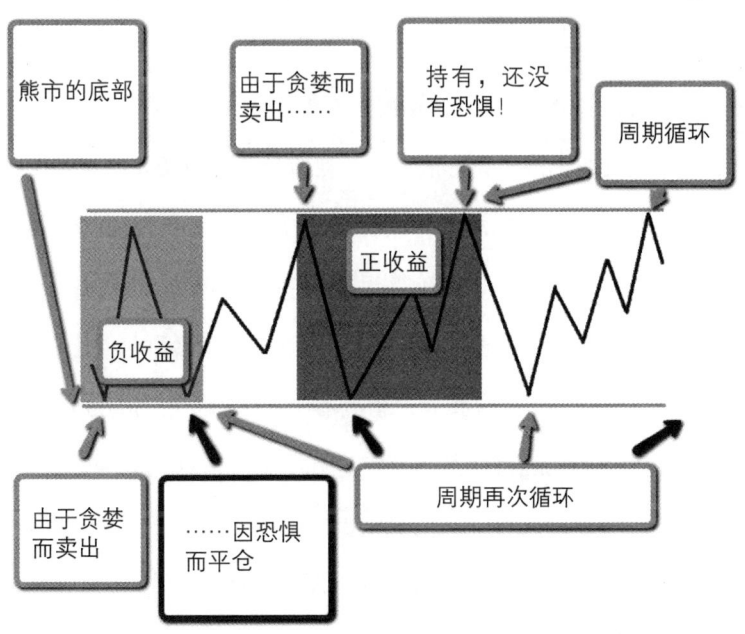

图7.12 熊市中的恐惧和贪婪

这里的原理和我们之前看到的在牛市中的完全相同。在图7.12中，市场在下降趋势中运行了一段时间，再一次，弱势的情绪化交易者被吸引进了市场，而市场正要反转。他们看到别的交易者在通过做空赚到了大笔利润，终于按捺不住，战胜了自己对交易的恐惧，做了情绪化的决定之后进入市场。

市场立刻开始反弹向上运行，直接使这些人账户头寸开始损失，之后损失不断扩大。恐惧随着损失的增加而不断增强。

终于当市场下调到他们最开始入场的价格时，他们立即平仓离场，庆幸只有很少的损失。

而那些强势的交易者在波浪的顶部卖出，所以他们的头寸在市场上下波动时的大部分情况下都是盈利的。

再一次，这样的价格震荡形成了无形的屏障，在这个价格区间集中了大量的强势或弱势的交易者，这个屏障也成为将来市场运行的支撑位或者阻力位。

我希望上面的这些分析会让你对于支撑和阻力的重要性有所了解。这些在相同价格上的交易形成了无形的障碍（阻力位）和跳板（支撑位），我们可以用水平线连接每个波浪的波峰和波谷，这样我们就可以清晰地看到支撑位和阻力位所在的区域。每当未来价格运行到接近这些区域时，由于这个价格区间有大量的买方和卖方，我们可以预测到市场至少会暂时停止，并且检验这些区域的支撑或阻力，很快我会介绍市场检验支撑或阻力的方式。

同样重要的是市场运行到某个支撑位和阻力位所在的区域时会暂停，然后按照之前的趋势继续运行。这两种情况的发生都有重要意义，而且给我们发出了关键的信号，都得到成交量的确认，我们将在后面介绍。但是，在此之前，我先要列举几条在应用该技术分析时非常重要的原则。

## ■ 原则一

我们在图形上画出的定义价格的上限和下限的线并不是死板僵硬的，应该把它们当作是橡皮筋似的、有弹性的区间。请记住，量价分析是一门艺术而不是一门科学。尽管这些线构成了价格屏障和跳板，它们并不是像坚硬的墙一样不能变化，有时你会看到可能价格突破了一点，但是接着又再次回到价格通道运行。最好把它们看成是有一些"例外"的"有弹性"的线。

## ■ 原则二

永远铭记威科夫的第二条定律——因果定律。如果前因的级别很大，那么后果的级别也会很大，这一点在支撑位和阻力位上同样适用。市场在一个较窄的价格区间震荡得越久，接下来市场走势离开这一区间后运行的程度就越剧烈。当然这都是相对而言的，当市场按日线图震荡运行几周时，接下来的趋势基本上也会持续相同的时间，而在5分钟K线图上的震荡整理，它的突破可能只能维持一个小时左右的趋势，这都是相对的。

## ■ 原则三

第三条原则或许也是困扰很多新手的原则。我要怎么判断市场是否进入了窄幅震荡整理阶段呢？毕竟，看历史的走势来判断市场是否在震荡当然是容易的事情，但是当市场在实时运行时，只有当"事件过后"，这一阶段才向我们显明。

在这里，高位孤立支点和低位孤立支点是关键信号，有一些指标可以自动形成这些支点，它们在视觉上很容易被识别出来。

## ■ 孤立支点

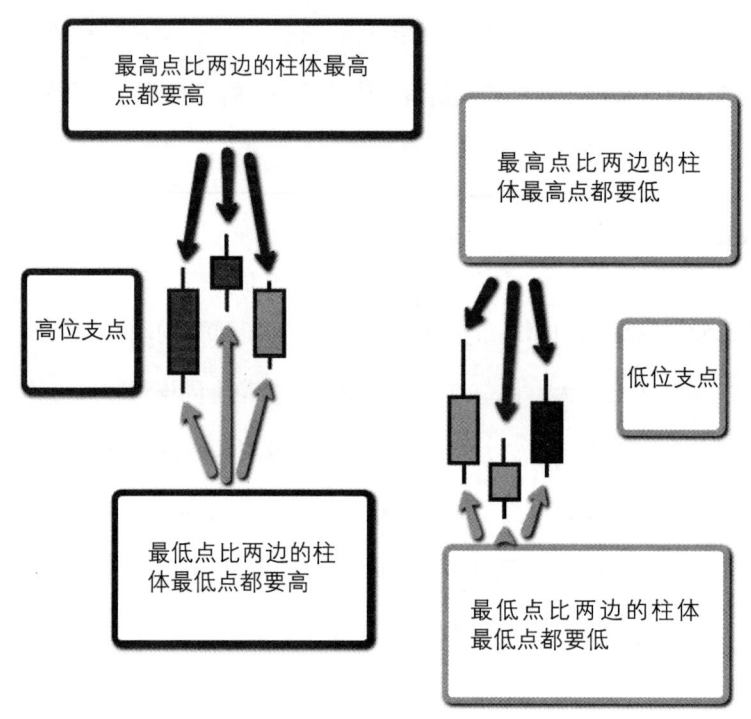

图7.13 孤立支点

孤立支点是任何窄幅整理阶段开始的决定性点位。最简单的理解支点的方法就是假设市场在一个上升趋势中向上攀升，之后我们看到一个孤立高位支点。于是我们就观察到了第一个市场可能变弱的信号。这些支点是三个柱体组成的逆转形态，就像图7.13所显示的那样。为了确定这是一个三柱体逆转形态,我们需要观察到中间那根柱体的最高点要比两侧柱体最高点都要高,同时最低点要比两侧柱体最低点都要高,形成高位支点形态。但是一个孤立支点的出现并不绝对意味着我们进入了震荡整理的阶段。我们只能说一个短期的反转有可能会出现。

现在我们需要做的就是等待相对应的孤立低位支点的形成。正如图7.13所显示的那样,一个孤立低位支点需要中间柱体的最低点要更低于两侧柱体的最低点,最高点要低于两边柱体的最高点。

一旦这两种孤立支点都出现,我们就可以像我们之前做的那样把价格震荡区间的上限和下限画出来。孤立高位支点就是价格的上限,而低位支点则是价格的下限。这个简单的K线图形态不仅揭示出了可能的震荡整理阶段的开始,还给我们提供了市场在横盘震荡时价格上下波动能到达的区间。这样的孤立支点通常被认为是横盘整理阶段的开端,如图7.14所示。

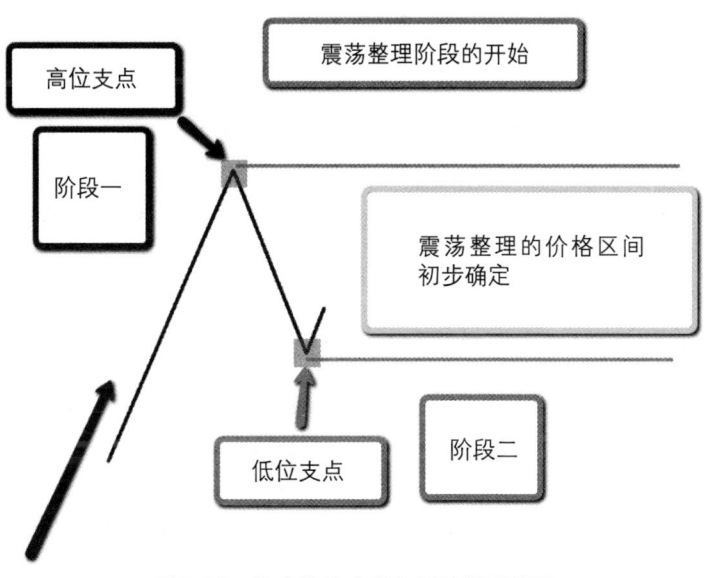

图7.14　牛市趋势中进入震荡整理阶段

当市场在下跌趋势之后进入震荡整理阶段也是类似的。我们来看一下反过来的情形，如图7.15所示，可以看到先是一个孤立低位支点，随后跟着一个高位支点。

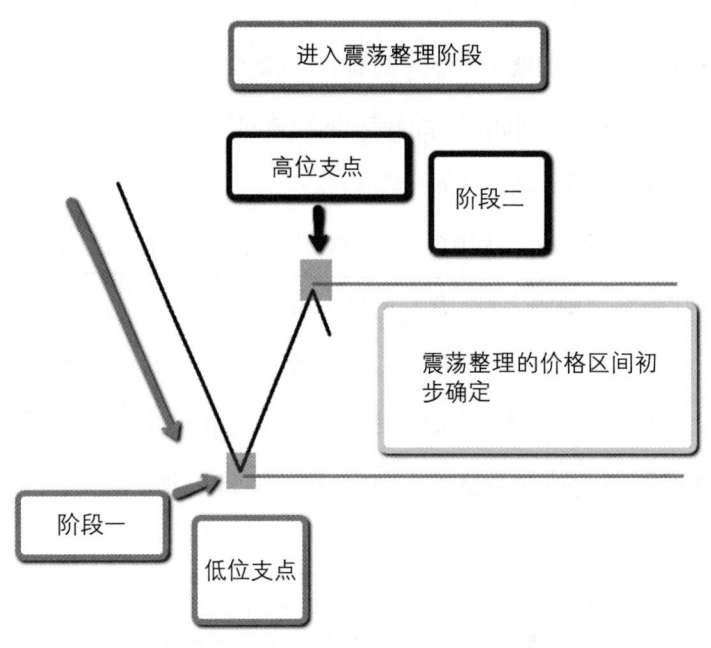

图7.15 熊市趋势中进入震荡整理

现在我们就可以清楚地找到价格震荡的区间了，当市场继续进行横盘震荡时，我们就会看到更多的高位支点以及低位支点，这就可以对我们之前预估的价格区间进一步确认。然后接下来会发生什么呢？

在这个价格区间的某个位置上，价格会突破这个震荡的区域，这就是我们一直在等待的信号，价格要不继续原来的趋势运行，要不就是反转。

在整个价格窄幅横盘震荡过程中，我们一直都要使用量价分析方法来寻找线索和信号以确定市场的强弱。另外，如果横盘整理是在一个买入高峰或是抛售高峰之后形成的，那么信号就会非常明显了。

但是，我们现在要寻找的信号，是市场已经在横盘整理阶段，是价格突破时的交易量，随后价格强势运行离开价格震荡区间。我们已经知道，在价格震荡区间会集中大量的交易者，那些被套在这个区间的弱势交易者，因此，任何真正的突破都需要很大的交易量。当你看到一个突破伴随着一个很小的交易量时，那就要小心了，这其实是局内人构建的经典陷阱，通常也被称为"伪突破"。

局内人再一次试图将交易者引导到市场运行的相反方向，制造震荡整理阶段的突破是另一个经典做法。只有运用量价分析的交易者不会上当，因为交易量在价格上涨或下跌时的变化都可以明显看到。以下三条就是这些价格区间为什么这么重要的原因：

第一，如果我们手里有头寸，之后我们注意到了一个明显的得到确认的突破，同时突破的方向和我们头寸的方向相同，那么我们就可以放心大胆地持有头寸。

第二，如果我们没有头寸，看到一个放量的突破时，这就是我们建仓的绝好时机。

第三，如果我们手中有头寸，但是趋势反转，那这就是提醒我们要平仓离场的信号。

最后，如果市场价格离开了价格区间，那么这个区间的上下限就会变成未来价格区间的平台，可能变成阻力位，也可能变成支撑位。这些基于价格运行画出的辅助线对于我们管理头寸或是平仓是简单易用且非常有效的。记得我曾经强调过：决定何时买入很容易，但是决定何时卖出是最难的地方，而这些价格区间就好像给我们画出了价格运行的地图一样，我们可以清晰地推测出市场在哪个地方可能会震荡，哪里会反转或者在哪里会找到支撑。它会帮助我们更有效地管理我们的头寸。

接下来我们用成交量和突破形态来分析一下当市场离开震荡区域时会发生什么。

图7.16是我们看到市场脱离震荡区域时的理想化图示，同时这是一个多头突破。这种突破可能是之前上升趋势的继续，也有可能是之前下降趋势的反转。但这并不重要。要注意的要点相同，有以下几点。

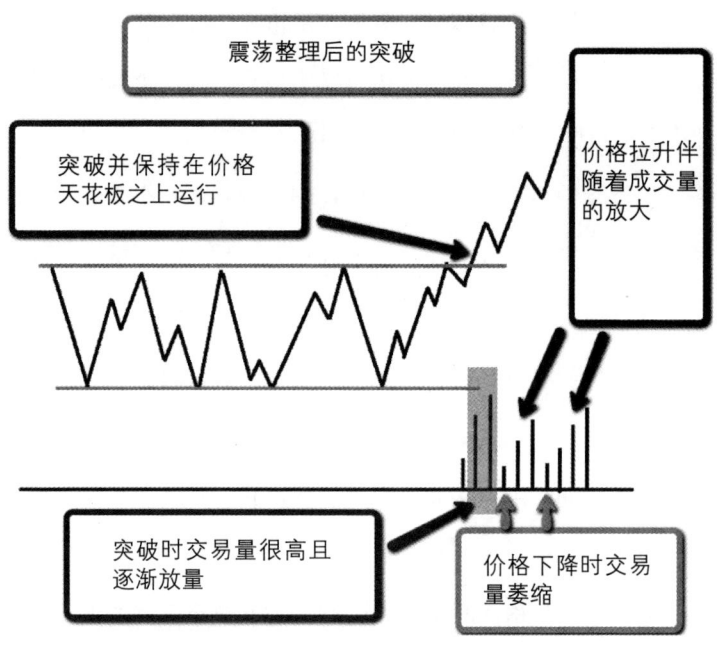

图7.16　震荡整理后的突破：牛市趋势

首先，我们必须要观察到价格天花板之上"清晰的水流"，我们才能认为突破是可信的。请记住我之前说过的。这些线是像橡皮筋那样有弹性的，所以如果价格只是滑出了天花板几个点，那这不能算是一个明确的突破信号。我们必须看到明确的价格在价格天花板之上运行的迹象。我经常被问到的问题就是这些"水流"到底有多大。然而答案是并没有一个绝对适用且简单的方法。它取决于你的判断、经验、所交易的市场以及交易标的，每个市场或标的都有自己独特的价格运行模式和风险特质。但是一般而言，收盘价要明显地突破价格天花板，即明显高于价格上限。这是突破时的第一个重要信号。第二个是交易量。

我们可以看到图7.16中开始突破时伴随着很强的交易量的放大。就像要把一个人从流沙或者沼泽中救出来要用很大力气一样，推高市场也需要很大的努力。这一点会反映在成交量上，即接下来几个柱体所对应的成交量是否有增加。如果你没有看到放量，那你就会明白这其实是局内人设置的陷阱，或者市场参与者在当前还没有兴趣把市场拉高。

如果这是一个真正的突破，那么开始突破时所对应的成交量会高于平均水平并且会不断放大，因为市场终于摆脱了桎梏，要开始形成趋势了。在这个阶段，市场可能会回探一下夯实底部（即回踩之前的价格天花板），之后再开始向上拉升，所以对此不要感到害怕，但是这种回探要伴随着很低或是减少的成交量，因为现在要形成一个牛市趋势，所以如果这是一个真正的突破，那么我们就会看到上涨的价格伴随着放大的交易量。一旦趋势明确并且没有改变，我们就可以像之前那样，完全使用量价分析来分析K线图的变化。

同样，对于突破后进入熊市趋势（图7.17），以上原则也完全适用。和之前一样，这个突破是之前熊市的继续还是从牛市变为熊市都不重要。唯一和前面不同的地方就是这次价格突破的是地板，而不是天花板。

类似地，这个突破也必须是明确且完整确立的，同时伴随着高于之前平均水平的成交量来反映市场离开价格区间所需要的力量。同样，对于价格回升来测试地板（即上探之前的价格地板）不要感到吃惊，但这种上探伴随着低成交量，并且市场向下运行时会看到成交量的放大。要注意，下跌的市场同样要看到放大的成交量来确定这是真正的突破。

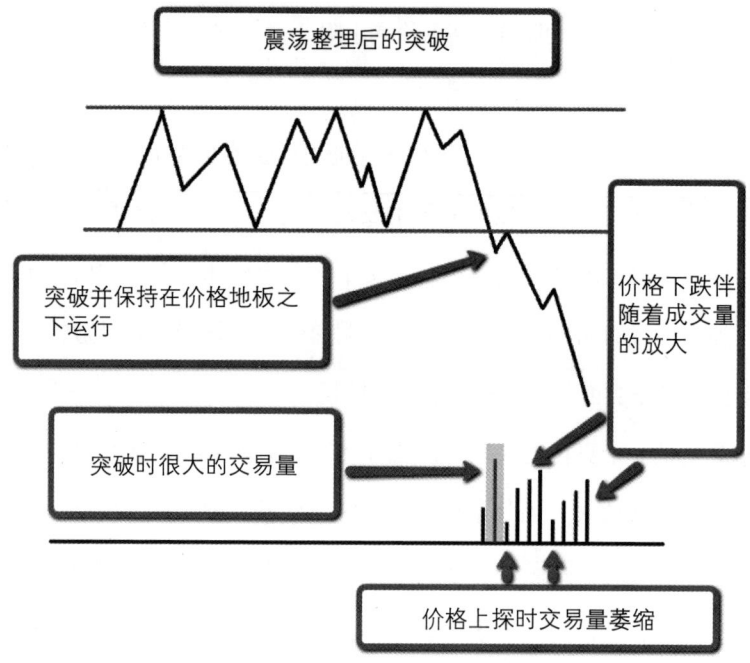

图7.17　震荡整理后的突破：熊市趋势

再怎样强调价格震荡整理区间的重要性也不为过。它们是价格运行行为的基石之一，因为它们揭示出了许多信息，给我们提供了很多交易机会。世界上有许多交易者，他们只利用突破进行交易。

我们可以利用突破来进行交易，通过孤立支点画出价格运行的区间，之后运用量价分析方法分析价格走势，一旦我们看到由交易量确认的突破之后，就可以交易进场。

在这里我要再次强调，支撑和阻力是价格分析的基石之一。和我交流过的所有专业交易者都在以这样或那样的方式用到这个概念，而且现在你应该也发现了一旦我们明白了价格区间的概念，我们就可以把这个强大且简单的方法应用到许多方面。

它可以被用来确认何时进场，可以用来管理头寸，同时还可以被当成我们平仓离场的目标信号。简而言之，这是可以应用到实际中的最有效的技术之一，而且如果和量价分析结合起来使用，就能够理解市场内部的运行逻辑，这是很少的交易者才能达到的水平。它同时也是一个趋势形成的起始阶段。许多交易者在市场运行到震荡阶段时会感到十分沮丧，但是实际上这是市场运行中最令人激动的一个阶段，在这个阶段，你所需要做的就是耐心地等待。当市场准备好了的时候，它就会突破，于是新的趋势就会形成。趋势的强弱又可以用因果定律来预测！

为了使这章圆满地结束，接下来我来总结一下支撑和阻力的概念。支撑和阻力是建立在价格横盘震荡整理的基础上的。在这里我用一个房子来类比这个概念，用地板和天花板来比喻价格区间的上下限。

## 支撑和阻力——房屋的比喻！

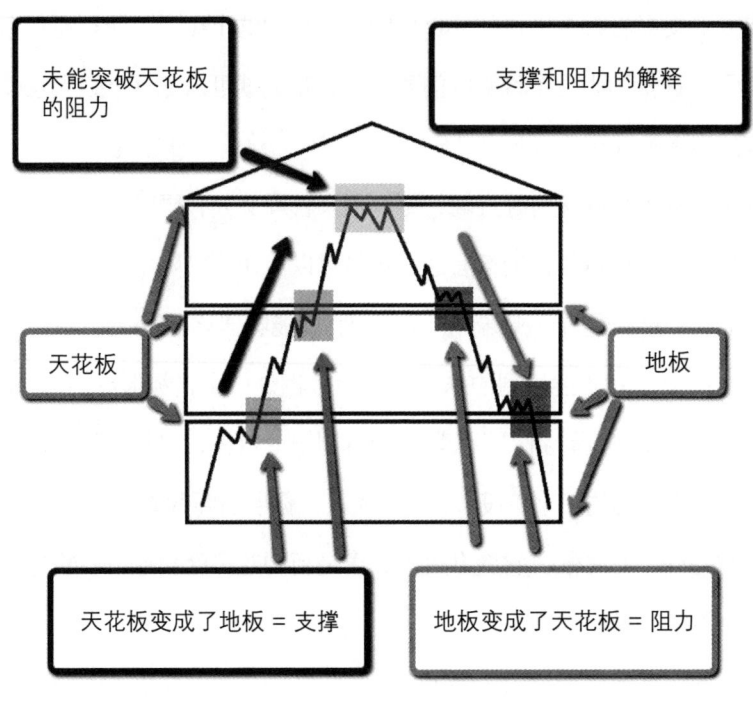

图7.18 支撑和阻力——房屋的比喻

想象你在看一栋房屋的横截面,像图7.18所展示的那样。现在你可以看到房屋里的地板以及天花板,这座房子里有三层楼以及屋顶。

黑色的线代表着市场的运行,从"地板"开始运行到"屋顶",之后又回到"地板"。接下来我来介绍一下图中价格穿越房屋的变动,用房屋来类比会更生动形象,帮助理解支撑和阻力的概念。

市场最开始从最底层向上运行,最终到达了第一层的天花板,这时价格进入了横盘震荡阶段。在这个位置上,天花板就充当了阻碍价格继续上涨的阻力位。然而之后在某个位置天花板被突破了之后，价格向上爬到了第二层楼。这时，第一层的天花板就变成了第二层的地板。换句话说，之前的阻力位现在转变成了支撑位。

之后市场继续向上运行，直到它碰到了第二层的天花板，接着又进入了横盘整理阶段。终于它再次突破第二层的天花板进入第三层。类似的，之前充当阻力位的第二层的天花板现在就转变成了第三层的地板，也就是说变成了支撑位。

最终市场继续在房间里向上运行，直到碰到了第三层的天花板，这次价格阻力太大了，市场在这里发生了反转。这个天花板保持坚固而且这道价格屏障阻止了市场的继续上行。

接下来市场反转，开始向下运行，回到了地板的位置，进入整理震荡阶段，之后突破了第二层的天花板继续下跌。之前充当支撑的地板现在就转变成了充当阻力的天花板。

之后在下一层再次重复这一过程，市场再次突破下行，地板被击穿之后，第二层支撑作用的地板就充当了之后阻碍价格回升的天花板，最终市场再次回到一层。

但是为什么支撑和阻力这一概念如此重要呢？

支撑和阻力这一概念重要的原因有几个方面。首先，正如我们看到的那样，市场一旦从震荡阶段突破，并且得到交易量的确认之后，这就是一个绝佳的交易时机。这被叫作突破型交易。

同样重要的另一点则是，这种交易方法非常受欢迎的原因是它自身就包含了一种策略，支撑和阻力意味着价格区间，当你把价格区间当作交易策略的一部分，那么实际上你就利用了市场的价格行为来保护你自己的头寸。我的意思就是说,当在突破的位置交易时,市场自己竖起了天然的保护屏障,保护你在趋势形成之后免受市场突然反转的风险。

回忆一下那个在房屋里运行的价格图。当我们接近第一层楼的天花板时,价格开始横盘震荡,趋势暂停,之后价格突破了天花板进入了上一层房间。于是我们就有了一个价格地板作为支撑,当市场停滞或者回探以测试这个区域的价格时,可以保护我们免受可能的损失。这个地板价格是我们天然的保护,是市场自己确定的。根据量价分析,我们知道想要重新回到这个震荡区间需要很大的成交量,所以我们就有了一个有利于我们的天然支撑位。这个支撑位不仅能够在市场回踩时提供保护,还可以支撑价格上升得更高。

这是一个双赢。你可以放心地知道一旦市场突破了价格的阻力位,这个位置不仅变成了一个支撑位,它还可以在任何市场短期内回探确认时给我们的头寸以保护。所以可能的止损线就可以设置在价格震荡区间的下方一点。这就是为什么突破型交易如此流行的原因,并且当运用量价分析进行确认时会更加有效。

这些原则同样适用于市场向下运行时的状况。在刚才上面分析的"房屋"的例子中,我们只讲了上升趋势,但是在下降趋势中是一样的道理。

这次我们要从价格在屋顶反转时看起。市场进入横盘整理,接下来突破第二层的天花板。之前充当价格支撑位的地板现在就转变成了价格阻力位的天花板,这同样提供了两方面的作用。一是短期内价格反转的阻力,对价格施加向下的压力,二是成为短期价格反弹的屏障,保护自己的头寸。

同样,这对于交易者来说也是一个双赢,不过这次是对于市场上卖空的一方而言。

我们目前只是用这个概念来随市场变化管理我们的头寸,然而支撑和阻力的强大之处不止于此，它还存在于价格行为和价格变动的历史当中。市场将其自己的基因特性埋藏在价格图中。价格震荡的区间会永远留在价格图中。价格每时每刻都在向前运行，但其路线、支撑位、阻力位则会一直保留着，在未来的某一时刻，当市场价格重新运行到这些位置时，或许已经沉睡了好久的支撑和阻力位会再次苏醒，重新发挥作用，就好像给我们提出了一个问题，市场真的有记忆么。

或许这是因为交易者都在看同样的价格图，因此这些价格区域变成了预期的自我实现了呢？或者是因为这些区域中充满了弱势的交易者，而他们还在持有头寸等待着价格的反转来使自己以较小的损失或不损失离场呢？

有可能真正的答案是这些答案的结合。无论是什么原因，这些区域在价格运行中起着重要的作用，因为它们不断被市场反复光顾。需要再一次强调的是，窄幅整理的区域及时间越长，它的影响就越深远。

让我们再次回到房屋比喻的简图中，我们集中看一下第三层突破屋顶阻力位的失败。一种可能的原因是这个位置在过去就是一个价格震荡区间中的阻力位，并且过去一直没有被突破。如果市场价格在之前突破失败，交易者就会在较长时间跨度的历史走势图中看到这一信息，那么这次突破也会有较大的几率失败。无论如何，总是会有原因的。也许这个价格在几年前曾经是抛售高峰，这个当时被认为是超买的价格，现在却被认为是一个合理的价格了。

然而，对于交易者来说，这个位置很关键，我们需要用成交量来确认价格在这之后的走势。如果这确实是一个曾经的价格震荡区间的阻力位，并且在当时没有被突破而且价格在阻力作用下发生了反转，然而这一次如果成功突破，那这个位置就尤其重要了，它不仅极大地增加了大幅上涨的概率，而且成为了强有力的支撑位。同理，如果这次突破没有成功，那么就意味着市场极度弱势。

这就是支撑和阻力的强大之处。市场会自发地发出信号，表明不断发挥作用的价格震荡区间。它们是市场的基因。市场的历史和市场上曾经发生过的故事都合为一体，无论是上涨还是下跌，支撑和阻力都以相同的方式发挥着作用。上面的例子中只提到了市场碰到阻力位时的反转，当市场下跌时，之前的支撑位的概念也同样重要且有效。这些之前的支撑位为市场提供了天然的保护平台，防止市场的进一步下跌。在一个上涨的市场，如果价格震荡区域宽广且持久，那它们的重要性就更加突出，同时，如果过去在这个位置发生了重大反转，那么这个区域作用会更加强大。

一般来说，价格震荡区间有各种形态和规模，并且可以出现在所有时间跨度的图表上。股票指数可能在窄幅震荡几天或几周。货币对的汇率可能在一定区间内震荡几个月之久。债券价格常常在很窄的区间内交易。股票则可能几个月都在横盘整理。

相反地，价格整理的区间可能仅仅持续几分钟或者几个小时。其内部的逻辑是相同的，因为量价分析的交易者都知道前因和后果永远是联系在一起的。一个5分钟级别的价格震荡对于日内交易者来说仍然提供了支撑和阻力，提供了一些突破交易的机会，但是对于更长时间跨度可能就几乎没有什么影响了。然而，对于同一交易工具的日线图来说，如果我们看到一个价格震荡剧烈的区域，任何天花板或地板的突破意义都是重大的。

这是最好用多个图表和不同时间跨度图表的原因。在5分钟图上的价格震荡可能比15分钟图或1小时图上的意义要小。换句话说，在其他情况相同时，时间跨度越长，其意义就越重要。

支撑和阻力本身就是一个强有力的概念了。但是如果能够和量价分析结合起来使用，它就会成为你的基于技术分析的交易方法中重要的基石。

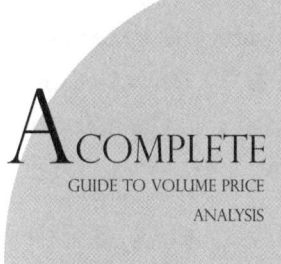

# 第八章

# 动态趋势及趋势线

# CHAPTER EIGHT / 第八章

> 损失不是运气不佳造成的,而是错误的分析造成的。
> ——大卫·艾因霍恩(David Einhorn,1968— )

在这一章中我要介绍有关趋势和趋势线的概念。毫无疑问你们肯定听说过那句耳熟能详的话——"让趋势成为你的朋友",但就我的浅见而言,这句话实在是毫无意义地故弄玄虚。

这句话经常被一些自称是投资导师或投资教练的人鹦鹉学舌般地重复给他们的学生,来使他们印象深刻。然而就像在价格震荡整理阶段时,那些具有后见之明的傻瓜都知道市场在横盘震荡,对于趋势也是这样。那些嘴边经常挂着那句话的人在我看来都是没有真实交易经验的人。他们通常会给你展示一个完美的趋势和几条趋势线,然后"睿智地"告诉你在哪个位置要建仓,然后在趋势持续的时候要持有,之后在趋势结束之前要平仓离场。但是分析历史的走势图实在是毫无技术含量。

让我先来介绍一下有关趋势的基本思想,来清理一下你们可能读过的别的书籍中有关趋势的陈词滥调。第一个也是最重要的一个问题就是——我如何可以确定一个趋势何时开始呢?

就像支撑和阻力一样，对这个问题的简单回答是我们不能知道，直到趋势结束，我们才能知道一个趋势是在何时开始的。这很简单。这和我们所知道的价格震荡整理阶段相似。我们需要一些指标给我们提供信号，使我们能在某个时间跨度上推测出一个趋势是否形成。对于一个交易者来说，在历史走势图上画几条线，然后认为目前是一个趋势的做法是毫无意义的。到那时你已经错过了绝大部分的交易机会，如果不是整段趋势的话，很有可能发生的结果就是你在进场而那些局内人开始离场。

这就是为什么量价分析如此的强大。它能确认价格的变动是否真实，还能揭示出我们处于一个长期的趋势中的哪个位置。所以，当我们看到一个买入高峰或是抛售高峰时，我们就会知道一个趋势要开始形成了。我们希望在趋势开始时进场，而不是在一个趋势线指向的地方进场，尤其是当你只依赖这项技术的时候。但是我不是说趋势线没有用，它们是有用的，但必须是在正确使用的前提下，我会在这一章接下来的部分介绍这些方法。

让我们从趋势分析技术的奠基人查尔斯·道说起。他对于价格行为的核心观念建立在一个简单的原则上——即指数趋势比个股趋势更能揭示信息且更有价值。他的观点非常容易理解。个股可能受多种不同因素的影响，比如收益报告、经纪人的推荐以及分析师的看法，所有的这些因素都会对个股股价产生影响。然而指数更能代表普遍的市场情绪，因此在识别市场趋势方面更加有用。系统性与非系统性风险是道氏理论的众多公理之一，这个概念已经被吸收进了现代的技术分析方法之中。

系统性风险影响指数中的所有个股，而非系统性风险只作用在某个特定市场或者行业的一只或一组股票上。查尔斯·道一直致力于股票指数的创建，而这个概念已经成为了当今金融市场的基石，比如标普500指数（S&P500）、道琼斯指数（DJIA）、纳斯达克指数（NQ100）以及全球各种各样的不同指数。此外，指数的概念还渗透到了其他各个市场和交易工具之中，衍生出了波动率指数，比如VIX指数，股票行业指数，有关货币的指数，如美元指数（DXY），与商品交易有关的指数，如CRB，除此之外还有其他各类指数。在某些市场，对指数进行交易比对构成指数的标的物进行交易更有吸引力。

道氏理论的另一个指导原则是趋势可以根据持续时间分为三种级别：主要趋势、次要趋势以及小趋势。在他生活的那个年代，股票行情纸带还是主要的数据来源。所以对于查尔斯·道和同期杰出的交易者来说，对于时间框架的理解会和现在有所不同。比如在当时一个小趋势可能持续两三天，一个次要趋势可能持续两到三周而一个主要趋势则可能会持续两到三个月。然而由于现在都是电子报价系统，所以对我们来说，时间框架会大大缩短。对于日内交易者来说，一个小趋势可能只持续两三个小时，次要趋势可能持续两三天，主要趋势则会持续两三周。这样的时间框架就看起来更加现实，实际上，在其他多种市场上，那种延续几个月甚至更长的趋势几乎只存在于历史的长河中。市场已经完全变样了。高频交易、市场操纵以及电子化的交易都见证了市场的变化。

尽管如此，查尔斯·道的先驱性的贡献给我们的分析操作提供了理论基础。除了建立起有关趋势的概念，查尔斯·道还介绍了有关趋势形成的三个阶段：

1. 吸筹阶段。

2. 技术上趋势跟踪阶段。

3. 派筹阶段。

听起来你可能会觉得很熟悉，因为这是理查德·威科夫扩展建立起来的理论中那些局内人的操作周期，在每一轮开始满仓，之后再逐渐清仓。查尔斯·道把那些局内人称作为"聪明的资本",因为在派筹阶段时,这些"聪明的资本"清仓离场从而带走了自己全部的利润。

接下来我们将离开传统的趋势分析方法,转而学习一种略微不同的方法,我希望这种方法能让你在实盘交易时感觉到方便易用,而不像是其他大多数书中介绍的毫无意义的纸上谈兵理论。以上的介绍给了我们一个接下去要讲的框架,但是我们先来看一下一般的书中是怎么介绍趋势分析的,它们会首先画出一个类似图8.10的图。

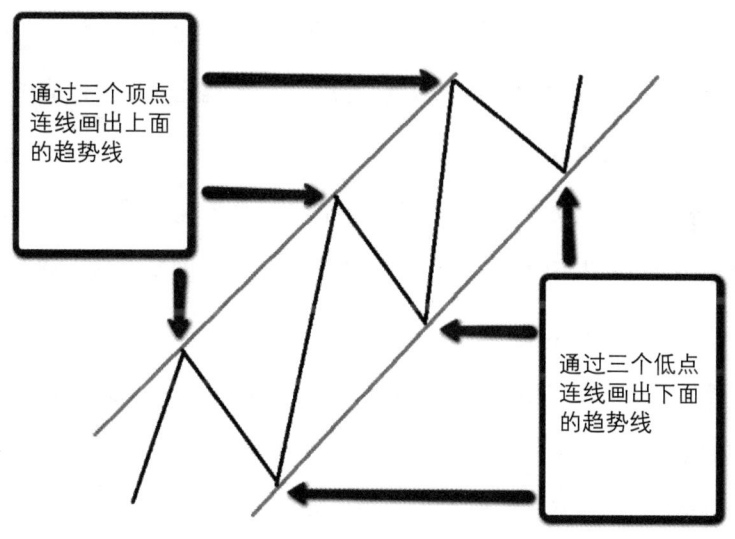

图8.10　一个牛市趋势么？当然不是

这就是一个传统的介绍趋势的图。市场在波动中不断上涨,一旦我们找到了三个"台阶",我们就可以利用顶点或低点来画出趋势线的上下两条线,于是我们就得到了一个明显的通道。大多数的书中都会告诉你用两个点来确定一个趋势几乎是不可能的,因为对于两个波浪有无数种解读,所以就完全没有意义，因此我们必须要等待三个点，然后将它们连接起来形成趋势线。

我们把在上升趋势中的波峰和波谷叫作高位高点和高位低点，把下降趋势中的波峰和波谷叫做低位高点和低位低点。

现在我们看到了一个明显已形成的趋势，这时我们准备入场等待着趋势继续上行。但这仅仅是理论上的结论，实际情况往往是当我们等到三个高位高点或者高位低点时，趋势也已经快到顶点了。我们在技术上的趋势跟踪阶段也就是第二阶段一直在等待，而直到派筹阶段我们才开始入场。

但是我是如何知道这种做法是错误的呢？因为之前你们读过的许多书的作者从来没有实盘交易或者投资过。这些全都是理想化的理论模型，而且像我之前所说的，后见之明很容易做到，但是一旦趋势已经明显形成了，那也就没有很大的意义了。

所以我们到底要如何知道一个趋势何时形成呢？为了回答这个问题，我们要回顾一下支撑和阻力的概念，它们是预测的关键要素，这也就是为什么我在上一章介绍得如此详细的原因。

支撑位和阻力位是趋势产生、形成、发展的源头。它们还是趋势反转改变方向的位置。同时，吸筹阶段和派筹阶段也在这个位置产生，伴随着买入高峰和抛售高峰。它们是任何分析图表上最重要的价格运动区域。这些区域就好像大河源头的产卵场，在那里大马哈鱼群体最终会回来产卵。

我们也要从支撑和阻力来回答这个萦绕在所有交易者、投资者以及投机者思考中最重要的问题。支撑位和阻力位是一个趋势形成的起点吗？如果是，这个趋势的级别有多强，它能持续多长时间？这些问题只能通过量价分析背景下的支撑位和阻力位的知识来回答。

尝试用别的方法回答这些问题注定是徒劳失败的，在走势图上画几条线是完全没有意义的做法。依我的拙见确实就是这样。我确实承认这样可能对分析趋势有一点帮助，甚至在趋势开始后这么做有一点有限的用处，但它不能帮助你在交易中进入一个强势的位置。

不过，让我们来回顾一下价格震荡阶段的基本知识，市场横向震荡产生了类似天花板和地板的阻力位和支撑位。之后市场一直在等待突破，所以我们作为交易者、投资者或是投机者所要做的唯一的事情就是等待，耐心地等待市场突破，之后用交易量来确认这个突破是否真实。我们要怎样确定这个趋势会有多强呢？简要的回答是，我们不能确定，但是我们可以根据一些指标或者迹象作出有根据的推测。

第一个指标是价格震荡阶段的强弱程度。我们需要再回想一下威科夫的因果定律，通过因果定律，我们就能判断我们所看到的趋势是主要趋势、次要趋势抑或是一个小趋势。对于日内交易的投机商，一个趋势肯定看起来就只是一个小趋势，但是这个小趋势可能是一个长期的主要趋势在较短时间范围内的体现。在这个背景下交易者就是在一个更长的时间跨度的主要趋势下进行交易。换句话说，交易的小趋势和一个长期趋势的方向是相同的，对于日内交易者来说长期趋势可能就是指小时图。

这就是交易时用多种图表的好处之一。它能帮助我们认识到交易的时间跨度是多长。但是，在一个任何时间跨度下的一个大的趋势下执行反向操作也可能没有什么问题。比如说，现在股市整体表现为牛市，但是有可能有的个股会有下跌趋势。这种交易也未尝不可，只要我们清醒意识到我们的交易和"主要趋势"是相反的。这种交易方法通常被称为"反趋势交易"，这种交易模式有两个特征。

一是在反趋势操作时，我们会面临着更大的风险，就像逆着浪潮游泳。

二是我们通常只会持有这种头寸很短的时间，因为我们是在和长期的大的趋势做相反的操作。

接下来，在任何一个横盘整理阶段，作为量价分析的交易者，我们要从两个角度来分析成交量。第一个角度是当价格横向震荡时要用成交量来确认此时是否是一个重大反转，比如是否是一个买入高峰或者抛售高峰。第二个角度是价格突破时要用成交量来确认趋势的大小。趋势的确认还可以通过分析更短时间周期的成交量与价格行为，以及分析前方潜在的支撑位和阻力位区域，这些区域可能产生更长趋势中的停滞。

因此，第一步总是要观察离开震荡区域之后价格的变动，这和我们通过高位支点和低位支点找到价格震荡区间开始的位置的做法非常类似。无论之前的价格走势如何，它现在开始暂停，横盘休整一段时间。这些支点提醒我们市场将开始停滞震荡，可能震荡的时间会很长，这种情况下将会有更多高位及低位支点来加强这一震荡区间的上下限，或许这个震荡的持续时间很短，只有几个支点构成。或许这会是一个反转，这种情况下我们会看到成交量的猛烈放大，或许是前一个趋势的延续。一旦价格运行到我们熟悉的具有价格上下限的震荡区间时，所有趋势都会显现。然而，价格肯定会在某一点突破，这时价格支点再次发挥作用，这一次是帮助我们定义趋势的形成。另外，它帮助我们尽早知道这个信息，而不必等待高位高点、高位低点（或低位高点、低位低点）的形成之后再建立头寸。

让我们来看图8.11所展示的价格向上突破的例子。

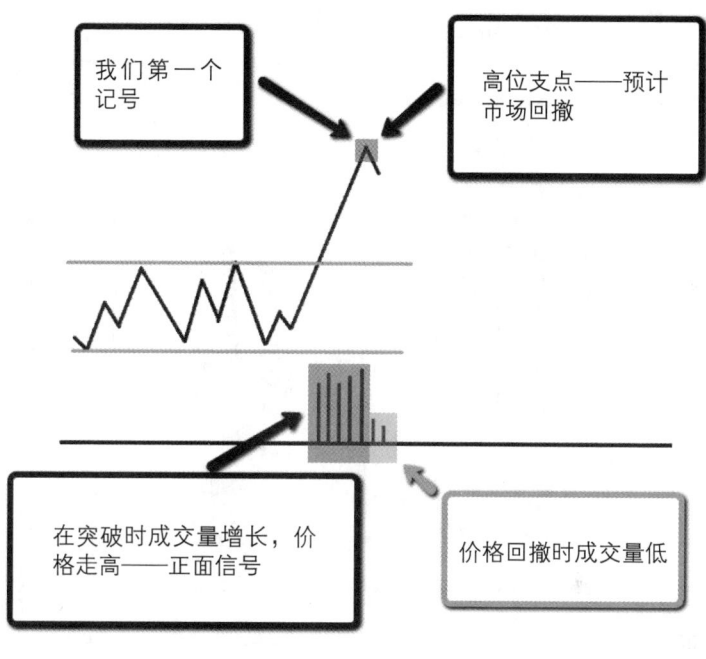

图8.11 第一个标识——高位支点

我们可以从图8.11中看到市场经历了一个震荡整理阶段之后,伴随着强劲的成交量向上成功突破。我们的分析表明这是有效的突破,接下来我们就要寻找趋势是否形成的迹象。第一个信号是市场价格上升同时还伴随着坚实且不断放大的交易量,这时我们就可以建立头寸了。

接下来我们要等待第一个记号的出现,就像上一章我们预测价格震荡区间时的那样,即我们要等待支点的出现,由于目前是一个上升趋势,所以我们预期一个高位支点的形成。

我们知道,市场不会像一条直线那样运行,这个高位支点就是第一个价格开始反转的信号,同时也表明市场突破之后形成趋势的上部区间。请记住由三个柱体组成的高位支点和低位支点,我们在图8.12中再次将它们显示。

● CHAPTER EIGHT / 第八章

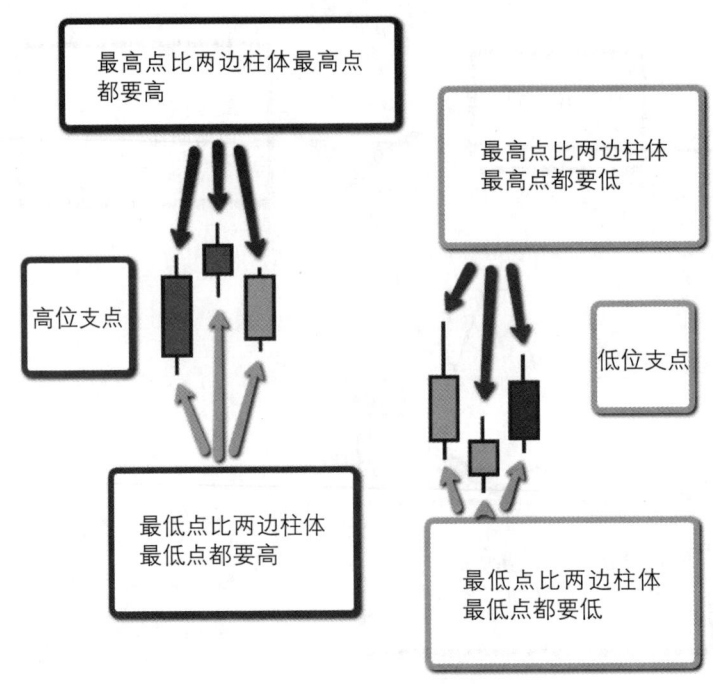

图8.12 支点的形成

现在我们就得到了价格向上运动时的第一个参照点，因为这是一个高位支点，所以我们预期市场会反转向下。这可能是一个高级别的反转，但是根据现在的成交量和价格震荡的情况来看不是很可能，但是在这个阶段我们永远不能确定地作出什么预测，要时刻保持耐心。成交量在下降，这是一个好信号，正如预测所料，市场停止下跌，开始向上反弹，形成了一个低位支点。这样我们就有了价格上升途中的第二个记号，如图8.13所示。

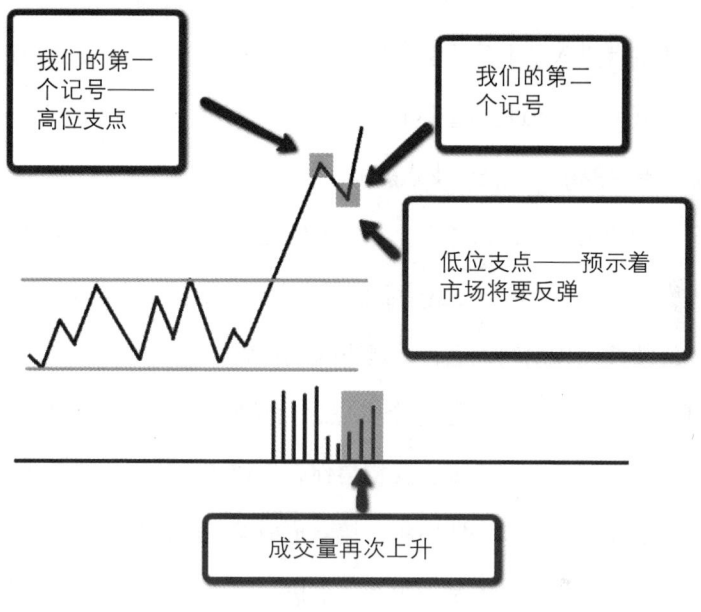

图8.13 第二个记号——低位支点

至此我们要开始描画市场的价格运动了。请记住我们在之前建立了头寸，只要所有的价格运动都经过成交量的确认，那么当价格向上运行时一切都很正常。

至此我们所看到的支点是定义趋势边界的关键点位。和趋势线不同的是，趋势线是在趋势形成之后画出的，而我们现在是在价格运动中画出动态的边界，如果真的是我们所预料的那样，出现了一系列的价格上下限，那么我们就可以确定一个趋势正在形成，如果成交量印证我们的分析，我们就可以放心地持有头寸。

让我们接着向前看一下，按照相同的原则我们在图形中加入两个类似的波浪。接着刚才分析的位置，我们希望市场价格在离开低位支点之后进一步推高，之后我们的下一个目标就是一个高位支点，只要这个高位支点比上一个要高，我们就进入了上升趋势的通道中。一旦第二个高位支点形成，我们就会预期市场回调，但是希望这只是一个小的回踩，伴随着较小的成交量，然后我们就要寻找第二个低位支点。

这个点如期出现了，只要它比上一个低位支点高，我们就可以继续持有头寸，因为我们预期价格会在这个低位支点反弹，延续上升趋势。

市场继续按照预期向上运行，接下来我们就会期望第三个高位支点，这个支点要比上一个更高，有了这个支点之后我们就可以画出趋势的上边界。如果这和我们的预期一致，那么我相信你就知道了价格运行的模式了，市场会离开高位支点向下回调一段路程，接着形成第三个低位支点。如果这个低位支点仍然比之前的要高的话，那么我们仍然可以继续持有头寸，根据第三个低位支点，我们可以画出趋势的下边界。

这就是我们动态地画出趋势线的过程，同时根据量价分析以及横盘突破时量价分析的基本原则，我们在这期间一直持有头寸，如图8.14所示。

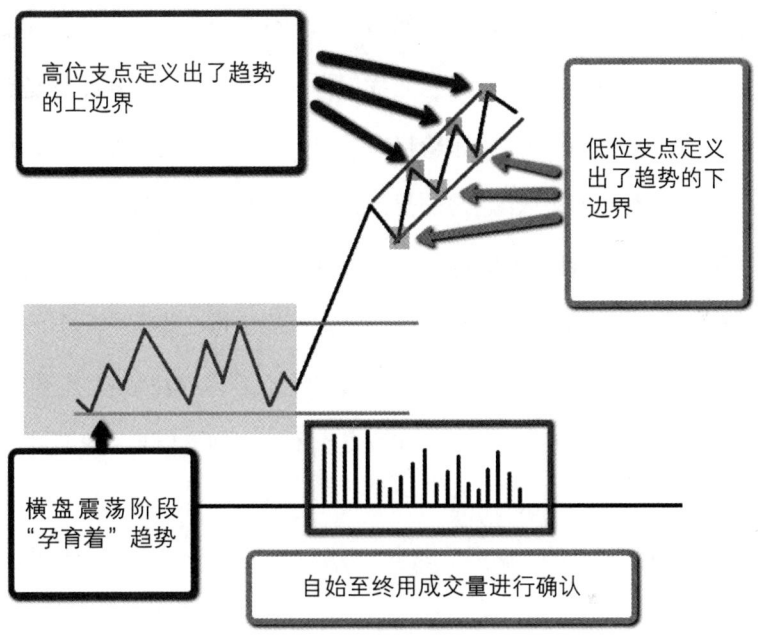

图8.14 牛市趋势中的动态趋势线

虽然最终画出的图形是相同的,但是画出趋势线的过程是完全不同的,作为交易者,我们是在趋势的开端进入交易,也就是在最佳的位置买入头寸,而不是在趋势的末尾!图8.14展示了这一过程。

我们可以想象整个过程为"场景布置"。价格震荡阶段开启价格运动过程,成交量确认和支持价格运动。支点标识出了价格运动的路线,就像路边的路灯一样,不仅清楚地告诉了我们所在的位置,还让我们安心地在市场中持有头寸。

最终,在某个位置,我们发现一个高位支点和前一个差不多高,甚至比前一个要低,这个位置市场可能会进入到第二个横盘整理的阶段了,接下来会形成一个低位支点。如果这个低位支点和之前的低位支点差不多高,那我们就进入了第二个横盘整理阶段，然后我们的分析继续。现在我们需要接下来的支点和最终突破作为确认信号。我们再一次面临一个问题：这是趋势反转还是之前趋势的暂停呢？如果价格向下突破，那这就是一个反转，我们要平仓离场，如果这只是一个趋势的暂停，那么价格会从上面突破，这时我们要继续持有头寸，接着构建我们的动态趋势线。

一般来说，以上的分析就是教科书上介绍的价格在震荡之后突破的理想化的模型，但实际的交易远远不止书上描绘的这么容易。有时候支点不会出现。比如说有时候在向上突破时，一个高位支点不会出现，但是一个低位支点却如期。

这个时候我们就要利用量价分析来做决定了，来判断这个趋势是否像预期的那样形成。但是，这也可能是趋势并没有真正形成的一个警告信号。一般而言，我们期待看到价格走出横盘阶段时有动力，也就是有成交量的支持。当市场价格运动很快时，就意味着买家和卖家交易的速度也很快，这些交易行为就形成了图上的支点。

如果没有出现这些支点，就意味着市场可能缺乏向上的动力，成交量分析可以显明这一点。如果市场向上攀升，但是成交量却和平均水平持平甚至低于平均水平，那就说明这个趋势是缺乏动力的。买家和卖家并没有参与推高市场，趋势也就不会继续发展。缺乏能量，缺乏交易，这些都可以由成交量和相应的价格行为所反映。

因此，不要寄希望于每次突破都是完美的。每一个突破都会在动量势头的级别和持续时间上有所区别。我们能做的就是利用量价分析寻找信号，随着价格走势等待支点的出现。如果价格走势不符合趋势中的合理形态，那么这个市场可能是较弱的，很可能进入一个价格稍高水平的盘整阶段。

横盘整理后向下趋势的价格行为和支点以同样的方式形成，不过这次我们是先看到一个低位支点，然后是一个高位支点，如图8.15所展示的那样。

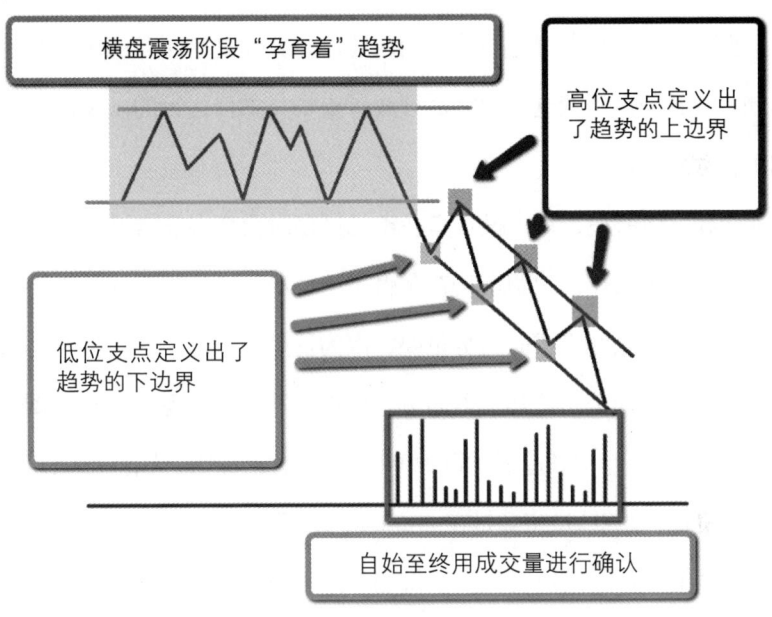

图8.15　熊市趋势中的动态趋势线

概括以上内容，让我们来梳理一下所有这些知识。在图形上画出我称之为"静态"的趋势线并不会有什么错误，其实我们所做的和静态趋势线在很多地方很相似。唯一的区别就是我们在这章所画的趋势线是在市场价格运动中动态地画出的。显然这并不容易在书本上讲得足够透彻，当然最好是在市场上看到真实的价格运动。不过，我一直在努力讲述的是分析的过程和价格的运动，通过这些分析就可以知道我们到了交易过程的哪一步，或者更重要的是知道了市场运动到了哪个位置。

那些价格支点都是动态形成的，当支点形成的时候也就是趋势产生的时候，我们就可以把这些价格支点当作价格运动路线上的"路标"来定义趋势的运动通道。没有什么事情是完美的，但是至少你可以通过量价分析和对价格震荡阶段的理解，使你在交易中占据强势的位置，使你在趋势形成之前预测到，而不是在趋势形成之后才看到。这就是我通过这两章的讲述希望达到的结果，我希望你阅读这两章之后理解了市场是如何运行的以及价格震荡整理的重要意义。

就像我之前所说，许多投资者在市场震荡时会变得非常沮丧，对此我表示很难理解。价格震荡说明市场在孕育下一个趋势。价格震荡是趋势的孵化器，它远比一个已经形成的趋势重要，因为这是一个全新的趋势，我们可以及早地利用这个趋势。这其实很简单。价格震荡可能表现为抛售高峰或买入高峰，也可能是一个更长趋势的暂时停顿。无论什么原因，无论什么时间跨度，你都可以确定一件事情。市场是在准备脱离这片区域，它在积蓄力量准备突破，突破的形式有多样。所有我们需要做的是耐心等待，运用量价分析方法，配合标明价格运动轨迹的支点，来观察这些突破。

# 第九章
# 价量分布分析（VAP）

● CHAPTER NINE / 第九章

> 无论熊市还是牛市,永远要和市场站在一边。
> ——查尔斯·道(Charles Dow,1851—1902)

在这本书的最开头,我就说过交易之中无新事,成交量作为一种分析工具已经存在上百年。正是过去那些杰出投资者的盘口解读技术奠定了现代量价分析技术的基石。

然而那句话不完全正确,因为在这一章我将要介绍一项成交量分析的最新发展,这一项发展把量价分析带到一个新的高度。这个方法叫价量分布(volume at price,VAP)。现在我们不仅了解量价分析(VPA),还知道价量分布分析(VAP)——这是多么对称整齐的两个概念!

那么什么是价量分布,它和量价分析又有什么不同之处呢?首先,让我先来介绍一个简单的概念,或许这会帮助你更好地理解价量分布,在这里我们再回到那个拥有一仓库商品的批发商。作为一个批发商(其他的销售商也相同),他一直所做的就是让每一笔销售的利润最大化,为了达到这一目的,最简单的方法就是去"测试市场"。

这是许多公司一直都在做的一件事情。一种商品先以一种标价拿去出售,记录下来销售量，然后提高一点或降低一点售价再记录之后的销售量并进行监测。显然，如果销售商可以提高售价而保持销售量基本不变的话，这就可以增加利润，当然前提是销售量不会下滑。

到某个时点，成交量会随着价格的增加而开始下降，因为有些买家会认为这个产品的价格高估了，于是就不会购买。这时批发商只要降一降价格，销售量就会上涨回来。

我们可以把销售量和价格画在一个简单的柱状图里，如图9.10那样。

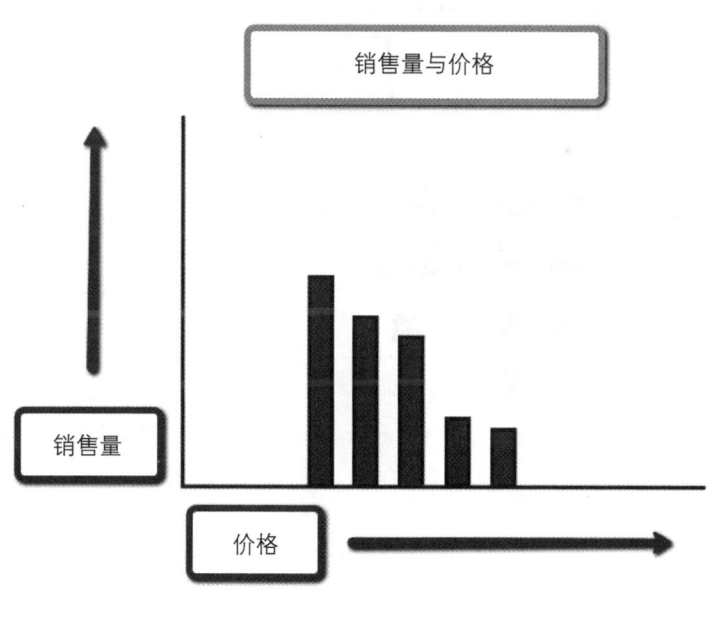

图9.10　销售量与价格

现在我们就有了一个横轴是价格、纵轴是成交量的两者的关系图。可以预见，当价格上升的时候，销售量自然会下降。虽然不一定在所有情况下都成立，但一般来说大多数市场都是这样的。重要的是现在我们看到的是成交量针对价格的"关系图"。也就是说我们能够直观地看出在某个价格上,成交量是多少,这是价量分布图所要表现的全部内容。在通常的成交量柱状图中,我们只能看到一个柱体,但其中的价格走势却存在许多不同的价格。我们所看到的每一个成交量柱体都包含了不同价格的所有交易量。这样的成交量柱柱状图没有揭示出不同价格点位上的买入量,而上图的例子却能展示出。如果我们将上图旋转90度,就会得到价量分布的完美图例,如图9.11所示。

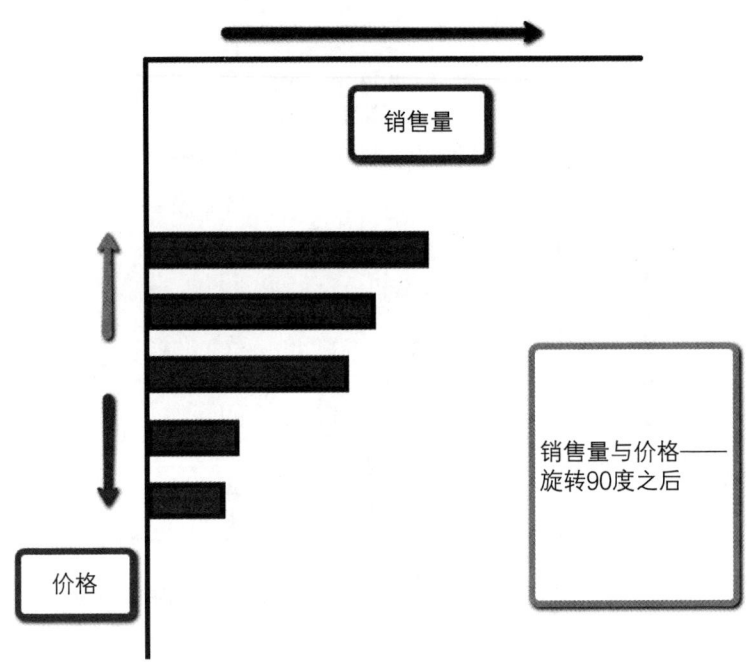

图9.11　销售量与价格——旋转后

现在你可能开始明白价量分布分析的原理了,在很大程度上,价量分布这一名词本身就表达了这个意思。我们所要关注的是不同价格上的成交量。也就是说,我们可以看到成交量随着市场走高或走低的变化情况。价量分布图中表示的是每个价格点位上买入量与卖出量之和的成交量柱状图。我们可以将其理解为对量价分析中使用的单个成交量柱体的剖析，这个成交量柱体记录了柱体时间内不同价格的交易总量。

在价量分布分析中，我们所做的是把图中那个成交量柱体进行分解，这样我们就可以看出成交量究竟在哪个价位最集中了。如果成交量集中在价格的底部，那么这就很有可能是一个买入成交量而不是一个卖出成交量。相反地，如果成交量集中在价格的高位，那这就更有可能是一个卖出导致的成交量。价量分布图和传统成交量图的观察视角不同，价量分布图揭示了各个不同价格的买卖成交量，这种分析不仅让我们从价格运动的动能角度，而且从支撑和阻力的角度来分析价格行为。

就我而言，这才是最关键的地方。

我们用价量分布图的目的是为了增强量价分析的效果，而不是为了取代它。你马上就会发现，价量分布图给了我们一个非常独特的视角，因为它清楚地揭示了买卖集中的价格区域，对我而言这就是支撑和阻力的位置。

在之前我们已经学会了用价格和价格行为来识别这些区域，但是新介绍的这个附加工具，价量分布图直观地展示出了图中的这些区域。如果你还记得之前的章节，那你肯定还记得我之前说过支撑和阻力是道无形的屏障，或者说是自然的屏障——然而现在，透过价量分布图，这些无形的屏障就会在图上显形。

但是，我们要时刻谨记价量分布图只是量价分析的补充工具，而不是其他作用。尽管价量分布图也是一个很强大的工具，而且从三个维度展示了成交量和价格变化的关系，但是就我个人而言，它永远无法替代量价分析方法。所以请只利用价量分布图这一工具，结合支撑位和阻力位分析，来识别价格震荡整理区域,并用量价分析法来进行确认。

接下来让我们来看一些实例,一个好消息是,价量分布这个指标基本在所有交易软件的绘图工具包里都免费提供。本章之后的所有例子都是在我用的交易软件NinjaTrader交易平台中截取的。

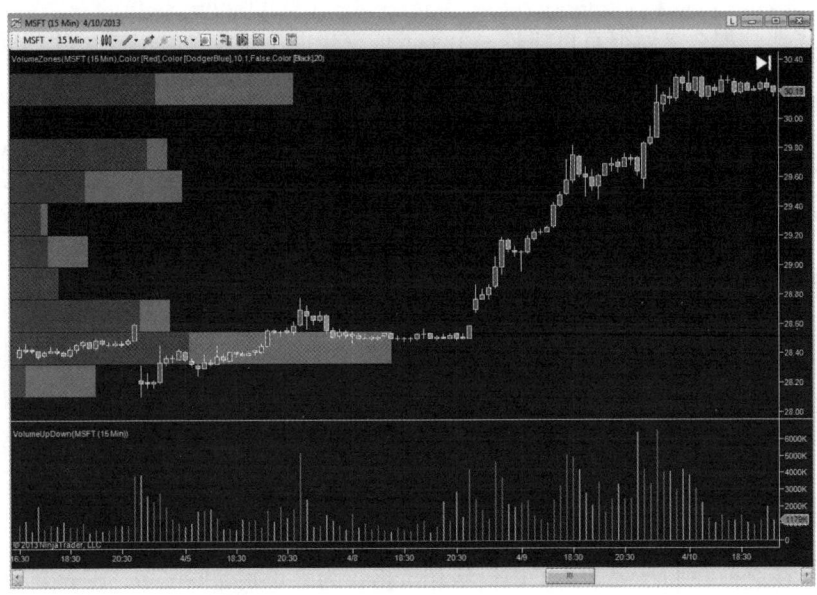

图9.12 微软(MSFT):15分钟图

图9.12是微软的一个15分钟的K线图,传统的成交量柱体显示在整张图的底部,而价量分布图中,成交量分布在纵轴的左侧。

我在本书中一直解释与强调支撑和阻力的概念。支撑和阻力是趋势的孵化器,趋势从这里产生,最终突破这一区域,价量分布图的美妙之处,就在于它把价格震荡的区域画在了图上呈现给我们。接下来,让我来大致解释一下这张图,强调一下较明显的部分,更重要的是,指出第一眼看起来不是那么明显的部分。

在讲述这个例子之前，让我先来解释价量分布图中颜色的含义。传统的成交量柱体分为红色和蓝色，分别对应价格上涨或下降。在一个价量分布图柱体中，每一个柱体也有红色和蓝色两种颜色，表示的是在一段价格变化时间内，上涨的K线的数量和下跌的K线的数量。如果上涨的K线数量多于下跌的K线数量，那么柱体中就会有更多的红色。相反地，如果下跌的K线数量多于上涨的K线数量，那么柱体中就会有更多的蓝色而不是红色。这就为我们提供了某段价格区间内的"买入"和"卖出"情况。

现在来看我们的这个例子，简单来看，这里有四个价格震荡整理阶段，在图形上看，一段在底部，而且持续了很长时间，两段在中部，但持续时间都很短，最后一段在目前交易区间的顶部。这张图大概总共的时间跨度是5天。价量分布图揭示了什么呢？首先，它标出了价格震荡区间，每个价格震荡区间的不同成交量大小可以用来判断这一区间的重要性。在该图中，成交量最大的区域就是第一个价格整理的区间，有两个成交量柱体，一个成交量高于平均水平，另一个极其庞大，这两个成交量柱体标志着这个位置的重要性。

在这个位置之上的那个价格震荡区间相比之下就更小了，而且只有两个意义不大的低于平均水平的成交量柱体与之对应。这确实是一个小级别的价格震荡区域。

接下来我们再来看上面一个的震荡区间，可以看到有两个高于平均水平的成交量柱体与之对应，意味着这个区间是比较重要的。最后，我们来到最近的价格区间，可以看到一个十分巨大的成交量柱体。我们从这些分析中能推断出什么呢？

首先我们很快就能判断出从支撑和阻力这个方面，这几个价格区域在未来哪个比较重要。当价格在未来再次进入这些区域时，这些价格水平就会成为无形的屏障，通过价量分布图中的成交量，我们就能大概判断出这个区域支撑或者阻力的力量的级别。显然，时间在这里也是一个重要的影响因素。市场横盘震荡的时间越长，这个价格区间的成交量也应该会越大。如果市场横盘震荡几天或几周，那么相应的成交量就会显示在相对较窄的价格区间内，这些都会显示在左边的成交量柱体上。

然而，尽管这可能是一个非常明显的结论，但是当我们把时间加入到成交量和价格的关系的分析中时，就能得到更多结论。接下来就让我们来看这一点，看看这时价量分布图告诉我们一些什么。

上面这张图的时间跨度大概是五天，而第一个价格震荡持续的时间大概有三天。我们实际看到的正是我们预期的，高成交量柱体印证密集的价格震荡区域。我们可以说这段价格震荡是很重要的，如果我们在此期间进行了交易，那么当价格突破时我们就会很安心，因为如此巨大的成交量意味着当市场突破并走高时，这是一个非常强的支撑平台。类似地，如果市场价格在未来反转再次回到这片区域时，我们仍可以认为这是一个非常强的支撑，需要非常大的成交量才能跌破这一位置。

接下来看下一个价格震荡的位置，这次震荡只由几个柱体构成，持续了最多几个小时，之后价格就继续向上运动。这是价格震荡的次重要位置，可以通过价量分布图中的成交量立刻识别出来。这里的成交量是低于平均水平的，只有两个柱体或许有些重要，所以如果这个位置在未来受到价格检验的话，应该不用耗费什么力气就可以向上或向下突破。

最后，我们来看一下图中的第三和第四个价格震荡的位置，这两个位置也揭示出了更多的信息。前者持续了14个价格柱体（约4个小时），而后者持续了整整一天。然而，我们来看相应的成交量柱体，并且对比最开始持续了3天的那个震荡区间所对应的成交量柱体。我们就可以发现，最近这短短一天中的成交量几乎和第一个持续了三天时间震荡的成交量相同——3天震荡的成交量。

这样的成交量告诉了我们什么价格震荡阶段的信息呢？在之前的分析中，我们都是通过对比成交量来找到成交量异常变动的地方，我们希望通过成交量看出的价格变动是否是真实的，价量分布图也是这样。在图9.12的例子中，这是一个日内图，在图底部的价格震荡阶段的成交量就成为了我们判断的基准，据此，我们可以判断其他价格震荡区域成交量的大小及其重要程度。

在第二个价格震荡阶段，如我们所预料的那样，持续时间很短，同时成交量低于平均水平，但是到第三个价格震荡位置时，我们就要有所警惕了。原因分析如下。

因为这里我们观察到了价格横盘震荡，虽然持续的时间较短，但是对应的成交量却高于平均水平而且涵盖的价格区间较宽。这是警示的信号。从交易的角度来说，如果我们持有头寸的话，这样的迹象会给我们市场突破上升的信心，会让我们认为这是一个意义重大的价格支撑区域，我们会自信地继续持有头寸。

接着我们到了第四个价格震荡位，也就是图中价格运动的高点，这个位置伴随着价量分布图中的极高的成交量，并且传统的成交量图中显示高成交量出现在很窄的交易区间，显然市场到这个位置开始变弱了，而且成交量增加可能意味着在这个位置有大量的抛售。毕竟，面对这么大的成交量，我们都会预期市场会继续走高，但是市场并没有，而是一直在盘整。

你可能会认为这个例子是"特别挑选出来"以证明价量分布图的强大，

● CHAPTER NINE / 第九章

而实际上一点也不靠谱，那么，我来进一步解释一下。这只股票是我在写这章时首先选择的，你可能会难以相信，当我正在写这部分时，市场恰好开市了，微软的股票就像落石一般开盘就下跌了1.40美元。

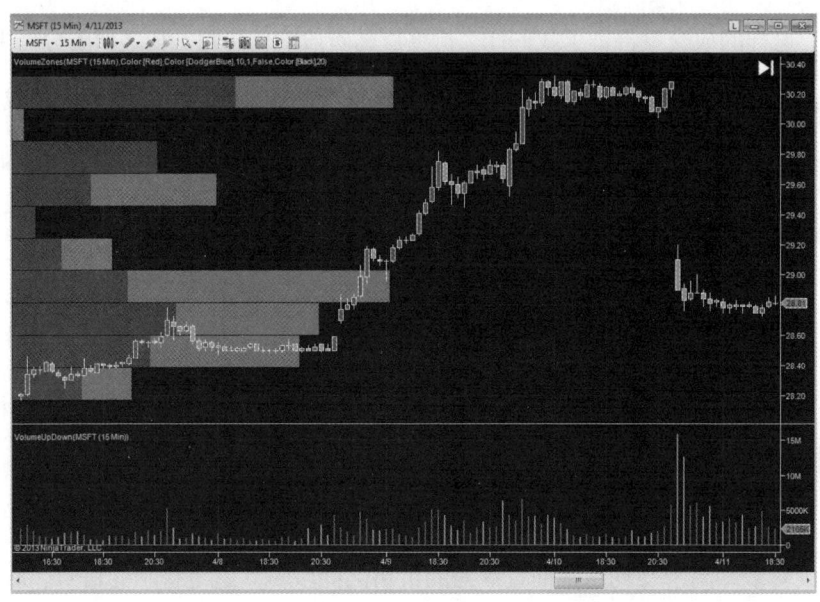

图9.13　微软（MSFT）15分钟图：开盘后

正如你所预料的，此时价量分布图发生了改变，因为我们看到了巨大的成交量进入市场，正如在价量分布和图下部的传统成交量柱状图上所显示的。这再一次证明了量价分析的力量。我们不仅可以在视觉上看到一个潜在形成的支撑位，我们还能通过底部的成交量柱体来证实它，当我们通过价格区间来分析时，同时用成交量来验证价格行为，这个分析就是一个完整的分析了。令我困惑的是为什么有人进行交易时不利用成交量呢，我强烈地希望到现在为止能够说服你把成交量当作你的技术分析技巧之一，即使不是唯一的那一个。我真诚地希望如此。

为了圆满结束这一章,让我们来看一些价量分布图的其他例子。

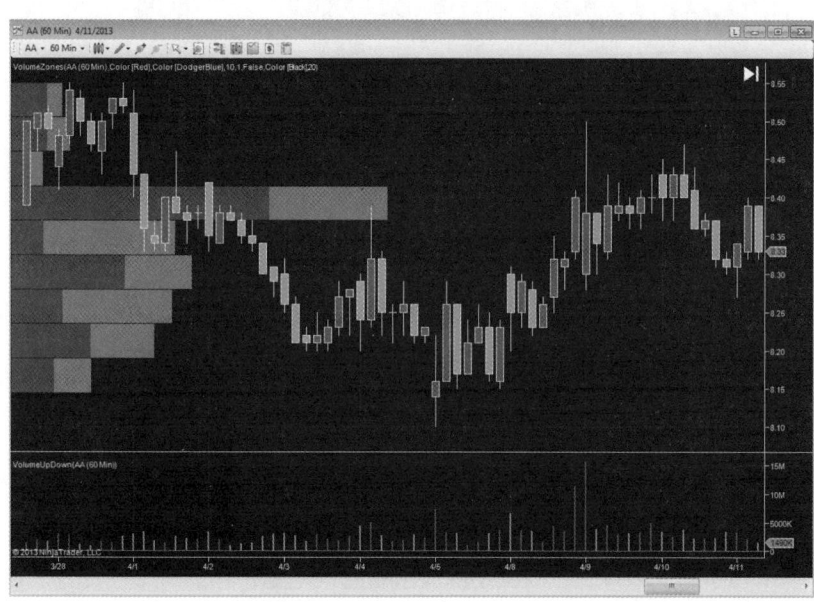

图9.14 美国铝业(AA):小时图

图9.14实在是非常有意思的一张图。这是美国铝业的一张小时图,可以看到在价量分布图的中间有非常巨大一根成交量柱。它不仅巨大,更重要的是它还正好出现在当前价格震荡中的位置。市场价格已经在这个区间内盘整了很长时间,显然通过价量分布图,我们就能看出来这一区间是非常重要的价格盘整区间。正如你所看到的,在过去的几个小时内,市场一直在不断聚集能量,尝试突破这个价格区间,但是都失败了。根据左侧的价量分布图,这点是显而易见的。现在我们可以接着用传统的量价分析来寻找异常确认和验证确认,这个分析可以确认这个观点,同时预示着任何突破都可能是向下的突破。

● CHAPTER NINE / 第九章

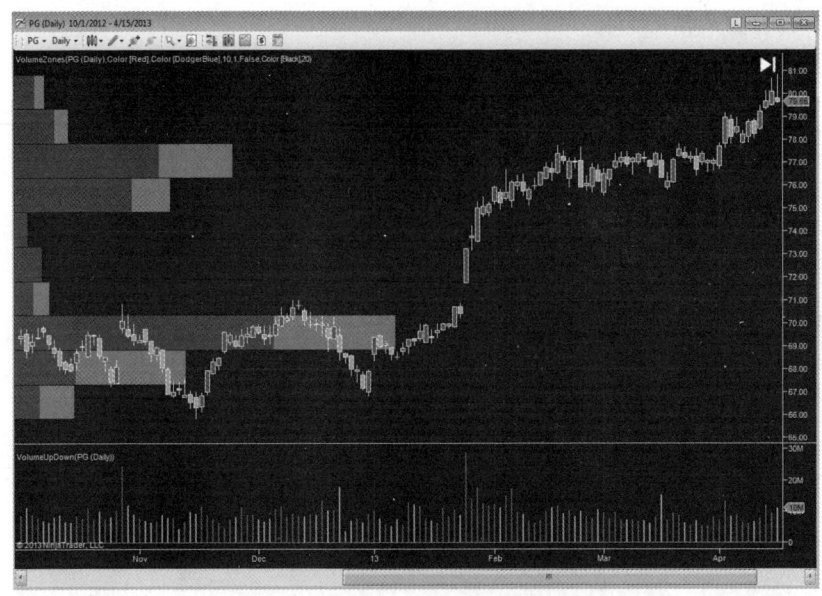

图9.15 宝洁（PG）：日线图

  图9.15中的这只现在正在交易的股票看起来不错，作为一个投资者，你可能希望选择一只股票然后买入并长期持有。这张图是一张日线图，大概覆盖了六个月的时间跨度。我们看到前三个月，股票一直在震荡整理。然而，我们看一下价量分布图中的成交量。一个巨大的成交量柱体和一个平均水平的成交量柱体在一起。尽管这个横盘时间很长，但是让我们往图的上方看，可以看到一个持续了两个月的横盘整理，但是这个横盘整理对应的成交量并没有放大，只是稍高于平均水平。所以通过观察我们就知道那个较低的支撑平台是一个有力的支撑位，对于未来的任何价格反转，这都是一个强有力的自然的支撑平台。

  更重要的是，当价格从这个区间突破的时候，价格直接跳空向上攀升，这是一个非常强的信号，这一点随后也被我们的量价分析证实了。从那之后，股票的价格就开始强势拉升，在第二个价格震荡阶段之后又再次上涨。但是重要的是，第二次的价格震荡对应的成交量相比于第一次来说要低一些，所以未来价格反转时这个位置的支撑力度可能不会像第一次震荡区间那么大。这点有助于我们按照风险和资金管理准则设定止损线的位置。

总之，我们要知道关键是什么。这些通过价量分布图得出的直观区域给我们提供了许多重要信号和迹象，可以在很多方面帮助我们。它们帮助我们确认当前的价格走势，帮助我们检验关键区域的支撑位和阻力位的"强弱"，同时在价格突破时给我们提供信心，因为我们知道会有支撑位和阻力位在某个位置发挥作用。如果支撑作用很强，那么我们就有信心去进入一笔头寸，如果支撑较弱，我们可以暂时撤退等待其他的信号。最后，价量分布图也能揭示未来价格走势中支撑位和阻力位的强弱，这也可以帮助我们直观地分析风险。

在接下来的一章中，我们会继续运用量价分析（VPA）方法来检验一些实例。但是，我希望你能够自己发掘价量分布图的更多内容。在本章中我用到的例子都是股票市场实例，但是这一技术可以应用于各种其他市场和金融工具。

芝加哥期货交易所曾经就向期货交易员们提供类似价量分布图的图表，叫做Chart-EX，但是我记得这个现在已经不再提供了。然而，就像我之前所说的，大多数交易平台的绘图工具中都可能以不同的形式提供这一指标。

# 第十章

# 量价分析实例

● CHAPTER TEN / 第十章

> 交易中有两个关键因素：正确的行动和足够的耐心。这两点你一定要教会自己。
> ——查尔斯·布兰德斯（Charles Brandes，1943— ）

我希望到现在为止已经让你相信了量价分析的优点及其强大之处。我写这本书的目的有两个。第一个是为了引导你们走上我开始交易时非常幸运地选择的这条正确的道路。艾伯特确实是个"骗子"，但是尽管他被许多人贬低，我仍然十分感激那天在报纸上偶然看到他的那篇文章。因为成交量对我来说非常有用，它很有逻辑性，同时我认为这是能够真正看到市场内部行为的唯一方法。我在这本书里用到的所有图形都是从NinjaTrader交易平台或是MT4经纪账户中截取的。

我写这本书的第二个目的则是希望能够简单直观地解释我使用的方法。市场确实是令人费解的，但是它并不复杂，更不是复杂到难以理解，只要你做好了学习的准备并且开始学习图表分析，你很快就会成为量价分析的专家。这条路没有捷径，但是就像学习骑自行车一样，一旦你学会便终生不会忘记。正如我之前所说，我不相信任何软件能够替代你做分析。交易是一门艺术，

VOLUME PRICE ANALYSIS EXAMPLES / 量价分析实例

而不是一门科学技术，因为市场的微小变化和细微差别都超过了机器代码所能处理的范围，无论那个程序有多么复杂巧妙。至于交易是一门艺术的原因则是市场是由人们、资金以及恐惧和贪婪的情绪驱动的。

因此，在这本书最后的部分，我希望举一些不同市场、不同交易平台的例子。所有的例子里有成交量这一指标。有的成交量是真实的成交量，比如在股票市场和期货市场，或者是在现汇市场的成交量。但是它们都有一个共同点，它们对于量价分析的应用都是类似的，如果我们有价量分布数据，我也已经把它加到图中使其更完整。

接下来我想从美国股票市场开始说起，第一张图是霍尼韦尔公司（HON）的日线图，见图10.10。

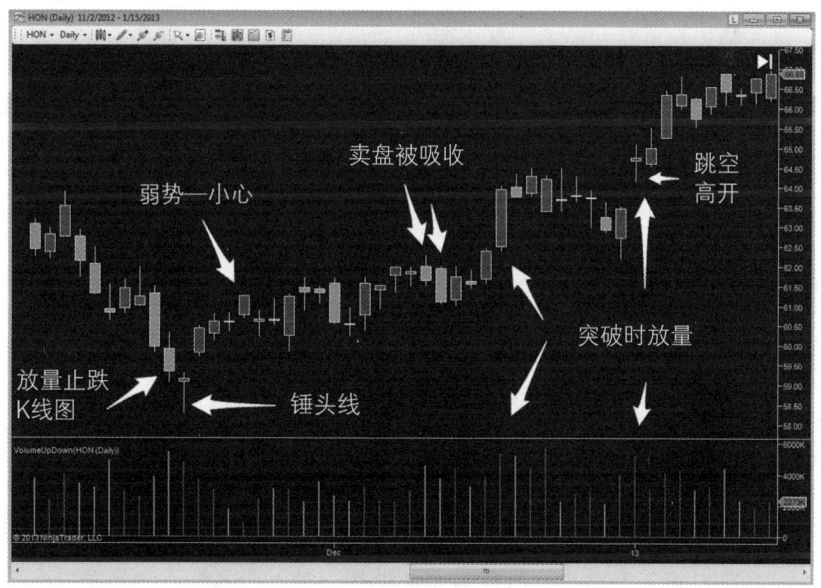

图10.10　霍尼韦尔（HON）日线图

● CHAPTER TEN / 第十章

　　这是一个绝佳的例子，我们可以在这个例子中学到多种分析方法。尽管这是一个日线图，但是量价分析仍然适用，因为量价分析适用于任何的时间跨度和交易工具。

　　股票开始时被抛售，然后开始下跌，然后一个小射击十字星预示着市场变弱，这点随后被一根增长的成交量以及一根大阴线证实。到这里还没有任何异常出现。紧接着出现了一个较低实体的阴线，其成交量比前一个要大。这是一个异常信号，很可能是放量止跌的信号。接下来的一天，市场收了一个锤头线，同时又伴随着很高的成交量。现在我们可能预期市场会在这个位置暂停下跌，或者开始震荡整理，或者积聚能量准备向上突破。

　　在这个例子中，霍尼韦尔的股票第二天就向上跳空并向上攀升，但是交易量只是平均水平。接下来的一天的K线图的实体较低，尽管价格有上升，但是交易量却在萎缩。这不是一个好信号，它预示着市场较弱。市场可能不会继续向上运动而是进入横盘整理阶段。然而，在横盘的最后阶段，我们看到每天的卖压都被吸收掉了，伴随着较低实体的阴线和很高的成交量，这又是一个异常。毕竟，如果大家都在卖出，那么应该会看到K线图的柱体呈现很大的价差，但是事实并不是这样的。我们看到一个低实体K线，后面跟着另一个低实体K线，后面又有三根这样的K线。

　　当卖盘都被吸收之后，我们就在等待某时发生突破，这一突破如期到来。伴随着放大的交易量和大阳线。这是市场转变成牛市的积极信号。同时我们还有一个完美的价格支撑平台。接下来价格开始在稍高的位置上盘整了两周左右，略微有向下的趋势，但是请注意那些阴线。卖方的成交量在这个水平一直在下降，这不是熊市信号。如果市场真的要进入熊市，那么我们应该会看到价格的下跌伴随着交易量的放大。然而我们现在看到的是萎缩的成交量。

一定要记住，上涨和下跌都需要能量的。

因此，我们预期买家会很快进场，而这完全就是接下来发生的事情，而且非常激进！买家以一个高于平均交易量的水平进入，请注意横盘震荡最后那根柱体的很长的下影线。这是一个看涨的信号。

随后的一天，我们就看到了伴随着高成交量的突破。这不是多头陷阱，而是真正的向上突破。我们如此确定是因为交易量展示出了一切。而且我们不仅看到了一个突破，这个突破还伴随着一个跳空缺口。所有的这些信号都指向牛市，而且这些信号都经过交易量的确认。三个月后，这只股票的价格涨到了76.08美元。

下一只美国股票是我特别钟爱的一只。我和我的丈夫大卫在它还只有17美元时就开始交易杜克能源（DUK）！而现在它已经70美元了。当时我们一直持有这只股票，同时卖出这只股票的看涨期权，这是一种非常有效的期权策略，不过这是另一本书的话题了。

● CHAPTER TEN / 第十章

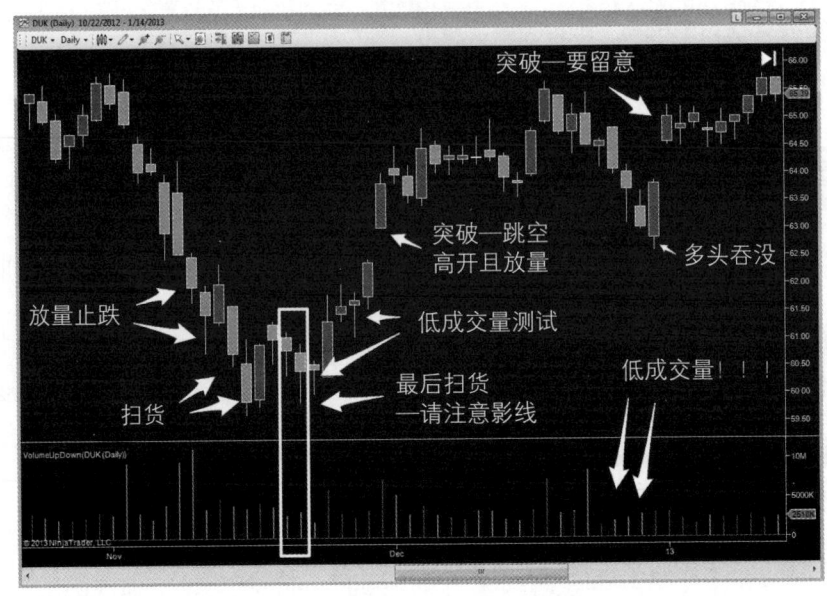

图10.11 杜克能源（DUK）日线图

再次地，这幅图中也有几个要学习的地方，其中最重要的一点就是耐心。请记住我在这本书开头所写的话。我在最初使用量价分析进行交易时，每当我看到一个锤头线或者放量止跌的信号时，就会立即进入一笔头寸。然而，请记住油轮的比喻。它需要时间慢慢停下来。因此，这就是我们能从杜克能源中学到的经验。

首先，在最左侧的位置，我们可以看到股票已经开始缩量上涨了。下跌之前的最后一根阳线实体很高，比前一根实体高一倍，但成交量却仅仅比前一个柱体高了一点点。显然这是市场开始走弱的信号，随后的两个柱体就证明了这一点。股票价格尝试回升，但最终还是像瀑布一样暴跌，同时伴随着放大的交易量，这时出现的放量止跌信号仅仅是刚开始踩刹车。这时杜克能源尝试回升，但是柱体上很长的上影线意味着市场目前并不强，之后价格再次下降，但是成交量只是平均水平。

事实上这两个柱体的实体都很高，和之前急跌时候相同长度的柱体比较，此时应该有更高的成交量，所以我们可以清楚地知道卖方的力量在这个价格水平已经消耗殆尽了。杜克能源再次尝试挽回颓势，这次出现了一个大阳线，但是成交量只是维持在平均的程度，显然这还不是一个强势的信号。

市场接下来回探，出现了两个低成交量的锤头线。现在是消磨掉卖方力量的最终阶段了吗？答案在下一个柱体，它仍然伴随着很低的成交量。那些内部人士开始准备构建市场的底部了。那些空头势力已经被吸收掉了，而且市场进一步测试了未来的卖方意愿，之后的低成交量也就意味着确实空方力量基本被完全吸收了，现在，杜克能源已经准备好要向上攀升了。

股票之后放量上涨，随后还跟随着一个跳空高开，伴随着巨大的成交量，所以这不是一个多头陷阱，而是真实的上涨。那些庄家开始进入了！接着我们进入了横盘整理，之后股价再次跳空且放量突破，在这之后，股价便开始慢慢走低，但是请注意成交量。是低成交量！异常信号！我们可以相当肯定股价不会下跌很多。毕竟，如果它真的要下跌的话，我们会看到放大的成交量，而现在的成交量低于平均水平，所以肯定不会大幅下跌。

这一组柱体的最后一个之后跟随着一个多头吞没的形状，接下来的一天就出现了向上的跳空缺口。但是——注意跳空时的成交量，非常的低。这是那些庄家布置的多头陷阱么？它看起来绝对是弱势的，而且跳空时的成交量也比平均水平低很多。但是我们要意识到我们在整体价格趋势中的位置。让我们看看最开始时的价格运行情况，我们可以看到最左侧的价格震荡区域是一个未来价格运动的潜在阻力位。这时我们应更加警惕。跳空高开伴随低成交量，前方就是阻力位了！！

● CHAPTER TEN / 第十章

所以接下来发生什么了呢?

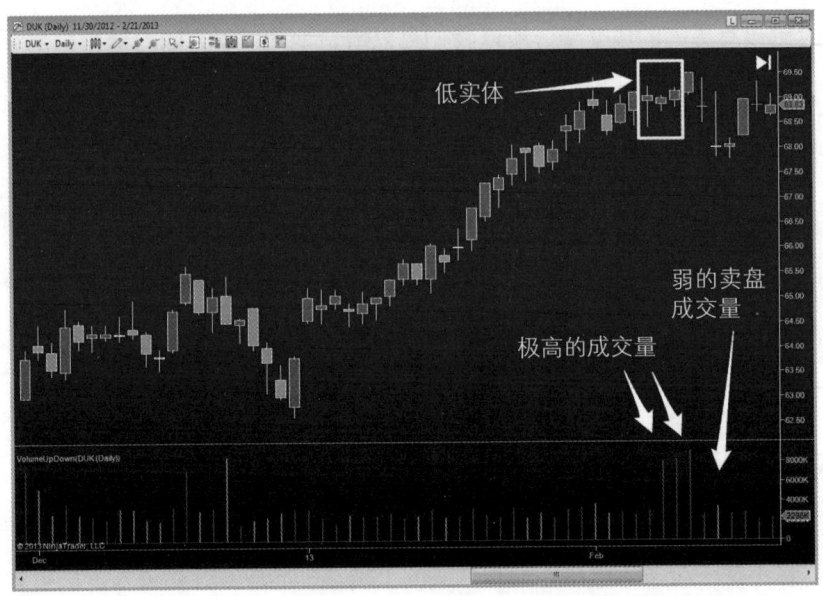

图10.12 杜克能源（DUK）日线图——随后的走势

杜克能源这时在65.75美元的位置盘整了几天之后终于突破了阻力位，随后稳定地向上攀升，伴随着稳健的成交量。最后，上攻开始乏力了，成交量告诉了我们这一切。在这一趋势的最后阶段，我们注意到了三根极高的交易量柱体，对应着低实体K线图。现在市场是强还是弱呢？回答当然是市场开始走弱了，接着我们就看到了价格的急速下跌。但是，再一次，交易量是在平均水平，所以这不是反转的位置，杜克能源目前仍然在一个上升趋势中。在我写作这一章时，杜克能源已经涨到了74.41美元。

VOLUME PRICE ANALYSIS EXAMPLES / 量价分析实例

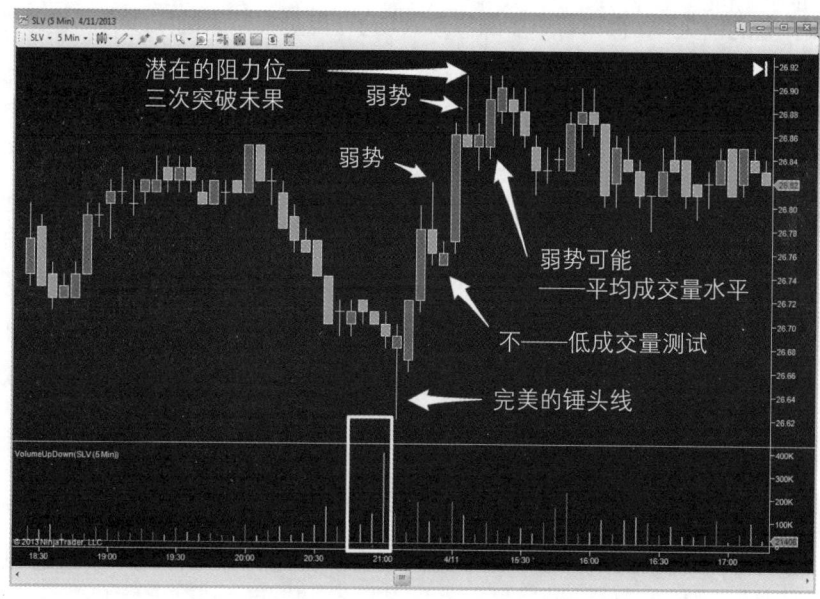

图10.13　白银ETF——5分钟图

接下来我想换到不同的市场和时间跨度，第一个例子是白银ETF。ETF是投资者进入商品市场交易的很流行的方法，而白银是最主要的商品之一。这是一种简单的ETF，没有杠杆而且有真实商品做后盾。图10.13是一张5分钟图，对于日内短线交易是非常好用的。

我们从图中可以看到，从最左侧开始，白银ETF的价格在横盘震荡，尽管有向上的迹象但最后还是开始下跌了，5个连续的阴线向下突破了暂时的支撑位，同时伴随着放量。这个价格运动被高于平均水平的交易量验证了。

白银ETF继续横盘整理了几根柱体，随后我们看到了两个实体很低的小阴线。第一个小阴线对应着高于平均的成交量，这是一个异常信号，而第二个阴线对应着极高的成交量。这一定是一个止跌的信号，有大量买家买入。不然这个柱体的实体就会很高，而实际上实体很低。接下来是一个伴随着较高

● CHAPTER TEN / 第十章

的成交量的锤头线，意味着更多的买家入场了。但是接下来的阳线有些迷惑性，价格向上运动但成交量很低，这不是一个强势的信号，但是紧接着的下一个放量的大阳线则是一个积极的信号。那些庄家先用低成交量测试一下价格水平，接着便坚实地向上拉高，然后在一个大阳线和上涨乏力之后，市场变弱的信号产生了。

接下来白银ETF继续在这个位置盘整了一段时间之后第二天再次被抛售。

对我来说，我可以轻易举出成百上千个量价分析给我们带来绝佳趋势和交易机会的例子。确实如此。除了这些作用，它还教会了我们怎样做出交易决定，怎样衡量一笔交易的风险，而衡量交易风险是交易的一切。

这个例子展示的是寻找短线交易的机会。但是，如果你是一个激进的交易者的话，你或许只根据锤头线就建立头寸。毕竟，这看上去是一个强烈的信号。然而，接下来的这个柱体暗示着这个位置可能较弱，成交量大大低于平均值，这个时候我们很可能在怀疑之前做的是不是一个正确的决定。顺便说一下，止损线可以设置在锤头线的下影线的位置，这也是市场自然形成的一个价格位置。假设我们当时仍继续持有，那么接下来的柱体就给了我们极大的鼓励，高实体伴随着放量，这是一个积极的信号。暂时还没有理由平仓退出。

接下来的柱体就暗示着市场的走弱，一个射击十字星（尽管不是出现在趋势的顶部，但长的上影线还是意味着市场疲软）伴随着高成交量。我们预期下一个柱体会反转，然而我们看到了一个积极的信号——一个低成交量的检验跟随着又一个放量的大阳线，而这也是价格进入横盘整理之前的最后一根柱体。

然而一个更谨慎的投资者会先观察市场对于锤头线出现之后的反应，然后他会看到一个弱势的信号，根据这个信号，他会选择暂不进场，或者在决定入场之前继续等待接下来的市场反应，而接下来的价格运动是一个积极的信号。如果是这样的话，谨慎的交易者可能只会获得一个较小的盈利，或者较小的亏损，或是不亏不赚。但是我的观点是这样的。

我所选取的这些例子是为了教学，为了教会你们量价分析在不同市场、不同时间跨度上的应用，而且更重要的是希望让你们知道所有的趋势和交易机会都是相对的。这个例子里我们可能仅靠一个短线的头寸就净赚20或30美分。

而在之前的股票的例子中，我们的头寸可能要持有几天、几周甚至几个月，但我们可以盈利几百，甚至上千美元。这一切都是相对的。量价分析的美妙之处在于你的交易决定是基于逻辑的，价格和交易量的逻辑。接下来就完全靠作为交易员的你自己根据自身的风险承受能力来管理自己的资金、制定自己的交易策略了。量价分析只会给你提供交易机会，但是你要判断这笔交易的风险以及基于你的评估要拿出多少资产来冒这个风险。

同时要谨记，你对风险的评估也会基于你在不同时间跨度的图表上的分析，在上面的例子中，在更长的时间框架下的图中可能会显示这是一个弱的市场，所以交易的风险会很高。这可能是逆大势的交易。事实上确实如此，因为白银此时的总体趋势是下跌的，所以我们的交易无论如何风险都很大。

下一个例子也是投资者非常青睐的商品——黄金，其ETF基金叫做GLD。同样这次我们也用一个很短的时间跨度来分析，这一次我会逐个柱体分析。

在开始分析之前，我先来介绍一下目前黄金市场的交易背景。在这张图形被截取的时候，金价已经疲软了一段时间，同时由于低通胀以及风险资产的投资回报率较高，因此，资金没有去追逐安全的避险资产。所以金价长期是一个看跌的趋势。接下来让我们在这种大背景下来看下图展示的日内价格运动。

● CHAPTER TEN / 第十章

图10.14　黄金ETF——15分钟图

　　市场最开始向下跳空，同时伴随着极高的成交量，这是明显的弱势信号。这一市场走弱已经被交易量证实了。接下来是一个小的锤头线，也伴随着很高的成交量。这可能会是一个放量止跌的信号吗？或许是，我们要等待下一个柱体，一个实体很低的带有上影线的柱体出现了，这意味着进一步的弱势，同时伴随着高成交量。

　　显然这不是一个对于"放量止跌"信号的积极回应。接下来的两个柱体意味着有一点点买入的迹象，这点可以通过下影线看出来，但是，市场仍然放量下跌，倒数第二根阴线再次释放了放量止跌的信号，终于，最后一根阴线在这段急跌中以一个平均的成交量收尾，随后出现了这片区域中的第一根阳线。尽管出现了阳线，但这还是一个弱的反应，因为有很长的上影线和很低的实体，同时伴随着高于平均的成交量。这就意味着市场在这个位置不太可能出现反转。接下来的是对应着平均成交量的小阳线——看起来还不错。

紧接着的这根阳线是一根类似于这波上涨中第一根阳线的形状，但是不同的是——这次的成交量异常地放大。这就明显给我们发送了一个市场非常弱的信号。如果这是买方的力量造成的，那么价格一定会上升得很快——但是事实上并不是，所以这是卖方的力量。每个人都希望在价格崩塌之前逃离市场，每次价格尝试上升都会被抛压压回。接下来的K线图甚至更糟，反映出了一个更加强烈的弱势信号，每个人都在抛售黄金，市场极其弱势。

这里显示出了极高的成交量，同时市场也已经无路可走了。柱体的实体很低，如果这么高的交易量是买方造成的，那么价格肯定已经在上涨了。庄家现在开始支撑市场，希望在让价格继续下跌之前卖出在之前下跌中所积累的交易标的。

随后的两个低交易量的柱体没有什么意义，随后市场像预期那样急速下跌，同时被极高的成交量确认。下一个柱体可能又意味着一个放量止跌的信号，较低的实体伴随着较高的成交量。买方在这个位置又开始进入市场，这一点也被随后的放量的短阳线暗示出来。现在我们应该预想市场要开始回暖了，但是注意接下来的那个柱体。市场尝试着回升但是被打压回了接近开盘价的位置，同时伴随着交易量的放大。这不是一个强势的信号。随后出现了一个交易量极高的小锤头线，似乎意味着更多的买家在进入市场，然后再注意前几个柱体的成交量，或许市场之后要反转了吗？

三个小阳线随后连续出现，每一个的实体都很低，但是交易量较低，说明现在市场是在平量上涨，所以不大可能上涨得过高。市场在这个价位开始再次反转，同时放量下跌意味着抛压再次来临。这一波柱体的最后一个是一个放量的十字星，再一次我们认为这是一个放量止跌信号，即买家再次入场了。

这点被随后放量的大阳线证实，但是当市场在下两个柱体继续上攻时，交易量下降了。那些庄家并没有把这个市场拉得更高更远。市场随后开始横盘整理了一段时间，其中有几次尝试下跌，之后的市场交易开始平淡，直到市场最终闭市都始终看起来非常弱势。

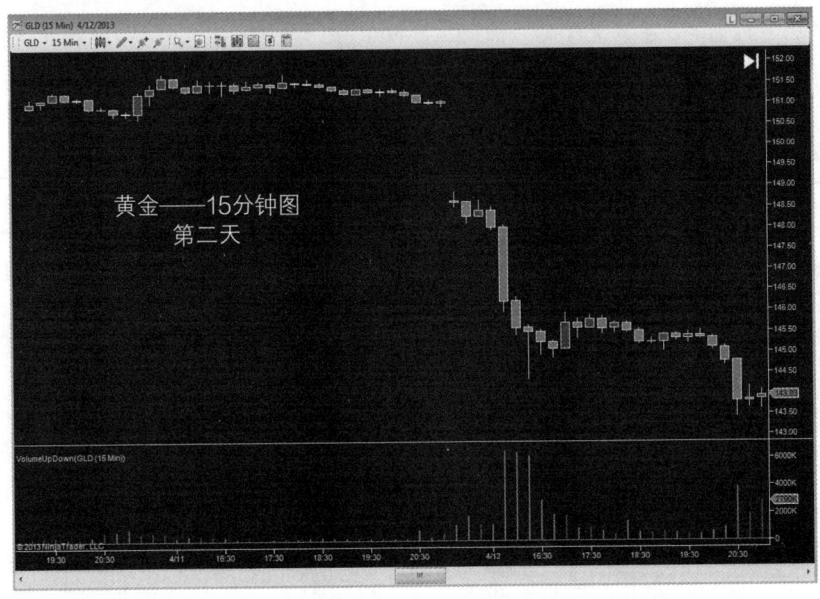

图10.15　黄金ETF15分钟图——第二天

接下来的一天，前一天熊市的情绪占领了市场，金价再次向下跳空，开盘同时伴随着三倍于前一天开盘时的成交量。

尽管一开盘就足以让那些做多黄金的交易者懊丧，但接下来的走势更加糟糕，第五、第六和第七根阴线同时还伴随着可以称之为天量的成交量。每个柱体对应的成交量都超过了600万，然而平均的成交量只有50万左右。换句话说，现在出现了恐慌性抛售。

即使出现了放量的锤头线也不足以减缓市场下跌的动能，接着出现的一根独立的放量阳线缺乏后续的上攻，市场转入了横盘震荡阶段，在盘整之后，四根不断放量的阴线再次标志着更多的抛压。

以上是我带领你们一步步进行的市场分析，这完完全全是我看到价格走势时在脑海中和自己的对话，无论价格走势图是何种交易工具或是何种时间跨度。我所需要的只是通过交易量来窥测市场中到底在发生着什么。有了这样洞察市场的工具，我就可以通过价格运动得出结论。以上的例子只是黄金ETF，但是这种方法可以应用到各种ETF或是其他交易工具上。这完全没有什么区别。

接下来我将转移到现汇市场，下面的截图来自于MT4交易平台。在MT4上，我们可以看到的是时间图和跳动点成交量，量价分析的基本原则依然是不变的。

第一个例子是我真实交易澳元的实例，图10.16展示的就是一个澳元/美元的15分钟图。

这个货币对已经持续上涨了一段时间，交易量比较平均（平均水平用白色虚线画出了），这个阶段没有异常迹象表明市场要走弱。接着我们突然看到了一个异常的阳线（在图中以"第一个弱势信号"标出），这个阳线实体很高，但上面还有几乎一样长的上影线。

● CHAPTER TEN / 第十章

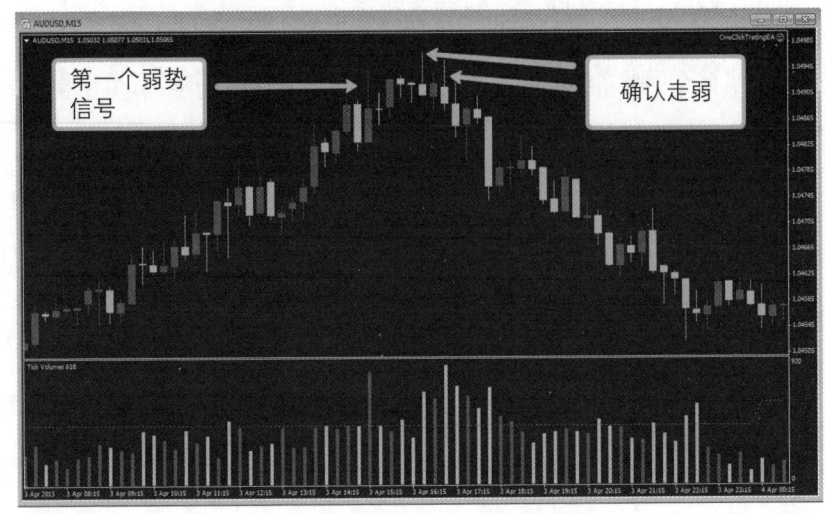

图10.16　澳元／美元——15分钟现汇市场图

现在我们要提起注意了，因为如此大的成交量本应推动价格强势上涨，成交量里很大部分是卖盘，通过柱体上方很长的上影线就可以确认。

货币对费劲地向上攀升了几个柱体，但下跌的警号已经向我们发出了。并且在五个柱体之后，出现了高成交量的射击十字星。下一个K线仍然是一个弱势信号，低实体的十字线伴随着高成交量。一个可能的反转即将出现！后面的K线图再次确认了市场的弱势，又出现了一个伴随着更高成交量的射击十字星。另外重要的一点是，这根K线的当日最高低于前面的K线。这时我们就可以建立一个空头仓位了，同时将止损线设置在第一根柱体的上影线之上。

不出所料，货币对价格开始下跌了，这里我还想强调的一件事就是如何通过分析交易量来使你一直保持在强势的位置，从而在趋势中最大化获得利润。

众所周知，市场从来不会直上直下。市场会向下运动一些，然后再反弹一段，再继续下跌。在这张图中，我们可以看到这种运动方式被精确地展示了出来，接下来我来分析要点。

第二个射击十字星之后经过四个柱体，我们很高兴地看到了一个大阴线。我们之前的分析都被证明是正确的，现在我们处在一个强势的位置。但是接下来市场和我们预测的运动方向相反了。这是一个趋势性的反转还是一个下跌中的暂停呢？

我们看第一根K线图，实体相对较低，交易量高于平均水平，所以这是一个令人舒心的信号。同时我们没有看到任何放量止跌的证据，即实体变低，成交量增长，所以这看起来应该只是一个趋势的暂停。接下来的第二个和第三个柱体都证明了这一点，从最后一个柱体我们可以看到市场尝试上升但是交易量在萎缩，我们都清楚这意味着什么！

下一个柱体还是弱势的，交易量低于平均水平，这又是一个小射击十字星。

市场逐步下跌，而且每次企图反弹都伴随着萎缩的成交量，在我看来这确认了未来市场的继续走弱。

一旦你在市场中有一个头寸，那你一定要不断进行量价分析，因为这会增强你在趋势中持有头寸的信心。如果你是空头，市场开始反向运动，但是价格上涨时伴随着交易量下降，那么你就会知道这只是一个暂时的反弹而不是趋势的反转。同样地，如果反弹之前没有放量止跌的信号，那就说明买方在这个位置并没有进入市场，任何的反弹不会持续很长，所以你可以放心地持有空头头寸。

类似地，如果你是多头，这也同样适用。在上升趋势中，市场有所回调。如果回调时交易量下降，你就可以确定这只是一个小级别的回调，而不是趋势的反转，特别当你没有看到放量止涨信号的时候。

最后，在图的右边我们看到一个放量止跌信号终于出现了，之后市场进入横盘整理阶段，同时卖压低于平均水平。货币对结束了这一下跌趋势的阶段，然后我们平仓退出。

在我们决定入场、管理头寸和平仓离场时都只用到了一个简单的工具，即量价分析。完全不需要其他的工具。我始终无法理解为什么如此多的交易者、投机者以及投资者不注重分析成交量的变化，但是我们已经学会了。

接下来还有一些现汇交易的例子。

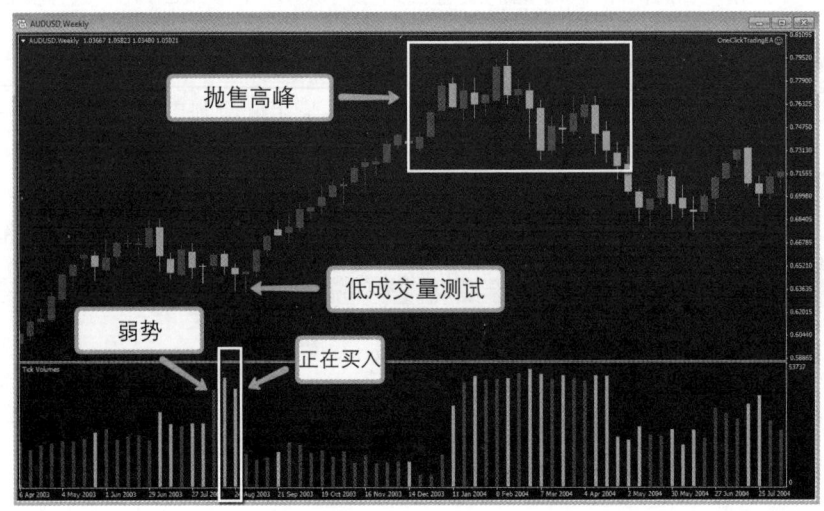

图10.17　澳元／美元——现汇市场周线图：抛售高峰

我选择澳元/美元汇率走势周线图的原因不仅仅因为这是一个抛售高峰的绝佳的例子，而且还可以让我们意识到这一阶段可以持续多久。正如我在书中多次提到的，我们要保持耐心。趋势的重大变动需要时间来显出效果，这就是一个例证。同时这还说明了量价分析适用于不同的时间跨度。

请记住，我们现在是在看一段长达18个月的K线图，如果你足够有耐心，并且相信量价分析的力量，那你就可以在如此长的一段时间内获得巨额的盈利！

我们可以看到澳元/美元货币对在进入平量横盘整理之前一直处在上升的趋势中。接着我们就发现了第一个异常信号。一个低实体阳线图伴随着高成交量。货币对在这个位置挣扎着，但市场并没有回应。下一个周线柱伴随着天量出现，如果这个货币对被大量抛售那我们就会看到一个实体很高的柱体——但是事实并不是这样，这个实体非常低。所以一定是大量买方在这个位置不断买入支撑着价格。接着一个带有很长的下影线的锤头线形成了，这也确认了我们对上一个柱体的判断。这说明了市场在买入，接下来我们要看有没有其他信号，而紧接着的下一个柱体就带来了这一信号，一个小锤头线的低成交量测试。前一个柱体的卖方力量都被买方吸收了，所以现在的成交量减小了，外汇市场的做市商们已经准备好拉升这个货币对了。紧接着就是一个完美的上升运动，以一个绝佳的稳定的交易量向上攀升。

这种上涨持续了几个月之久，但值得注意的是成交量在价格上升阶段中不断地稳步减少。它不是剧烈的减小，而是稳步下降，接着我们就进入了图中展示的方框里的区域——我们看到了什么呢？两个大阳线，但是注意它们对应的成交量。已经萎缩的快要消失了。这是货币对上涨乏力的巨大的警告，或者是因为上涨已经失去势头了，或者是因为一些其他原因。但可以确定的一点是，做市商们在几乎没有成交量的情况下把市场拉高，同时他们已经从市场中撤退了。

那些错过入场机会的交易者现在开始恐惧且贪婪地跑步进场了。他们唯恐错失了一个赚钱良机。毕竟，他们之前眼睁睁地看着市场不断走高，最后终于按捺不住然后买入进场，而这个时候恰恰就是那些做市商从后门带着利润溜走的时候。

这就是抛售高峰开始的地方。那些做市商在这个价位开始大量抛售,接着几周之后,市场开始向下破位,尝试反弹的失败再次给我们发出了市场走弱的信号,随后市场再次下跌。

注意图右侧边缘市场尝试反弹的地方。我们看到那些柱体的实体都很低,而且伴随着高成交量,同时成交量在减小,又是一个非常强烈的市场在未来走弱的信号,这一点随后也被证实了。

这里我想要更详细讲述的一点是在趋势中有关上升的交易量和下降的交易量的问题,因为当我们具体分析和解读时,我们要有一定的灵活性。毕竟,如果价格连续十天上涨,按照我们的量价理论,我们必须看到10个不断增大的成交量柱。显然这会给趋势持续多长设定限制,因为期望交易量柱永远持续放大是完全不现实的!

上面的例子就很好地解释了这一点。开始上涨时价格运动都被不错的成交量所支撑着,这些成交量虽然大小不一,但是都高于平均水平,或是和平均水平差不多。这样也完全是可以的。毕竟市场总会有些偏差,特别是当你分析更长的时间跨度的图时。有时会出现季节性因素的影响、节假日的交易量萎缩或是市场真正关闭时带来的影响。这些问题对于外汇市场影响很小,但是它们会影响其他市场反过来再影响外汇市场。

所以在用量价分析方法判断趋势中的交易量时,记得要灵活一些,同时在你分析时可以自由一些。这里我们在等待异常信号的出现,但是直到那两个低成交量柱体出现之前,都没有出现任何趋势要改变的迹象。

接下来我想要举一个操作方向相反的例子,也就是买入高峰的情况。我们将再次用澳元/美元周线图作为一个绝佳的例子,如图10.18。

这张图大概展示了18个月的K线,我们看到最开始货币对的价格停止了爬升，然后进入一个下跌趋势，而且价格下跌被不断增大的成交量证实。

接着出现了一个锤头线，我们就需要判断这是不是一个充分的放量止跌信号呢？接下来一个小的射击十字星伴随着很高的成交量的K线图就给了我们答案。

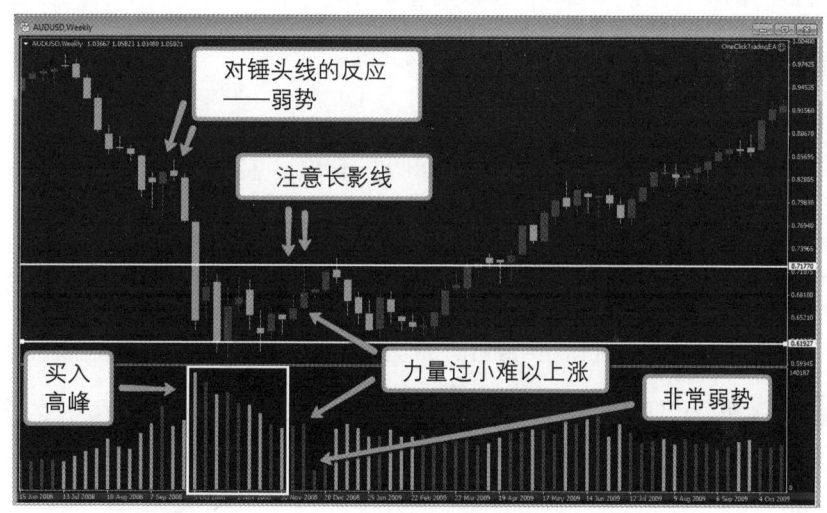

图10.18 澳元／美元——现汇市场周线图：买入高峰

显然市场在这个位置并没有准备好要上攻，而且卖压还很大，然后我们进入到买入高峰的阶段。之后，市场接下来有尝试反弹的迹象，但是，第一根阳线的实体很低，同时带有很长的上影线，伴随着高成交量，很难说这是一个强势的信号。澳元/美元这个货币对目前还没有准备好上涨，接下来的两根对应着极低的成交量的柱体再次证实了这一判断。这两根柱体的后一个放出的信号尤其明显——很高的实体却伴随着极低的成交量。

澳元/美元货币对之后再次向下运动开始了横盘震荡，震荡的区域我在图中用两根平行线标注了出来，这两条线要引起我们注意，它们就是上面的阻

## CHAPTER TEN / 第十章

力线和下面的支撑线。

任何对这一阻力区域的突破都必须要被坚实上涨的成交量支持。它不需要是"爆炸性"放大的成交量,而且更多的情况下不出现这种情况会更好——交易量只需稳定地增长放大即可。如果市场直接跳空突破阻力位,像我们之前看到的例子一样,那么我们应该期望交易量在平均水平之上,甚至当价格剧烈上涨时我们要求看到一个极高的成交量。但是对于一般情况下的突破来说,只要交易量超过平均水平即可。

接着汇率形成了一个漂亮的上升趋势,其间夹杂着一些回调。这个趋势一直持续了超过九个月,最终上攻乏力,抛售高峰逐渐形成。

接下来我将介绍一下期货交易,我们需要再次回到Ninja交易平台中来。第一个例子是5分钟的YM E-mini期货合约K线图,这是一个非常流行的短期交易品种,这个期货合约是从现货市场的道琼斯工业平均指数衍生出来的。

这个期货合约有两种类型:"小"道指和"大"道指。小道指每个点数值5美元,而大道指每个点数值25美元。我向来推荐任何市场的新手都从小的金融工具做起,所以如果你之前没有做过股指交易,或者没有做过期货交易,那么从小道指开始做起。

我想用这个例子的原因是希望让你们注意一下开盘的问题。就像我之前解释的那样,这些合约实际上是24小时不间断交易的,所以现实市场中的市场开盘并不会像之前那样有重大影响了,因为价格会继续按照之前电子合约的趋势运动,这些电子合约在交易所闭市之后连夜交易着。

VOLUME PRICE ANALYSIS EXAMPLES / 量价分析实例

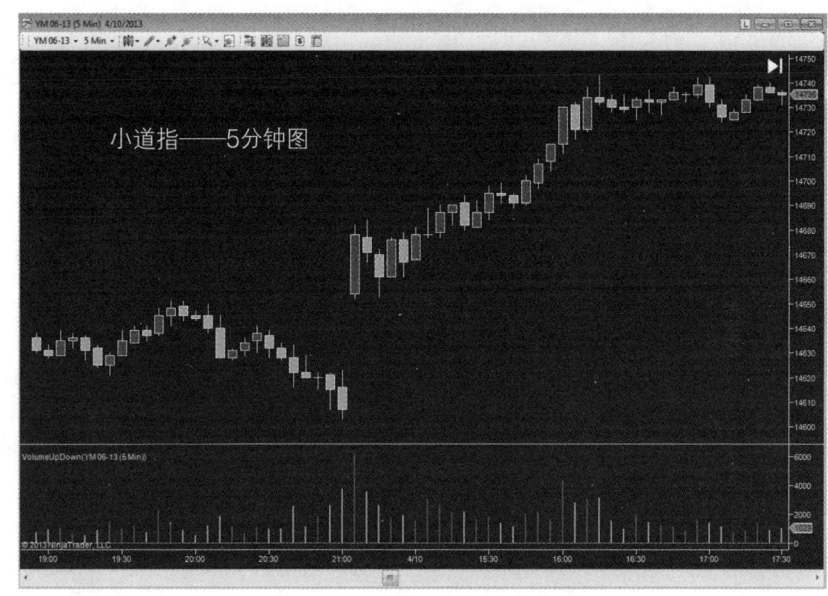

图10.19　YM E-mini 5分钟图

我们在图中看到了什么呢？首先，我们看到了一个跳空高开缺口，这种电子合约的价格一定是在前一天有形市场闭市之后快速上升了，就像你现在看到的这样。成交量很高而且第一个5分钟K线图的实体也很高，说明那些大型操盘手正在加入上涨的阵营。接下来是两个阴线，但是交易量也在萎缩，所以我们不认为市场会向下太多，同时第二个柱体的长长的下影线也暗示着只是一些从跳空中获得盈利的交易者逃出，而那些大买家还在市场中。

从这之后，市场开始稳步向上攀升。完全没有出现反转的信号，只有稳定的上涨和一些小的回调，而且我们每当看到成交量有减小的迹象时，又会被一个更高的成交量平衡掉，这就是我在之前所强调的意思。你在看待交易量的放大（或萎缩）时一定要保持一定的灵活性。比如这个例子中有趣的一点是当我们把第一"浪"和第二"浪"所对应的成交量比较时候，我们会发现，第二浪

● CHAPTER TEN / 第十章

所对应的成交量要略微低于第一浪所对应的，所以我们可能会怀疑市场上涨乏力了，可能到了要退出这个趋势的时候了。然而，接下来的价格运动却完全没有出现什么特别令人警觉的信号，而且我们可以看到图的右侧那些小阴线所对应的成交量非常低。但是市场兴趣看似在衰落，我们要提高警觉了。

在我们看下一个例子之前，我还想进一步说明一下这张图显示出的另一个重点。

在开盘运行了几根K线图之后，市场运行到更高的位置，同样给了我们指数已经突破开盘时的阻力位的信心。虽然这只是一个次级的阻力位，但是无论如何这也是我们建立头寸的另一个"信心来源"。这一点也同样适用于图右侧价格进入横盘整理阶段时的情况，我们看到盘整时伴随着减少的成交量，这也在提醒我们要在这个位置平仓离场了。

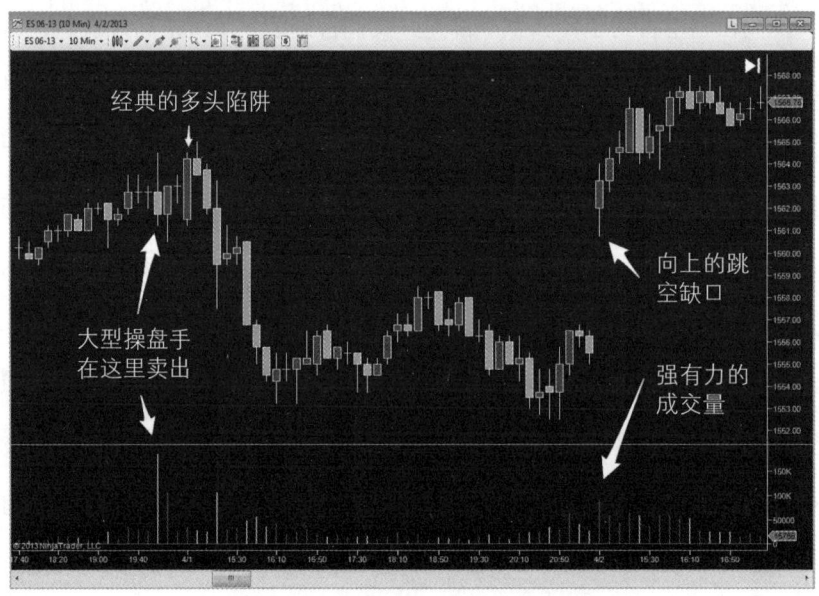

图10.20　ES E-mini 10分钟图

244

图10.20展示的是另一种非常流行的短线股指期货合约，ES E-mini 是标普500的衍生工具。然而这种股指在所有股指期货中波动性最大，而且被主力高度控盘，我将在下面进行解释。在这个例子里，我展示的是一个10分钟图，图的中部是一个完整交易日，两侧是另两个交易日的结尾和起始。

从左往右看，当前一天的交易时间快要结束的时候，我们看到了一个极高的交易量柱，就像是立着一个电线杆。那些庄家已经开始离场了，同时在为第二天做准备。这个极高的成交量对应的是一个射击十字星，明显的抛售信号，接着又出现了一个伴随着高成交量的阳线，价格没升多高，说明庄家在不断抛售，同时艰难地把市场价格维持在这个水平上。最后市场收了一个平量的十字星。

接下来的一天，市场以接近前晚收盘价水平开盘，然后形成了一个主力操纵的经典多头陷阱，一个大阳线伴随着低成交量。我们来比较这个成交量和之前射击十字星之后的那根阳线的成交量。两者价差基本相同，但今天这根大阳线的成交量明显缩小了。

这是主力前一天就准备好的多头陷阱。这是一个可能发生在任何位置的经典的陷阱，尤其多出现在市场开盘时，你以后会在期货市场和现货市场一次次地看到这个形状。那些主力，无论他们是做市商还是大型操盘手，都乐于把其他投资者困在弱势的位置。而当其他投资者迫切地等待市场开盘杀入市场，唯恐市场接着上涨或下跌而错过赚钱良机，匆忙地用情绪做出决定时，就是能轻易困住他们的时刻。接着抛售就开始了，市场应声下跌！其实做法非常简单，如果给我们机会我们也能完美地做出来！不必多说，交易量就是识破这些伎俩的唯一方法——时刻用交易量去提防它们，无论它们出现在什么市场和时间跨度，你都能发现它们。

## CHAPTER TEN / 第十章

最后，第三天市场向上跳空开盘，但是注意这时的成交量——非常的高，而且远远超过前一天的成交量，所以这是一个真实的价格运动，那些主力在牛市开始之前买入进场了。

接下来我们移步到另一个平台上，一个不同的市场以及不同的价格图。到目前为止，我们进行量价分析的价格图都是基于时间的。但是包括我在内的很多投资者在某些市场更喜欢使用跳动点图。如果你之前没有用过这种图形进行交易，那我强烈建议你把跳动点图的学习当作你交易学习的一部分，理由很简单。

当用一个基于时间的图表交易时，比如说15分钟图，图形上的每一个柱体或者K线图都是每15分钟就会形成一个。而当我们用80-跳动点图来交易时，每个柱体被生成的时间是不固定的。换句话说，每个柱体的生成时间依赖于市场的能量和活跃度。这是从另一个角度来考虑成交量和市场行为的。期货市场的一个跳动点基本上代表了一个交易指令，但是这个交易指令可能是一份合约也可能是一百份合约。然而，跳动点图的要点是这样。如果市场非常活跃，有许多的买卖成交，比如说在一则重要新闻发布之后，那么每个柱体就会形成得非常迅速，可能只需几秒钟，因为会有成百上千个指令在很短的时间内涌入市场，而每一个指令都会形成一个柱体。

因此，如果我们在非农就业指数发布之后看跳动点图的话，每个柱体就像是从机关枪里发射出来一样——它们会在图上以极快的速度生成，但是实际上每个柱体生成的时间是不同的。所以通过观察柱体生成的速度，我们就能窥测到市场的内部运作，了解和这样的疯狂买卖相联系的"成交量"和活跃度。

这些信息你完全不会在一个基于时间的图表中看到，因为每个柱体的形成都有固定的时间间隔。然而跳动点图却不是这样，这就是关键性的区别，同时也是为什么许多全职交易员和专业投资者只用跳动点图的原因。

为了能把上面的理论放到一个具体情境中，想象一个在以下情境中的跳动点图。

首先在上面的例子中，纽约开市然后非农就业指数发布了，80-跳动点图中的每根柱状图将在几秒内甚至几毫秒内形成。现在想象晚上在亚洲市场这张图的状况，我们可能处在一个市场将要收盘而另一个刚刚开盘的重叠期内，每个柱体形成的时间可能要30秒甚至几分钟。

跳动点图的好处是这样。通过跳动点图，你可以通过柱体形成的速度来直观地感受市场的活动。在一个时间图表中，你永远不会看到这种场景，只能看到柱体形成时的价格变化。这就是跳动点图和时间图的不同，同时也是许多交易者青睐跳动点图的原因。以跳动点图为工具，我们看到"市场的内部运动"，同时强化我们的量价分析。毕竟，交易量只不过是反映"市场活动"的，而市场活动我们可以在跳动点图上直观地看到。

另一个关于跳动点图的要点是如果交易量由跳动点代表的话，那我们看到的似乎是一列"身高相同的士兵"，每一个柱状图代表80笔交易。为了克服这一问题，许多交易平台在生成跳动点图时会提供选择跳动点成交量还是实际交易的成交量的选项，下面的例子也是我交易账户中的一个截图。这里我选择了交易成交量，而不是跳动点成交量，这样我们显示的成交量就是根据交易的大小决定的，所以每个量柱的大小是不同的。

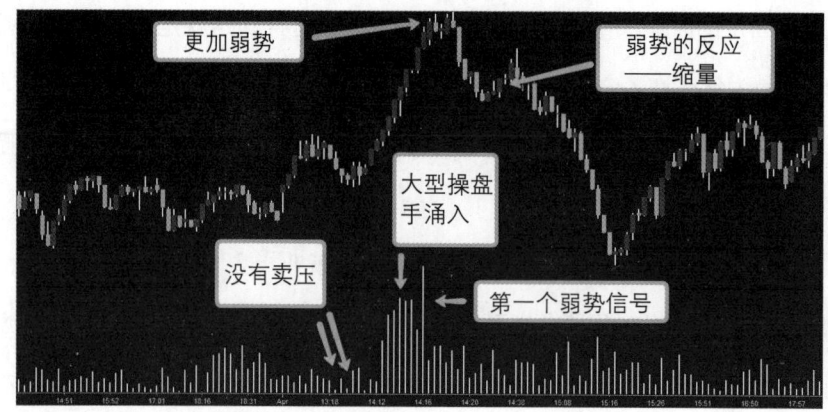

图10.21 咖啡期货——80个跳动点图

图10.21所示的咖啡期货合约在开盘之后首先弱势上涨，之后反转向下运动，但是可以从图中看到，这个位置几乎没有卖压。

虽然市场在下跌，但是成交量也在萎缩，所以市场不会下跌过多。

接下来我们就看到大型操盘手进入了市场。交易量突然放大并且持续增加，与此同时价格也均匀地不断向上攀升，阳线的长度大致相同。然而，到了第9个量柱的时候，我们看到了第一个弱势信号，极高的成交量而价格上涨幅度没有与之相匹配。这根阳线的实体很高，但是根据之前的柱体和价格走势来看，市场的反应应该更强烈才对。这是市场走弱的信号，主力开始在艰难地维持价格的同时出货了，尽管这个柱体的上影线很短。

市场接着开始盘整，伴随着高于平均水平的成交量以及低实体且有上影线的K线图，这就证实了我们之前关于市场走弱的判断。市场随后开始反转，大量抛售形成高成交量，接下来价格试图反弹时的交易量却不断减少，这是另一个市场弱势的信号。当价格继续运动形成一个射击十字星时，这些判断再次被验证了，这也成为了接下来价格急跌的催化剂。

尽管我展示这个例子的本意不是想说明下面这点，但这一点很有趣，价格跳水之后的反弹在没有买入量的放大而且没有放量止跌信号出现的情况下就发生了。这点本身是很值得怀疑的。毕竟，这个下跌的级别非常大，尽管这是一个短时日内交易图，但是我们还是更希望看到底部的放量。因此现在这种情况会是一个低成交量的向上的多头陷阱吗？答案是并不一定，所以在这种位置我们要尤其注意。

在之前的上升趋势中，交易量实在是放大得过于极端，以至于它们扭曲了我们对于其他地方交易量大小的判断，比如在价格跳水之后反弹时，其成交量已经大大超过了平均水平，但是被上升趋势的成交量扭曲了从而影响了我们的判断。不过咖啡期货在第二天确实被抛售，也没有向上攀升。所以这点值得我们牢牢记住。不管我们在交易什么金融产品，我们一定要对交易量的大小有一个明确的认识。所以当这种极端的成交量出现时，它不会迷惑并影响我们对于价格未来走势的判断。

最后，为了圆满地结束这章的内容，我想检验一下世界上最著名的指数之一，道琼斯工业平均指数是否能够进行量价分析。道琼斯指数经常被那些对金融市场知之甚少的媒体当作美国经济的风向标。其实它并不是，但是没关系，这正好给我的另一本书提供了写作主题！

我想通过这个指数的分析来结束这一章，因为我想证明那个观点，即量价分析对任何金融市场、任何金融工具以及任何时间框架都适用。图10.22展示的是道琼斯工业平均指数的周线图，对于那些希望进行股票长期投资的投资者来说，周线是应该考虑的绝佳的时间跨度，在长期投资中基本指数是重点分析对象。

● CHAPTER TEN / 第十章

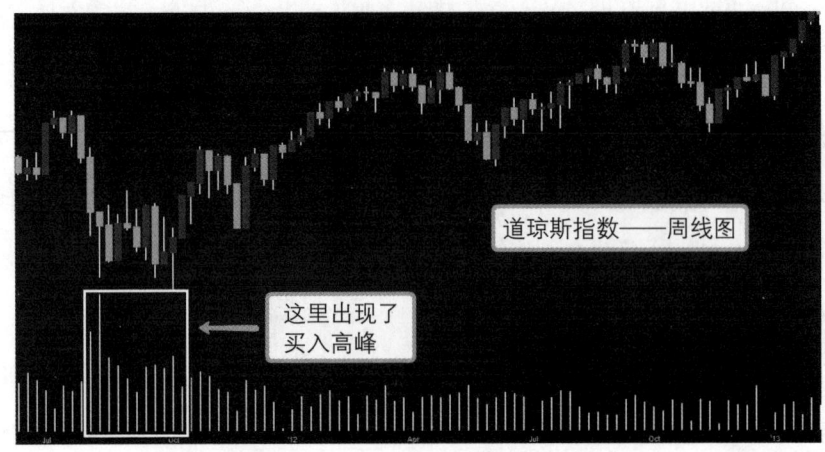

图10.22 道琼斯30指数——周线图

仅仅略微扫一眼，我们就能从图中看出哪个地方主力开始买进了。它是如此的明显，而且这也证明了量价分析的要点。你应该直接被那些异常信号所吸引，极高或极低的成交量或是交易量集中的某些区域。从那些地方再深入分析，同时在宏观层面上辨证地看待。这是一个经典的图形，价格上涨然后回调，之后再次上涨回调，形成一个个经典的圆顶。

那些做市商强势地进入市场长达11周之久（方框框起来的交易量），接着又在相同的区间吸筹六到八周，所以市场在这个区域横盘震荡了长达4到5个月。这就是吸筹阶段可能耗费的时间，而直到他们准备好之前，市场都不会有任何大动作。

现在每个人都会问的问题就是，市场能持续上涨多长时间呢？答案就是去看成交量的大小。吸筹阶段结束之后，指数就一直在平稳地增长，伴随着平均的成交量，没有各式各样的极端情况出现。如果一个反转要发生的话，我们需要在这个时间框架下看到抛售高峰才能确信，然而目前的状态当然没有出现这一信号。

如果在某时抛售高峰的信号出现了，那么量价分析的交易者一定会觉察到，无论是在月线图、周线图还是日线图上。成交量永不可能被掩盖，无论主力多么努力掩盖都不可能，尽管他们可以掩盖住大笔交易指令，但是成交量是每个人都可以看到的。他们或许很聪明，但是仍没有想出掩盖成交量的方法！

在下一章我想要着重介绍一些价格形态，我认为这可能会在我们分析价格运动和交易量时提供额外的建议和指导。

# 第十一章

## 综合运用

● CHAPTER ELEVEN / 第十一章

> 市场不依赖侥幸或运气。像战场一样，它靠的是概率和可能性。
> ——大卫·德雷曼（David Dreman, 1936— ）

在这本讲授量价分析的书的最后，我想要传授一些我在这十六年的投资经验中把交易量作为主要分析指标的一些思想、观察、建议和评论。正如我之前所说，我感到非常幸运在我的交易生涯最开始时就利用交易量来进行分析。它节省了我大量宝贵的时间，同时还让我通过交易和投资积累了大量的财富。很多有抱负的交易者花费了大量的时间学习无效的交易方法，导致他们丧失了信心，更不用说造成的经济损失。他们中的大多数人就此放弃了投资。

最终其中一些交易者和投资者偶然发现了成交量这个分析工具。一些人直接接受了这个方法，就像我一样。另一些人则没有，如果你是后者，那么我希望至少在这本书里我让你相信了量价分析的力量。不过，如果你认为量价分析不适合你，那你除了买书的钱外也没有失去什么。如果你认为量价分析非常有逻辑而且有道理，那么我会很高兴，因为未来成功的投资交易在等着你。只要你按照我所介绍的投资原则和方法去做。

PUTTING IT ALL TOGETHER / 综合运用

现在，让我来介绍一下我在自己交易时会用到的更进阶的一些交易技巧，当和量价分析基本原则结合使用，并把交易量当作分析的基石使用，就会帮助提高你的交易技术水平。

我想要介绍的第一个技术叫作价格形态识别，当我们之前讲价格震荡的重要性时就曾经讲过这个技术。但是，我想在这里重新讲述一遍，再看几个实例分析。同时我还想介绍几个在突破和反转时起重要作用的价格形态，所有这些技术都和量价分析有联系。

我之所以想要再讲述一遍价格形态识别，是因为在之前的章节我只着重介绍了价格和成交量的关系而没有侧重图形上的价格运动行为。我整本书的基本框架就是在分阶段地解释量价分析技术，而接下来要讲的是另一层次的知识，现在我们可以把它们加入到我们量价分析的知识体系中了。

本章所举的例子将只关注价格震荡以及之后的反转和突破，通过这些实例，我希望能够将价格运动行为的内容深刻地印在你的大脑中。

第一个吸引人的例子是外汇市场上英镑/美元的15分钟K线图。

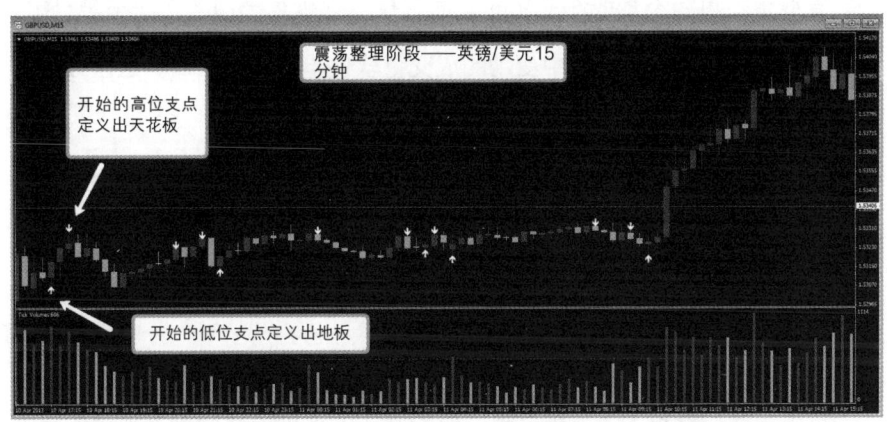

图11.10  英镑／美元 ——15分钟图

255

图11.10所展示的图形完全呈现出了我们所应了解的有关价格震荡的所有知识，以及它和突破的联系。我们可以看到这张图价格震荡持续的时间大概有70个K线图。

市场最开始进入震荡整理阶段的位置由一个低位支点标出，同时还显示了价格震荡的下限，接着两个柱体之后形成了一个高于平均成交量的高位支点。英镑/美元还比较弱，还没有准备好继续上攻，接着汇率开始下降，伴随着缩小的成交量，虽然市场很弱，但是这个下跌趋势并不会持续。我想原因应该很明显——因为市场在缩量下跌。接下来买卖双方的交易量总体来看呈下降趋势，当市场开始盘整时，我们看到有两个高位支点形成了，之后跟随着一个低位支点。

在此之后又形成了一系列的支点，或是在震荡区间的上限，或是在下限，正如我之前强调过的，当我们在检验价格的上下限时，要想象这些价格线是和橡皮筋一样具有弹性的而不是像钢铁棒一样严格不变。

我们在这个例子中就可以看出，那些支点（由小箭头标出）并不完全在一条直线上。市场不是线性变化的，而且技术分析是一门艺术而不是科学，这也是为什么尝试分析趋势中变动的成交量软件不可靠的原因。这些分析都必须人工来完成。

在目前这个阶段，价格继续在价格区间震荡，我们所要等待的就是一个引起变化的因素，这会成为任何可能的突破的信号。在这个例子里，催化剂是英国公布的一个经济数据。如果我没记错的话是零售物价指数的发布。不过，发布了什么不重要，重要的是价格在图形上的反应。

首先，我们看到了一个越过阻力位的坚实的突破，然后接下来这条阻力线就变成了——支撑位。如果你还记得我在之前讲突破时所说的——我们一定要看到第一根柱体明确地突破离开了这一价格震荡区域才可以。在这里我们看到一个漂亮的实体很高的阳线。之后，我们要验证这是不是真实的价格运动，好消息是这里的突破被交易量确认了。

由于这个震荡时间很长，所以任何突破都要求用极大的力量来完成，就是我们现在看到的这样，买家强力地把市场拉高。现在我们要入场加入这个趋势了吗？这就是我们一直等待的事情啊。市场在上下震荡中一直在等待，不断积累自己的能量，终于当一个引起变化的因素到来的时候，市场开始放量上攻。

除此之外，我们下方还有了一个强力且自然形成的价格保护层，所以我们的止损线就可以设置在低于最后一个低位支点的位置。时间在这里也发挥了重要作用，因为因果定律的效应。这是一个15分钟的K线图，所以一个持续时间很长的价格震荡会对未来趋势持续的时间造成影响，任何一个未来的结果都会反映出形成前因的时间长短。换句话说，当价格突破形成趋势时，这个趋势会持续一段较长的时间。我们只需要保持耐心，然后等待时机！

最后，关于突破还有其他的方面，这一点我在之前的章节中也介绍过，它就是——成交量会确认新闻的效果。那些做市商在数据发布之后确认这对英镑是一个利好，市场也已做出了反应。当市场向上运动时，交易量再次上升，远离价格震荡区域，回想我说过的大马哈鱼的比喻，即又一个趋势孵化出来了。

这就是震荡整理阶段的力量所在——它是趋势和反转的孵化场。在这个例子中，市场是向上突破的，但是向下突破也是一样的。方向和我们的基本分析无关。我们所要等待的就是确认突破，通过成交量确认，然后根据分析进行交易。

● CHAPTER ELEVEN / 第十一章

图11.11所展示的第二个例子还是关于英镑兑美元的汇率。这次我们来看小时图，这个图形大概包含了4天的价格运动。

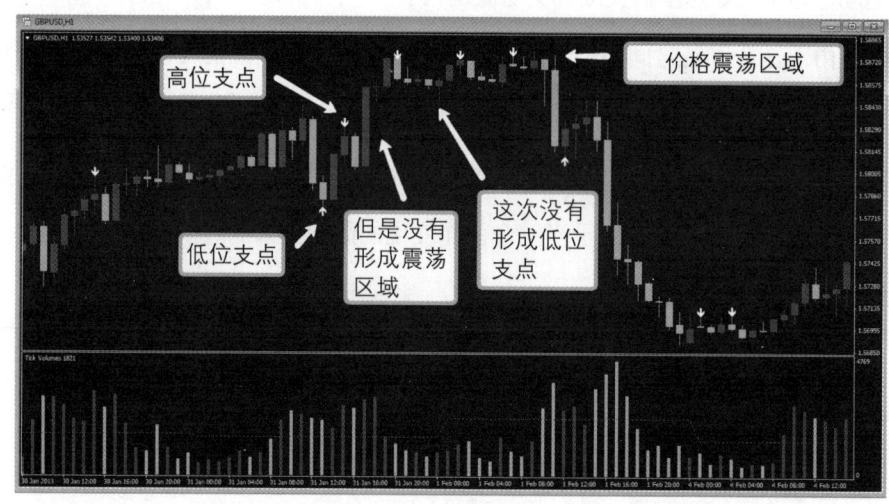

图11.11 英镑／美元 ——小时图

像之前一样，让我来具体解释一下标出的重点和关键点。我们可以看到汇率在开始时不断上升，之后向下，并伴随一根大阴线。接着形成了一个低实体的阴线伴随着高于平均的成交量，预示着可能在这个回调的位置有人买入。市场在下一个长阳线出现时再次被推高，同时也形成了一个低位支点，我用一个小箭头在图上标出了"低位支点"的位置。我们接下来就要寻找一个可能的高位支点来帮助我们确定可能的价格震荡区间。

两个K线图之后，高位支点也如期形成了。现在我们就要关注这个可能的价格震荡区间了，期望之后形成的支点来定义出交易区间。然而，这次市场没有像我们想象的那样发展，下一个柱体向上突破而且坚定地离开了这个区域。我们预想的价格震荡区间并没有出现，所以我们就会知道这仅仅只是一个向上趋势中的小小的暂停，因为汇率之后又继续向上而且伴随着不错的成交量。

另一个高位支点在两个柱体之后形成，再一次地我们希望看到一个低位支点来定义可能出现的价格震荡的区间。在这个例子中，货币对确实进入了盘整阶段，伴随着低成交量，而且每次反弹后都会形成一个高位支点标识出一个完美的上界。然而并没有低位支点来标识出价格震荡的下界。这有关系吗？

这就是我举这个例子想要说明的要点，事实上是没有关系的。

一个支点是由三根柱体特别的排列组合而成的，它可以帮助我们直观地定义出价格震荡的区域。支点还可以在价格运动路线上为我们做出"路标信号"。但是，有时会有一两个支点没有出现，我们只能依靠自己的双眼来标记出这些价格位置。毕竟，支点仅仅是帮助我们更轻松地看到这些信号的指示器。在这个例子中，高位支点形成了，但是没有对应的低位支点，所以我们要自己画出一个"地板"来。

经过四个K线图之后，市场开始再度走高，然后形成了第二个高位支点，所以我们就清楚地画出了价格的上界，同时也就是阻力位。由三个小阴线组成的下一阶段在相同的价格位置停止了下跌，之后再次向上反弹。我们知道价格一定不会下降得更多了，因为我们看到了市场在缩量下跌。价格震荡的下界也由于价格运动被清晰地标识出来了，通过对应的成交量我们可以清楚地知道我们在一个价格震荡区间里。接下来则是我想说明的重点。

当在技术分析中使用任何的分析方法时，我们都要在一定程度上保持灵活并使用常识。当市场进入一个价格震荡区域时，它并不一定总会建立起完美的高位支点和低位支点的形态，这时我们就要用常识来判断，同时用交易量来辅助判断。在这个例子中价格震荡的开始，我们仅仅通过交易量的变化

● CHAPTER ELEVEN / 第十一章

就产生出了价格进入了盘整这个绝佳的想法。交易量一直保持在平均值（虚线）以下，所以我们知道我们进入了盘整期，而那些支点仅仅是辅助判断的工具，只是帮助我们标识出价格震荡的区域而已。

因此尽管支点很重要，但其实是交易量告诉我们盘整期在何处开始，而那些支点则帮助我们定义出价格震荡的上下界。如果一个或几个支点没有形成，那我们就只需用我们的眼睛和常识修正一下即可。

这就好比我们在海中航行。当我们操纵船只时，我们有两种导航的形式。一种是通过GPS导航，这种方法几乎代替了所有人工，高效且轻松，另一种古老的方法就是通过地图、罗盘、时间、潮汐以及路标。如果你想要通过考试取得驾驶游艇的执照的话，你必须要两种方式都掌握才行。这样做的原因非常简单。如果在海上突然失去了电力，那你就必须要依靠纸质的图表来导航了。同样的道理也适用于投资中。

我们可以通过成交量和价格来知道我们处于价格运动的哪个位置。那些支点仅仅是快捷的视觉导向系统，来帮助我们快速轻松地识别价格变化组合。

再次回到图11.11的例子中，我们现在就知道了由价格运动定义出的区间下界和高位支点标识出的区间上界。我接下来就要等待信号的出现，最终以一个吊人线的形态出现。这个形态在之前的例子中都没有出现过，这个形态对应的成交量突然放大而且远高于平均水平。市场以一根大阴线下跌突破了价格震荡的下界。在这种情况下，我们就会知道价格盘整阶段已经发展成了一个反转的趋势，而不是之前上升趋势的延续。

在这里我们即可以进入一笔空头。市场接下来暂停然后开始向上反弹，但是交易量在下降，除此之外我们看到了第二个吊人线的形态，意味着市场变得更弱了，而且我们知道上面还有价格盘整时的无形屏障，这使我们更加安心。

当市场尝试反弹时，之前的支撑位就变成了现在的阻力位，也就是为什么盘整区域对我们投资者来说如此重要。它们不仅可以孕育出价格趋势和反转，还可以产生出市场自然生成的价格屏障或保护层。没有比把止损线设置在价格突破盘整区域的相反一侧更好的位置了。

价格上升没能突破阻力位，之后价格开始急速跳水。然而当价格下跌时交易量也在下降，我们作为量价分析的交易者就会知道这个下跌趋势不会持续太久。不出所料，经过七个小时的下跌之后，价格运动到了底部然后进入了……另一个不同价格水平的盘整期。

出乎意料的是，这里也是这样，我们再一次通过高位支点找到了这一区域，但是没有低位支点。不过交易量和价格已经精确地告诉了我们在价格运动的何处。我们只需等待下一阶段的开始，即几个小时之后。这一次我们又是怎么知道的呢？成交量给了我们答案。当价格突破时伴随着高于平均的成交量，这正是我们期望看到的，我们可以再一次建仓进入市场了。

我希望通过这个价格运动持续了四天的例子能让你们看到之前讲过的所有东西是怎样综合到一起分析市场的。这个例子我不是特别选出来的，但是它确实展示出了几个要点，而这些要点正是我希望加强和巩固的前几章的重要概念。

像这样阅读一张价格图并不困难。每个市场都是这样运动的，它们沿一个趋势运动一会儿，然后在盘整期巩固，然后再继续之前的趋势或是完全反转。如果你知道了量价分析的力量，同时将其与价格震荡的知识结合起来，那你就已经掌握了90%的内容。剩下的部分就需要你的练习而且是不断的练习，之后你就会完全掌握它了。

● CHAPTER ELEVEN / 第十一章

此外，你就会意识到这种方法在你交易时所起到的作用以及它如何帮助你和你的家人做到财务自由的。学会它确实需要一些努力，但是回报是丰厚的。如果你一旦决定准备学习这一方法之后，你就会感受到预测市场价格运动的兴奋感，并且在价格变动之前，依照分析获得收益。

现在我想要再次回顾一个非常重要的概念，这个概念在之前的章节中也有出现。它也是我交易方法中的基石之一。这个方法可以被应用到任何市场和任何交易工具。这个概念能帮助你建立起价格行为的三维视角，不同于大多数交易者依赖的传统的一维视角。这个概念的核心优势就是它可以帮助我们评估和识别交易中的风险。

这个方法通过多时间跨度分析交易量和价格来达到目的。它能帮助我们识别且量化任何一笔交易的风险，同时评估一笔交易的相对强弱以及持续时间。也就是说，多时间框架分析能够揭示主导趋势和主要方向。

图11.12展示了三种时间跨度，我们从中可以看到价格和交易量，这一分析方法是我在线上或线下的研讨会中所讲授的。

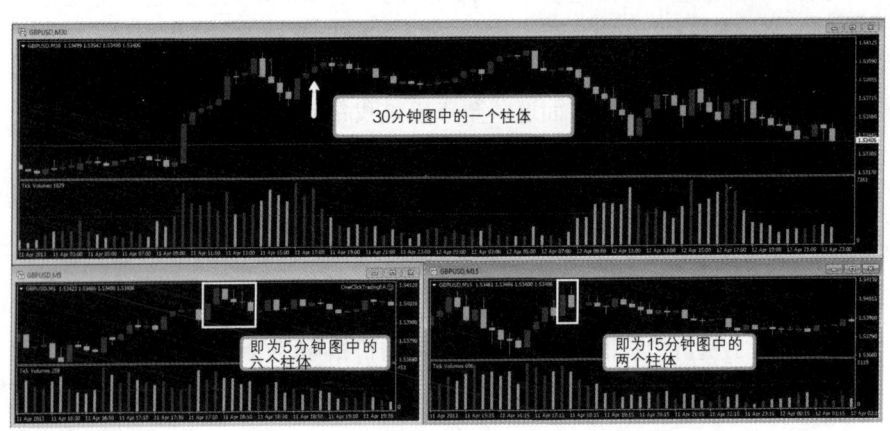

图11.12 英镑／美元 —— 多时间框架

PUTTING IT ALL TOGETHER / 综合运用

我们在图11.12中展示的是英镑兑美元的三个价格图。在最上面的是30分钟图，我把这张图当作我们的"基准"图。在这张三合一的图表中，这张图给我们提供最基本的判断，同时把另外两张图联系起来。右下方是15分钟图，而左下方是5分钟图。所有这些图形都是从我最喜欢的外汇交易平台MT4上截取的。

我在30分钟图上画出的箭头指向的是一个射击十字星的形态，伴随着极高的成交量，它给我们发出了市场在这个位置变弱的信号。紧接着射击十字星的是一个同样有极高成交量的低实体K线图，验证了我们的判断。但是这在更短的时间跨度上是怎么体现的呢？在15分钟图上，这个射击之星分解成了两个柱体，在5分钟图上则分解成了六个柱体。我在图形中都框出了对应的价格运动。

我用这三张图形的原因非常简单。我主要的交易用图是"时间跨度居中"的那张图，在这个例子中就是15分钟图，但是在MT4交易平台中我们也可以设置成30分钟、60分钟以及240分钟的图形。如果设置这种组合，那我们主要的交易图表就是60分钟图。在上面的这个例子中，我们是5、15、30分钟图的组合，所以我们的主要交易用图是15分钟图。

30分钟图作为一个更长的时间跨度所发挥的作用就是作为我们的主导和基准的时间框架，它可以告诉我们趋势在一个更长的时间范围里处于哪个位置。想象我们正在用一个望远镜来观察价格运动。这就像是我们在用一个小的放大倍数的望远镜来观察，这样我们可以看到近几天的所有价格运动。

接着我们开始放大望远镜的倍数，先放大到15分钟的情况，接着再看5分钟图上的细节。使用15分钟图，你就可以看到价格行为的两方面情况了。更慢的时间框架可以帮助我们判断目前处于价格运动全局的哪个位置，更快的

● CHAPTER ELEVEN / 第十一章

时间框架可以帮助我们了解价格相关运动的具体细节。

我们在其中能够看出什么呢？首先射击十字星的出现明确显示了这是一个弱势的信号，而在15分钟图中，这个射击十字星分解成为两个柱体，其中那根阳线对应着很高的成交量而且有一个很长的上影线。问题就在这里。如果我们仅仅只在15分钟图上看到这个价格运动，我们可能不会这么快速地意识到现在发生了什么。

想象将两个柱体合二为一的结果需要一定的思维跨度。而30分钟图就帮助我们完成了这一工作，此外，更重要的一点是，如果我们持有一笔头寸，那么30分钟图就比15分钟图能更直观地发现市场走弱的信号。所以这给我们带来了两个好处。

仅仅想象把两个柱体合成一个柱体就已经很困难了，而把六个柱体想象拼成一个柱体几乎是不能做到事情，这六个柱体在5分钟图上表示的是和刚才同样的价格运动。市场接下来进入了震荡整理阶段，这一点也同样在更长的时间框架下更容易看出来，这里我特意没有标出支点的位置，以便尽可能保持这张图的整洁。

我们来看下一个重点。通过将一个更长时间跨度的图放在最上面，我们可以拥有一个更宏观的视角来看价格运动的"主导"趋势。如果在30分钟图上趋势是向上的，那么我们就可以在15分钟图的上升趋势中买入进场，这样一笔交易的风险就会很小，因为我们在顺大势交易。我们在顺流而动，而不是逆流对抗。

如果我们进入一笔和更长时间跨度下趋势相反的头寸的话，我们就是在逆势交易，这就会导致两种后果。第一，我们交易的风险会上升，因为我们交易的方向和大趋势相反；第二，我们不大可能很长时间地持有头寸，因为主导的趋势和我们相反。

也就是说，我们这样其实是在价格反弹的很短的时间内交易。这样做并不能算错误的做法，因为交易中的任何事情都是相对的。毕竟一个反转在日线图上也可以持续几天。在时间框架里所有都是相对的。

采用多时间跨度图的第三个原因则是我们可以从中看出反向的趋势转变是如何像涟漪一样传导到市场的。这里我用的类比是池塘中的涟漪。当你把一个石子抛到池塘中央时，石子一接触到水面就会有涟漪产生，并渐渐运动到池塘边缘。这就是市场中价格运动时所发生的事情。

任何可能的趋势变动都会立即在短时间框架中体现出来。价格和交易量的突然变动会首先反映在这种图中。如果这是一个真实的变化，那么接下来这些变化就会体现到我们的主交易图上，在这个例子中就是15分钟图，最后变化会传导到我们的30分钟图上，那时我们的主交易图上也会显示出变动的信号了。

这就是我们要如何交易，我们要不断地在三幅图中来回观察，利用这三张图寻找并验证可能的迹象和信号，要一直把量价分析作为我们分析的中心。即使你最终还是决定量价分析不适合你，但是利用多种不同跨度的时间图交易是一个很强大的方法，为你提供了市场价格运动的三维视角。你当然可以用更多的时间图，但是对我来说三个就已经足够了，而且我希望这对你也同样有用。

最后在这一章的最后，我想要介绍一些我在实际应用中一直有效的K线形态。你应该不会感到惊讶，当你看到这些价格形态与价格支撑位、阻力位以及价格震荡结合起来使用时是何等的有效。

当价格进入盘整期准备下一步运动时，通过观察这些K线形态，并结合量价分析和多时间跨度分析，就会帮助我们在交易中获得更多的视角维度。我接下来要介绍的形态有下降三角、上升三角、三重顶和三重底。

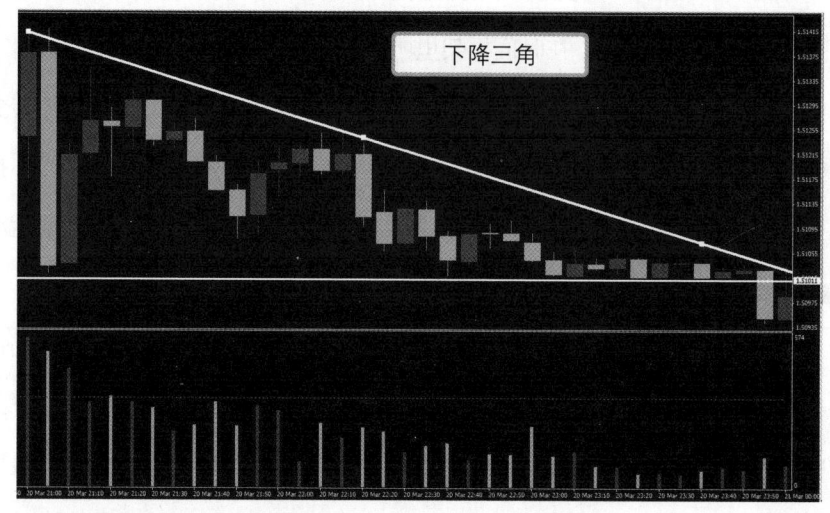

图11.13 下降三角——5分钟图

让我们从图11.13中的下降三角开始说起。正如名字所暗示的，下降三角形态是市场走弱的信号。我们从交易量就可以立即看出我们处在价格盘整期，但是在这个例子中价格同时还在缓缓下降。每次反弹都会形成一系列的不断降低的高点，这是一个明显的弱势信号。如果市场想要在某个位置突破的话，那么很有可能会是向下突破，因为每次反弹的高度都越来越低，反映出市场越来越弱。盘整区间的下界被清楚地标识了出来，所以任何的向下突破都会被交易量的变化揭示出来。

就像所有的价格形态一样，下降三角会出现在任何的时间框架和任何的图形中，我们一定要时刻铭记威科夫的因果定律。如果前因持续的时间很长，重要程度很高，那么结果也会持续很长时间而且影响深远。这里我们看的是

5分钟图，但是这种类型的盘整也会经常出现在日线图或周线图中，这些图中突破后无论是形成新趋势还是趋势反转，所持续的时间和程度都会非常大。

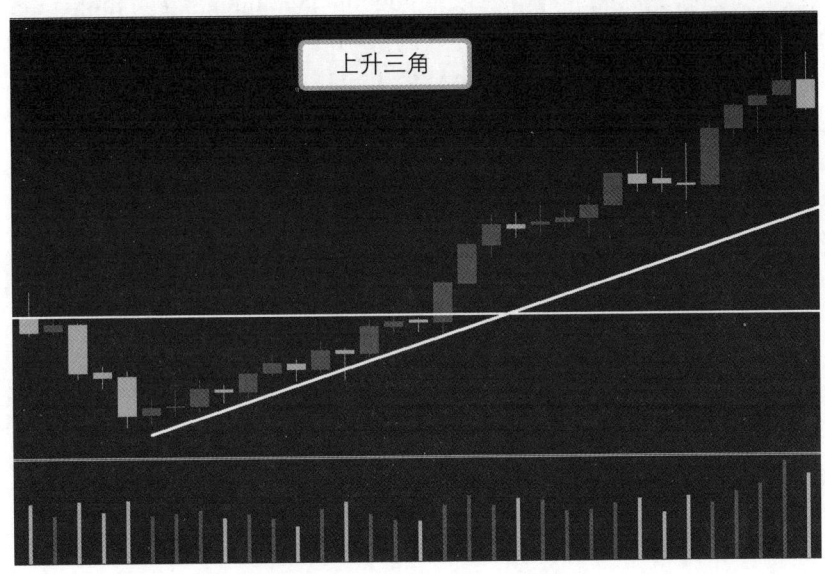

图11.14 上升三角——日线图

图11.14是欧元兑美元汇率的日线图，我们可以看到上升三角形态是一个上升趋势。在这个例子中，市场不断走高并且不断测试确认同一个上界，而且每根K线图的最低点在缓缓地稳定抬升，意味着市场是牛市趋势。毕竟，如果市场是熊市，那么我们会看到每个柱体的最低点在不断降低才对。低点在不断拉升，暗示着市场情绪很乐观，当我们接近上方的天花板（阻力位）并开始突破时，突破也被成交量证实了。一旦冲破了阻力位，这个位置就变成了支撑位，当我们交易时就给我们提供了天然的价格保护层以及设置止损点的位置。

第三个价格形态叫作三角旗，因为它很像桅杆上的三角旗。

● CHAPTER ELEVEN / 第十一章

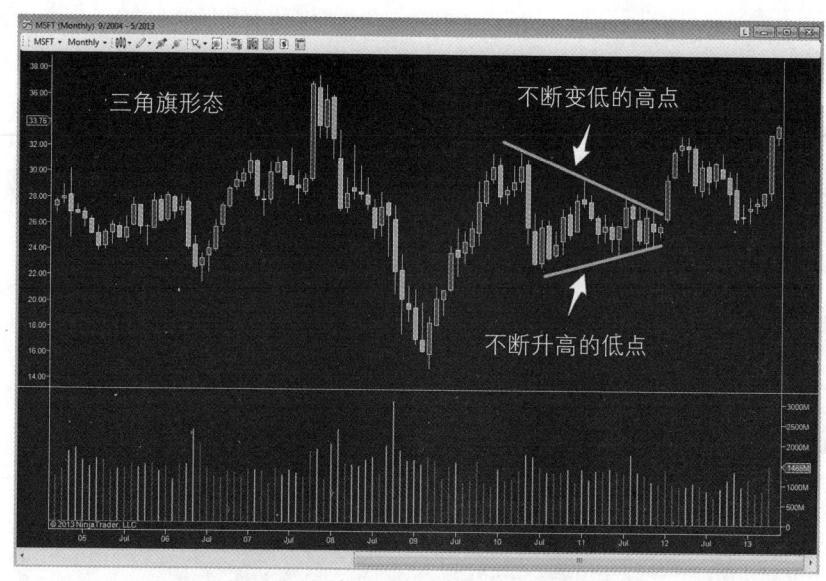

图11.15　三角旗形态——月线图

图11.15是在一个更长时间跨度下的价格形态，这是微软股票的月线图，我们可以看到一个持续时间极长的盘整期，但是注意在最终突破之前价格震荡区间的收缩。

这个形态是由一系列的市场反弹时形成的不断降低的高点和下方不断升高的低点组成的。就像我们看到的微软这只股票一样，它不断挣扎着尝试升高失败，但是也没有准备好开始下跌。就是这样的价格运动的张力形成了这种独特的图案。因果定律也同样适用于这个价格形态的形成过程，在这个例子中，价格收缩的张力持续越久，价格运动就会像我所说的"螺旋弹簧"一样越有力。

也就是说，那些在价格形态中积累形成的能量会突然在突破时爆炸式地被释放出来。问题在于，和之前两种形态不同，在三角旗形态中，我们完全不知道价格会向哪个方向突破。不过这对于那些使用无方向投资策略的期权交易者来说是个好的形态，但是对于趋势交易者来说，我们就需要耐心地等待价格的突破。

这组形态中的最后两个是我一直在寻找的反转信号。市场在不断上下波动中检验着支撑和阻力。正如之前所说的，这些形态可能出现在任何时间框架和任何图表上，接下来我想从市场进入阻力位而且艰难地向上运动的例子说起。

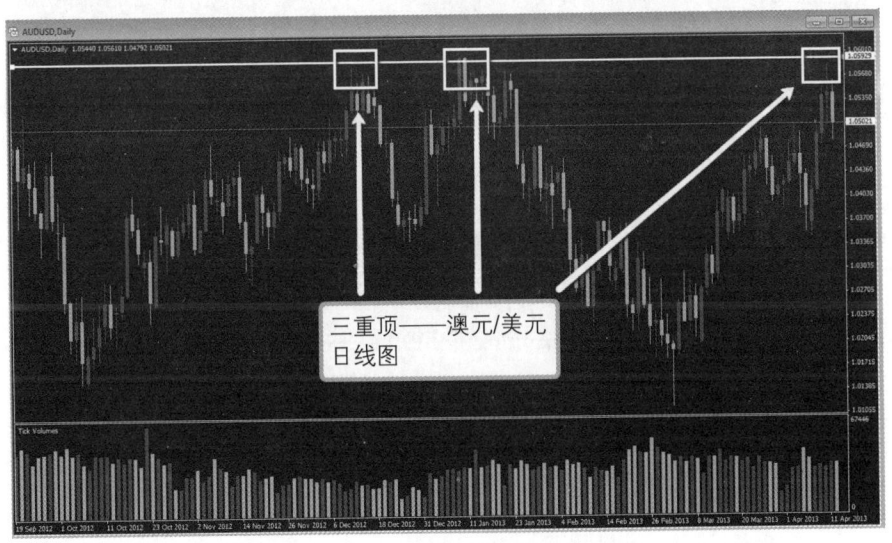

图11.16　三重顶——澳元／美元日线图

图11.16展示的是从澳元兑美元汇率的日线图中截取的经典的三重顶形态，我们可以看到这个货币对已经分别在不同的时刻测试了1.0600这个位置三次。这个区域在前些年就曾经被测试多次，但是仅去年一年就被测试了三次，而且每次都失败了。所以在这个位置我们就可以有两个交易机会。

第一个是在这个地方卖空，量价分析和多时间框架分析都可以证明。第二，如果市场突破了这个区域，那这个区域就会成为一个极强的支撑位，如果这个价格天花板最终被突破的话。

三重顶的相反形态就是三重底。

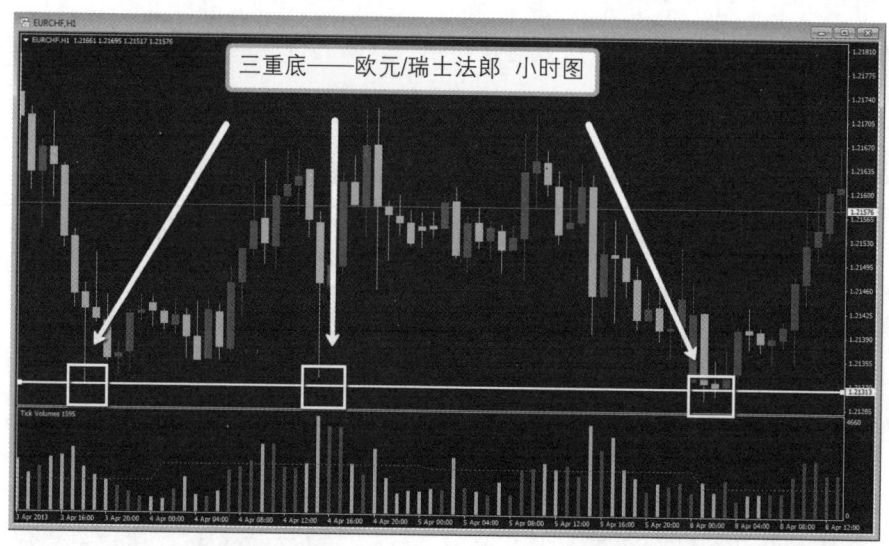

图11.17　三重底——欧元／瑞士法郎小时图

在三重底的形态，市场不断测试支撑位，然后每次都会反弹。我们关于三重底的例子截取的是欧元/瑞士法郎货币对的小时图，从这里我们可以看到三重底的经典形态。

就像三重顶一样，这种情况下也有两种交易情形。第一个是在经过量价分析确认之后买入，第二个是等待突破，在支撑位置之下做空。任何在向下突破之后的运动都会在上方形成一个强力的阻力位。

好消息是我们可以在任何金融工具和市场中看到这些价格形态。比如在任何时间跨度下的债券市场、商品市场、股票市场以及外汇市场。

这些价格形态有一个共同点——它们都通过发出两种信号来为我们提供交易机会。第一个信号是价格在盘整期的时候，第二个是市场在形成一个阻力位或者在形成一个支撑位。这些位置将不可避免地出现突破，这些突破或者标志着趋势的反转，或者意味着趋势的继续。在这些位置我们要做的就是采用量价分析去证实，或者通过可以直观展示这些区域的价量分布图来分析。

接下来，在本书的最后一章，我想要拓展一些基于交易技巧的成交量分析的最新发展。毕竟，这种方法和基本概念在100年间基本没有发生变化，所以或许是时候有一些新的发展了！

# 第十二章

## 量价分析的最新发展

● CHAPTER TWELVE / 第十二章

> 我最大的胜利不是赚到的金钱，而是一些无形的东西：我的判断是正确的，我成功预测到了未来，而且我遵守着一个明确的规划。
> ——杰西·利弗莫尔（Jesse Livermore, 1877—1940）

我在本书的开头写到交易之中无新事，对于量价分析来说确实是这样。它的基石早已由20世纪那些杰出的交易者奠定了，而且从那之后基本没有发生过改变。这种方法如今仍然有效，就像在过去一样。唯一发生变化的只是技术和市场。除了这些，我们现在仍在使用多年前就已使用的相同的投资原则。

尽管如此，我作为一个量价分析的信徒，一直在寻找量价分析在市场中运用的发展，因为量价分析形成了我个人投资生涯的奠基石。忽视量价分析的发展显然是不明智的。毕竟，在90年代之前，西方交易理论中根本没有K线图分析方法，而现在实际上成为了技术分析交易者的标准工具。

因此在最后一章，我将介绍一些量价分析的最新发展，这些发展都是新颖且革新的。我自己没有用过这些方法，所以我不能就它们的有效性进行评论，但是我认为很有必要介绍一下这些发展。

## ■ 等量图

"等量图"这种量价分析的方法由理查德·阿姆斯（Richard Arms）在1994年他出版的《股票市场成交量周期》这本书中首次提出。其中的一个概念是成交量比时间更为重要，所以将X轴的时间替换成交易量，Y轴保持不变，仍为价格。这种方法的核心理念就是在图表中展现出价格和成交量的关系，而且更加强调其两者的关系，成交量在图表中跟随价格一起运动，而不是图形底部单独画出的独立指标。通过把X轴的指标从时间换成成交量，"时间"这个因素就被除去了，然后我们就可以只考虑价格和成交量的关系了。

这两者的关系便由一个个"盒子"展示出来。这些盒子的纵向测度，也就是高度，指的是价格运动的最高点和最低点。盒子的横向测度是交易量，当然这个也是一个变量，每个盒子的高度就代表着交易量的大小：极高、高、中等或是较低。这样我们的图形中就不再出现K线图，而是一个个的方盒，或窄或宽，或高或低，它们非常直观地表现出了价格和交易量之间的除去时间之后的视觉关系。时间这个因素还存在于图表中，只不过是在底部由一个单独的坐标轴标出，否则我们就难以知道我们在图形中所处的位置了。

正如阿姆斯本人所言：

*"如果市场带着一只手表的话，手表的间隔应该由市场份额划分而不是时间。"*

实际上这确实概括了前几章讲过的基于交易指令图进行交易的概念。毕竟，时间是一个人为的概念，而且是一个市场可以并确实被市场忽略的概念。基于交易指令图进行交易的美妙之处在于市场是在自己标示出自己的"速度"。换句话说，基于交易指令图进行交易时我们和市场协调一致。但当我们用一个时间图进行交易时，我们则向市场给定了一个时间跨度，这是一个细微却非常重要的区别。在交易指令图中我们按照市场的节奏交易——在时间图上则不是。

同样的逻辑也反映在等量图中，等量图试图把时间这个"不和谐"的因素从我们的分析中剔除，从而刻画出价格和成交量这两个因素间更纯粹且更有意义的联系。

让我们来具体看一下这些方盒的形状以及它们是如何告诉我们量价之间的关系的。下面12.10是一个图示。

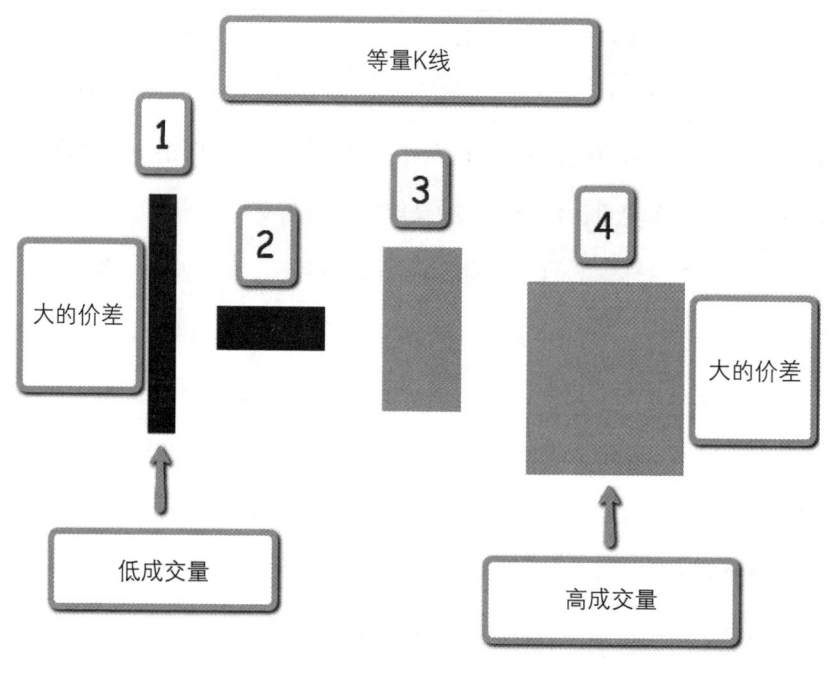

图12.10　等量K线

请记住，现在每个盒子的高度表示的是成交量的大小，而纵向表示的是价格，如果我们现在观察第一个盒子的话，它很窄但是高度很高。也就是说，成交量很低但是价差很大，所以这就基本相当于一个高实体的K线图伴随着很低的成交量，所以这是一个异常信号。

接着我们来看第二个盒子，这是一个相反的形态，价格的变动很小，记住这里的价格标记的是最高点和最低点，而不是开盘价和收盘价，同时这个盒子还代表着高成交量。这个等量K线可能相当于一个伴有高成交量的低实体K线图，这也是一个异常。

第三个盒子，或许可以认为是一个"正常的"量价关系的代表，一个不错的成交量支撑着一个可观的价格走势。最后一个盒子，我们可以看到成交量与价差都极高。这个方盒很高，成交量高于平均水平，而且价差也很宽，所以这是一个付出和结果相对应的形态，就像第三个盒子一样。

等量K线的颜色由收盘价决定。如果今天的收盘价高于前一天的收盘价，那么这个K线被涂成黑色，如果收盘价低于前一天的收盘价，那么则是红色。

为了保持等量K线的长宽比例以及等量图的意义，成交量会被标准化调整，即把一段时间的成交量除以图中展示的所有的成交量。尽管时间在盒子中没有表现出来，但它仍然出现在图中，使图能与交易时间框架联系起来。

假设不使用K线图，而仅仅使用等量图来进行交易，会感觉很困难，但我在本书讲过的许多技术仍然适用而且同样有效。在使用等量图时要注意的地方则是盒子本身，它的形状以及趋势中的位置。横盘后的突破对于传统K线图和等量图来说都是非常重要的，在等量图中我们期待看到的则是一个"强力的盒子"，即高成交量和宽价差。而在传统的量价分析中，我们期望看到的是一个高实体的柱体伴随着高于平均水平的成交量。其实两者的原理是相同的，只是表现的方式不同而已。

至此让我讲一下我的个人观点。

● CHAPTER TWELVE / 第十二章

尽管我很喜欢这种把价格和成交量放在一个图形中，从而揭示出我们是否有一个高/低的异常组合，或者正常的平均水平的组合，但是我对去掉时间这个做法存疑。毕竟，就如威科夫所言，因果关系在趋势的形成中起着关键作用。换言之，时间是成交量与价格之间关系的第三个元素。当把时间去掉之后，这个方法的角度就变成了两维，而不是之前的三维，我在之前已清楚地讲过，市场横盘整理的时间越长，市场突破后趋势的级别就越大。价格盘整期是趋势孕育或继续运动之前暂停的时期，所以对我来说，如果时间因素被剔除掉，那就相当于剔除了量价分析中判断接下来趋势强弱的一个支柱。

不过这仅仅是我的个人观点，我非常支持你们深入探究等量图的应用。等量图的另一个问题则是K线图分析法不再起作用了，不过解决方法马上就要讲到了，即量烛图。

## ■ 量烛图

量烛图就如名字所指，是等量图和传统K线图的结合。也就是说，等量图中的"盒子"也同样具有了传统K线图中的开盘价、最高价、最低价以及收盘价，从而形成了这个特色的图形。量烛图不仅通过不同的高度宽度展示价差与成交量的不同，而且加入了上影线与下影线。这两者的结合体展示在12.11的图示中。

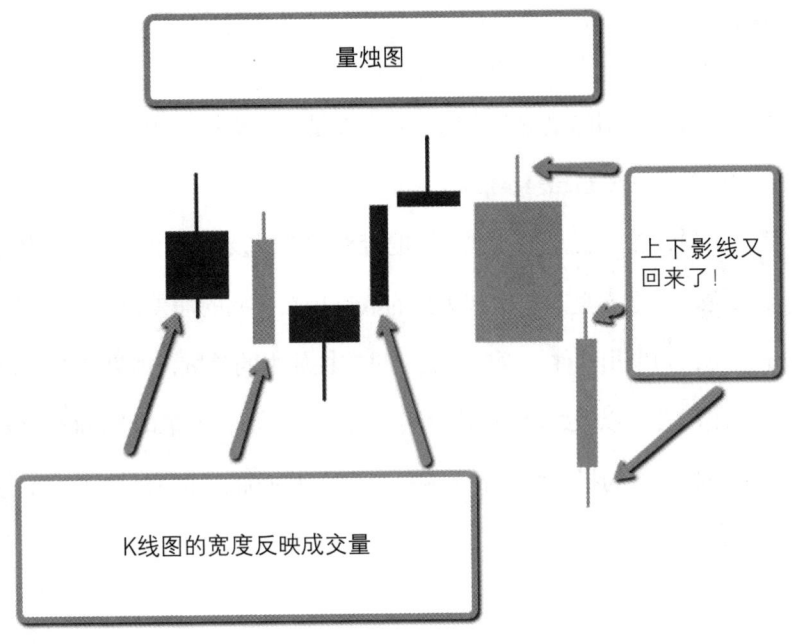

图12.11 量烛图

这样的图形就更直观了！在量烛图中，每根K线图的宽度表示成交量，价格的变化如以往一样表示，具有开盘价、最高价、最低价以及收盘价。在量烛图中，我们可以看到传统的上下影线。我本人并没有深入地研究这种方法，但是这个方法可能是有一些优点的，至少它克服了等量图的最大问题之一，即缺乏时间这个量价分析的基础要素。不过，我时刻保持开放的态度，任何这本书的读者如果已经使用过这个方法并且觉得很有效，请写信告诉我你的想法以及评论。毕竟我们在交易中要保持一直学习的态度！

● CHAPTER TWELVE / 第十二章

## ■ 差量图

本章最后要介绍的量价分析的最新发展是两个更进一步的分析成交量的方法，叫作差量法和累积差量法。

简单来说，差量就是把"要价"的合约数量以及"竞价"的合约数量相减。换言之，即把卖盘的数量和买盘的数量相减得到的净差值即为差量。举个例子来说，如果用软件计算一个成交量的柱体中的差量，如果其中有500份在竞价卖出的合约以及200份在要价买入的合约，那么差量即为300份卖出合约。任何一种差量的指标就会显示成一个大小为300的负的交易量柱体，通常就会像图12.12展示的那样。

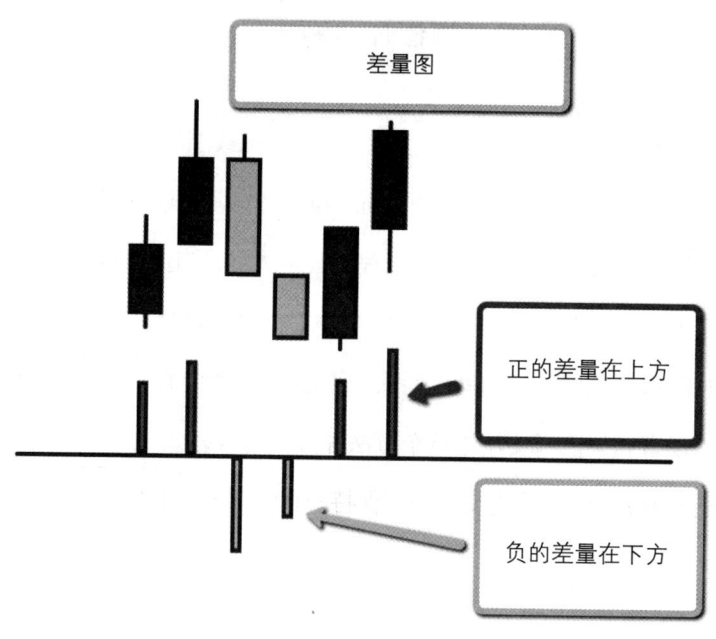

图12.12　差量图

从这张简图中，我们就可以看出在市场上涨下跌时买卖双方的净差额的量的情况。也就是说，这是另一种解读价格和成交量之间关系的方法。这种方法最理想的应用环境是要有公开的买卖盘信息，比如期货市场与股票市场。

## ■ 累积差量图

最后，累积差量图是将所有的差量数据收集起来并且把后面的量柱加总到前面的量柱上——也就是说加总所有的差量，然后展示出一系列的柱体来解读日间或日内的价格变动。换言之，累积差量图试图描述的是价格运动过程中买方及卖方的力量强弱。

在量价分析的世界中，差量图以及累积差量图是相对较新的内容，正因如此，这两者都不像标准的指示图一样是免费的。不过当我们不断向前发展时这一情况或许会有所改变，我相信差量法和它的衍生方法会越来越多地应用到某些市场中。我首先想到的市场就是指数期货的电子市场，也是我最开始交易的市场。

现在我已经写到这本书的结尾部分了。我多年之前就一直有写这本书的想法，现在终于有时间完成了这件事。我在本书中尽我所能地详细解释清楚了所有的知识，同时插入了一些清晰明了的例子，现在你所要做的就是不断地解读图表，然后把这些技巧融会贯通。

我希望至此已经让你相信了量价分析的强大之处，并且相信，如果你在投资生涯中应用这一方法，你将取得了潜在成功。尽管掌握这种方法需要一定的时间，但在我看来这是非常值得的。在这里我要再次重申一遍，绝对不要花大价钱买一些所谓的能够代替你进行量价分析的软件。它们绝对做不到。

● CHAPTER TWELVE / 第十二章

　　量价分析是一种需要时间、精力以及耐心的方法，但是一旦你抓住了其主要思想，那么其他的技巧也就水到渠成了。

　　成交量和价格共同构造出来的指标是揭示市场情绪以及主力活动的唯一指示器。没有量价分析的帮助，你在市场中就如盲人一样。而在应用量价分析之后，所有的一切都会被揭示出来。量价分析让所有的信息无处可藏。

　　当然在最后，我要对购买这本书的你表示由衷的感谢，我会非常高兴收到你任何的评论、疑问或者建议。你可以通过我的个人电子邮箱anna@annacoulling.com联系我，我保证会及时回复。这本书是基于我多年交易生涯中的个人交易经验所写，这些经验在这么多年交易中被证实很有效。

　　如果你喜欢这本书，如果你能将本书推荐给其他正在努力理解市场运行的方式及原因的投资者，我将非常感激。如果能够在亚马逊上留下评论的话就再好不过了，这样可以方便他人更容易地找到这本书。我在这里先行致谢了。

　　这本书是在将来几个月中将要出版的几本书的第一本。同时也是已经出版的第二本书，最近我刚刚出版了《外汇交易的三维分析方法》，这本书介绍了通过把相关性分析、技术分析以及基本面分析结合起来预测外汇市场行为的方法。之后的一本书将是《外汇交易入门指南》。同时我目前还在和我丈夫合写一本书，叫作《揭开二元期权的面纱》，所有图书相关信息都可以在我的个人网站http://www.annacoulling.com上看到。

　　在未来我仍计划写更多的书，因为还有许多有关交易或者投资的方面还没有覆盖到。

　　再一次对你表示感谢，希望你在成为量价分析专家的投资生涯中取得圆满成功。

向你献上最温暖的祝福,以及再次感谢。

安娜(Anna)

附:请在我的个人主页以及最新的书中跟随我的市场分析,或者在Twitter或Facebook上关注我。除此之外,我还会定期举办线上线下研讨会以及在实盘交流室详细介绍一些概念和方法。我期望在这些地方能够看到你,同时再次感谢你阅读本书。

http://www.annacoulling.com

http://www.twitter.com/annacoull

http://facebook.com/learnforextrading

# 致谢 & 免费交易者资源
ACKNOWLEDGMENTS & FREE TRADER RESOURCES

> 感激是多么美妙的事情。它能让别人身上美好的事物也属于我们。
> ——伏尔泰（Voltaire, 1694—1778）

## ■ 致谢&免费交易者资源

或许不同寻常的是，在这里我想要感谢所有历史上伟大的交易者，同时力劝你能够进一步地学习他们。理查德·奈伊（Richard Ney）是我最喜欢的投资者之一，尽管他的书已经不再出版，但是你应该可以在亚马逊上买到二手书。非常值得去搜寻一下。

理查德·威科夫（Richard Wyckoff）是另一位我非常喜欢的投资者，在亚马逊上找到他的书容易一些，基本上他的所有著作以及文章都会有原版或是重印的收藏版。

最后，任何学习盘口解读的学生都必须要读埃德温·勒菲弗的《股票作手回忆录》，书中讲述了杰西·利弗莫尔的生平与时代。

http://www.annacoulling.com

上面是我的个人网站，里面提供了所有市场的常规分析，包括现货市场以及股票市场。你可以在网站上联系到我（或者最好是在留言区留言）或者给我发电子邮件anna@annacoulling.com。

www.ninjatrader.com

书中的许多图形都是在我的NinjaTrader交易平台上截取的。把NinjaTrader交易平台和Kinetick数据库结合起来使用是最强大的组合之一，而且都是免费提供的每日数据。

# 马丁·茨威格的华尔街制胜之道
## 如何判断市场趋势、选股、择时买卖

ISBN：9787515355627
著者：(美) 马丁·茨威格
出版时间：2019.6
出版社：中国青年出版社

◆ 一套经35年测试与改进、已被证明行之有效的市场预测与选股方法

◆ 这套方法让他准确预言1987年美国股市大崩盘，并在崩盘当天获利9%

## 内容简介

1987年10月19日，道琼斯指数跳水22.6%，这是美国股市著名的"黑色星期一"。6个半小时之内，股市损失了5000亿美元，相当于当时美国GDP的1/8。而有一个人不仅成功预言了这次股灾，其投资组合还在当天实现了9%的收益，这个人就是华尔街著名的技术分析大师——马丁·茨威格。

在本书中，作者通过通俗易懂的语言与真实案例，向投资者展示了他市场预测与选股的方法，这些方法是他经过多年反复试验，精心开发并被证明行之有效的。

虽然一代投资传奇茨威格已离世，但这部经典却完整保留了大师宝贵的实战经验与投资方法。书中的分析模型不仅是准确预测市场趋势的有效工具，也提供了一种简单、可信而有效的投资制胜法则。遵循本书的方法，将帮助你避免最常见的投资错误，保护资本，并让利润飞涨。

## 作者简介

马丁·茨威格  投资顾问、市场分析师、管理价值数十亿资产的"茨威格基金"与"茨威格总回报基金"董事长，同时还是全美颇具影响力、预测趋势的股市通讯《茨威格预测》的发行人。该股市通讯曾在四分之一个世纪的时间里对美国投资者产生了深远的影响。曾获选《费城询问报》"最备受推崇的选股专家"。

马丁·茨威格被称为华尔街的技术分析大师，他是《赫尔伯特金融文摘》两度票选年度最佳选股师。在《赫尔伯特金融文摘》跟踪的所有股票市场投资顾问中，《茨威格预测》投资组合的业绩长达15年排名第一。